RECLAMS STÄDTEFÜHRER

Dresden

RECLAMS STÄDTEFÜHRER
ARCHITEKTUR UND KUNST

Dresden

Von Barbara Borngässer
und Susanne Jaeger

Mit 22 Abbildungen sowie
8 Grundrissen und Plänen

Philipp Reclam jun. Stuttgart

RECLAMS UNIVERSAL-BIBLIOTHEK Nr. 18784

Umschlagabbildung: Dresden-Panorama, Foto: Achim Bednorz, Köln; Innenklappe vorne: Wallpavillon des Zwingers, Brunnenanlage ›Pusteblumen‹ in der Prager Straße; Innenklappe hinten: Detail des Portals der Sächsischen Staatsoper, Hauptstraße mit dem ›Goldenen Reiter‹ in der Inneren Neustadt – Fotos: Markus Hilbich
Gesamtherstellung: Reclam, Ditzingen. Printed in Germany 2010
RECLAM, UNIVERSAL-BIBLIOTHEK und RECLAMS UNIVERSAL-BIBLIOTHEK sind eingetragene Marken der Philipp Reclam jun. GmbH & Co. KG, Stuttgart
ISBN 978-3-15-018784-5

www.reclam.de

Inhalt

Anhang

Dresden –
Die ›Kunststadt‹ einst und heute

Dresden galt bis zum Zweiten Weltkrieg als eine der schönsten Städte Europas. Architektur, Kultur und Landschaft schienen in der sächsischen Metropole in idealer Weise verwoben. Canaletto verewigte mit seinen Veduten die malerische Silhouette der augusteischen Residenz; Johann Gottfried Herder verlieh ihr, ob ihrer herausragenden Kunstsammlungen, den Titel »Elbflorenz«. In der Epoche der Romantik kürten Dichter, Maler und Musiker Dresden zu ihrer ideellen Heimstatt. Das ausgehende 19. und das frühe 20. Jahrhundert überformten und erweiterten die barocken Strukturen und Bauwerke grundlegend. Damals entwickelte sich die Stadt zum bedeutenden Industrie- und Hochschulstandort, gleichzeitig umgab sie sich mit einem Kranz nobler, bis heute erhaltener Villenvororte. Nicht zufällig erwuchsen aus dieser Spannung wegweisende künstlerische und weltanschauliche Reformbewegungen, die den Beginn des 20. Jahrhunderts kennzeichnen.

Der Erste Weltkrieg setzte dem fulminanten Aufbruch in die Moderne ein jähes Ende. In den folgenden Jahrzehnten begegnete man der allgemeinen Wohnungsnot mit der Errichtung zahlreicher moderner Wohnsiedlungen an den Randgebieten der Stadt. Zur Zeit des Nationalsozialismus erfolgten weitere radikale Eingriffe in das Stadtbild Dresdens – wenngleich der Bau des von Hitler geplanten Gauforums scheiterte. Schließlich zerstörten die Bombenangriffe der Alliierten im Februar 1945 weite Teile der barocken und historistischen Altstadt. Doch erst die anschließende großflächige, nicht zuletzt politisch motivierte Enttrümmerung in der jungen DDR besiegelte die Zerstörung. Das Trauma des doppelten Verlusts erhob das untergegangene »alte Dresden« zum Mythos, der die Dresdner und ihr Bild der Stadt bis heute prägt. Die Erinnerung verklärte die »verlorene Mitte« und reduzierte ihre historische Vielschichtigkeit auf das in großen Teilen bereits vor 1945 verschwundene, barocke Dresden Augusts des Starken und seiner Erben.

Bis heute definiert sich Dresden vor allem über das Image der barocken Stadt, obwohl im heutigen Stadtbild die – zum großen Teil sehr qualitätvolle – Architektur des ausgehenden 19. und des 20. Jahrhunderts klar dominiert. In ganz besonderem Maße bleibt das Schicksal Dresdens verbunden mit dem tragischen Untergang seiner historischen Innenstadt und dessen Folgen. Heute, zu Beginn des 21. Jahrhunderts, ist die *Kunststadt* Dresden wiedererstanden. Der Begriff *Kunststadt* versteht sich dabei durchaus ambivalent: So sind viele der historischen Bauten der Altstadt wieder errichtet worden und erstrahlen in neuem Glanze; die Sammlungen, die einst der sächsischen Residenz zu Weltruhm verhalfen, sind nach Kriegswirren und Verschleppung zurückgekehrt und werden nun, modernsten musealen Anforderungen entsprechend, im frisch sanierten Residenzschloss und Albertinum präsentiert. So ist Dresden, wie zu Zeiten Augusts des Starken und seines Sohnes Friedrich August II., wieder eine Stadt voller Kunst.

Kunststadt meint jedoch noch etwas anderes: Das Trauma und der Schmerz ob des untergegangenen Dresden, der verzweifelte Versuch, den alten Stadtraum wiederzugewinnen, haben zu einer nostalgischen Rekonstruktionswelle geführt, über deren Qualität spätere Generationen zu urteilen haben. Den Ausgangspunkt hierfür bildete die bereits in den 1980er Jahren erfolgte Neuerrichtung der Semperoper. Darauf folgten nach der Wende das Taschenbergpalais und die 2005 vollendete, von einer einzigartigen weltweiten Spendenbereitschaft getragene, archäologische Rekonstruktion der Frauenkirche, des Wahrzeichens der bürgerlichen Baukultur Dresdens. Letztere machte Dresden endgültig zum Paradigma einer allgegenwärtigen Rekonstruktionsfreude, die – in ihrer Bereitschaft kriegs- oder anderweitig zerstörte Bauwerke in beliebiger Zeitschicht wieder erstehen zu lassen, gern auch mal die Geschichte neu erfindet. Zweifellos hat der emblematische Wiederaufbau der Frauenkirche, die historisierenden Fassaden an Neu- und Altmarkt und die freie Rekonstruktion des Schlosses das Herz Dresdens wiederbelebt und Dresden einen Teil seiner Identität zurückgegeben. Aus städtebaulicher Sicht mag das Konzept der Rekonstruktion – welches ganz nebenbei Touristen und Investoren entgegenkommt – durchaus sinnvoll erscheinen; im Detail muss man freilich fragen, ob es späteren Generationen gegenüber zu verantworten ist, den Tiefgaragen an Alt- und Neumarkt die »unterirdische Geschichte« der Stadt zu opfern und damit die erhaltenen historischen Kellergewölbe und mittelalterlichen Stadtbefestigungen an Alt- und Neumarkt quasi in einer dritten Zerstörungswelle »archäologisch zu entsorgen«. Doch die Landesregierung vertritt unverdrossen in ihrem 2009 veröffentlichten Kulturfahrplan »Kulturland Sachsen« die denkmalpflegerische Maxime einer »weitestgehenden Wiederherstellung des Originalzustandes«. Letzterer bleibt immer ein eher wenig gesicherter und damit fiktiver »Idealzustand«, dem die erhaltene Originalsubstanz mit allen Spuren der Geschichte geopfert wird.

Dies steht auch beim eindrücklich fragmentarisch erhaltenen Großen Saal im Palais im Großen Garten zu fürchten. Doch gerade museale Kontexte bieten die Möglichkeit zu einem anderen Vermittlungsansatz, durch den der interessierte Besucher an neue, sensible Sehweisen herangeführt werden kann und all die spannenden Zeugnisse, die ein authentisches Bauwerk birgt, auch schätzen lernt – wie das Beispiel des Neuen Museums in Berlin in idealer Weise zeigt.

Angesichts der übermächtigen Präsenz des Mythos vom »alten Dresden« haben auch zeitgenössische Kunst und Architektur keinen leichten Stand. Dennoch sind in den letzten Jahren, selbst in der Mitte der Stadt, herausragende Werke moderner Baukunst entstanden. Dies lässt hoffen, dass Dresden der allgegenwärtigen Fassaden- und Investorenarchitektur zu trotzen vermag.

Das heute noch in Spuren ablesbare, mittelalterliche Dresden erwuchs aus einem sorbischen Fischerdorf und besaß vermutlich bereits im 11. Jahrhundert eine Pfarre in der Nähe der heutigen Frauenkirche. Zur Sicherung der Elbfurt unterhielten die Meißner Markgrafen, denen das Gebiet unterstand, um die Mitte des 12. Jahrhunderts eine Curie (d. i. einen Herrenhof) wohl am benachbarten Taschenberg. Reiche Silberfunde auf dem späteren Stadtgebiet von Freiberg führten nach 1168 zur Belebung des Handelswegs, der von Franken über das Erzgebirge führte, beim späteren Dresden die Elbe querte, um bei Königsbrück Anschluss an die *Via Regia* zu finden. Dies förderte die Entwicklung der planmäßig angelegten Siedlung an der Elbquerung. 1206 wurde Dresden – Drezdany, sorbisch für »Auwaldleute« – erstmals erwähnt, 1216 bezeichnete Markgraf Dietrich die Siedlung als Stadt. Grabungen konnten eine kastellartige Anlage im östlichen Schlossbereich ab etwa 1230 nachweisen, die vermutlich zur Sicherung der neuen Brücke diente. Um den Markt, den heutigen Altmarkt, erstreckte sich ein gitterförmiges Straßensystem. Eine Stadtmauer mit vier Tortürmen ist archäologisch ab etwa 1200 belegt; urkundlich erstmals 1299 erwähnt, umschloss sie jedoch *nicht* das Terrain der Frauenkirche. Vermutlich führte bereits seit etwa 1220 eine steinerne Brücke, die wegen ihrer Länge mit 24 Brückenbögen gerühmt wurde, zum rechtselbischen Ufer. Sie erschloss eine weitere Siedlung, die unter dem Namen Altendresden um 1350 beurkundet wurde und 1403 das

Stadtrecht erhielt. Im Bereich der heutigen Inneren Neustadt gelegen, blieb diese bis ins 16. Jahrhundert hinein unbefestigt.

Im 15. Jahrhundert entwickelte sich Dresden zum bedeutenden Handels- und Handwerkszentrum, wurde jedoch in die Auseinandersetzungen zwischen dem böhmischen König Sigismund und den Hussiten verstrickt, welche 1429 die Vorstädte und Altendresden niederbrannten. Ein zweiter Mauerring hatte die Erstürmung der Altstadt verhindern können. Pestepidemien forderten immer wieder Opfer unter den Einwohnern. Die »Wettinische Teilung«, in der die Söhne Kurfürst Friedrichs des Sanftmütigen, Ernst und Albrecht, ihre Herrschaftsbereiche gegeneinander abgrenzten, verhalf Dresden 1485 zu gewaltigem Aufschwung: Nunmehr Residenz der »Albertinischen Linie«, triumphierte die Stadt über den wettinischen Stammsitz Meißen mit der Albrechtsburg und dem Dom. Als 1491 ein verheerender Brand fast die Hälfte aller Gebäude zerstörte, bot sich nahezu zwangsläufig die Gelegenheit zum repräsentativen Ausbau. Bereits 1499 konnte der Neubau der Kreuzkirche in Form einer spätgotischen Halle geweiht werden.

Mit der Regierungszeit Herzog Georgs des Bärtigen (1500–39) begann Dresdens erste Blütezeit. Es erhielt einen neuen, erweiterten Mauerring, der nun auch die Frauenkirche umschloss. Georg war es auch, der mit dem nach ihm benannten elbseitigen Schlosstrakt den ersten bedeutenden Renaissancebau der Stadt errichten ließ. Sein Bruder Heinrich der Fromme führte 1539 die Reformation im albertinischen Sachsen ein; in ihrer Folge wurden Klöster aufgelöst, der Rang der Stadtpfarrkirche ging von der Frauenkirche auf die Kreuzkirche über. Sein Sohn Herzog Moritz, später einer der Wortführer der protestantischen Bewegung, erwarb durch zielstrebiges Taktieren die Kurwürde für das albertinische Sachsen. Mit seiner Regierung (1541–53) und der seines Bruders August (1553–86) entwickelte sich Dresden zur Residenz mit prachtvollen Renaissancebauten. Noch unter Moritz begann die Erweiterung des Schlosses um etwa das Doppelte seiner Fläche und die aufwendige Ausgestaltung der Repräsentationsräume. Sie gruppierten sich um den Großen Schlosshof mit einer üppigen Sgrafittodekoration und gipfelten im monumentalen Festsaal, dem sogenannten Riesensaal. Saal und Sgrafitti gingen im Schlossbrand 1701 verloren und wurden 2007 frei nachgestaltet; von der prachtvoll geschmückten evangelischen Schlosskapelle ist nur das Portal erhalten. Gleichzeitig wurden die Festungsanlagen modernisiert und bis 1550 mit mächtigen Bastionen erweitert – die Kasematten unter der Brühlschen Terrasse zeugen davon.

1549 wurde das rechtselbische Altendresden Teil der Residenz und in das städtische Festigungssystem einbezogen. Die sächsischen Herrscher, nunmehr Kurfürsten, zogen bedeutende Künstler an ihren Hof, sie förderten Wissenschaft und Künste: Auf 1556 datiert die Gründung einer Bibliothek, auf etwa 1560 die der Kunstkammer, des späteren Grünen Gewölbes. Mit Schloss Moritzburg entstand in den Wäldern um die Residenz ein erster fürstlicher Jagdsitz. Besonderes Augenmerk galt ferner der Grablege der evangelischen Albertiner im Dom zu Freiberg (anstelle von Meißen), sie wurde im späten 16. Jahrhundert prachtvoll ausgestaltet. Die Nachfolger Moritz' und Augusts setzten die Bautätigkeit ihrer Vorfahren bis zum Ausbruch des Dreißigjährigen Krieges ungebrochen fort, sie erweiterten das Schloss um den Stallhof und den Langen Gang, welcher als Turnierhof diente. Ein denkwürdiges Schicksal ereilte das Belvedere, das Lusthaus auf der Jungfernbastei: Ab 1589 durch den italienischen Baumeister Giovanni Nosseni errichtet und mit kostbarem Marmor ausgestattet, experimentierte Johann Friedrich Böttger zu Beginn des 18. Jahrhunderts in seinen Kellerräumen mit der Herstellung von Porzellan. 1747 flog dieses erste Belvedere durch die Explosion eines Pulvermagazins in die Luft.

Um 1600 zählte Dresden mit seinen Vorstädten etwa 14 000 Einwohner; Handel und Gewerbe florierten, ein Kanalsystem sorgte für halbwegs hygienische Verhältnisse. Die günstige Entwicklung stagnierte mit Beginn des Dreißigjährigen Krieges, zudem plagten Pest und Hungersnöte die Bevölkerung. Einen gravierenden wirtschaftlichen Einbruch verhinderte jedoch die Zuwanderung böhmischer Exulanten (Glaubensflüchtlinge).

Der Aufstieg Dresdens zur barocken Residenz begann nach Ende des Krieges 1648, vor allem aber unter den Kurfürsten Johann Georg II. (1656–80) und Johann Georg III. (1680–91). Ihre Ausgestaltung ist dem Oberlandbaumeister Wolf Caspar von Klengel zuzusprechen, der auf Reisen durch Europa eine umfassende künstlerische Bildung erworben hatte. Zunächst Oberinspektor der Fortifikations- und Zivilgebäude, war Klengel am Ausbau des Schlosses beteiligt, entwarf das erste königliche Opern- bzw. Komödienhaus auf dem Taschenberg und errichtete zahlreiche Lust- und Landhäuser. Nachdem 1685 ein verheerender Brand das rechtselbische Altendresden heimgesucht hatte, lieferte er die Pläne für den barocken Wiederaufbau des Stadtteils. Neue Maßstäbe setzten auch Johann Georg Starcke und Johann Friedrich Karcher mit der Anlage und Ausgestaltung des Großen Gartens (1678). In seinem Zentrum liegt das Palais im Großen Garten, der erste wegweisende Barockbau der sächsischen Residenz. 1945 stark getroffen und im Äußeren inzwischen wieder hergestellt, zeugt die beschädigte, aber in wichtigen Originalteilen erhaltene Innenausstattung des Großen Saals noch von der einstigen Pracht.

Die Herrschaft Augusts des Starken (1694–1733) und seines Sohnes Friedrich August (1733–63) gilt als Goldenes Zeitalter Dresdens und ganz Sachsens; nicht umsonst wird es als Augusteisches Zeitalter bezeichnet. Unter den kunstsinnigen Kurfürsten und polnischen Königen – 1697 hatte August der Starke die polnische Krone erworben –

florierten Handel und Handwerk, Wissenschaften und Künste, die nach französischem Vorbild der höfischen Repräsentation als Ausdruck von absoluter Macht und Reichtum dienten. Durch die für den Erwerb der Krone erforderliche Konversion des Hofes zum Katholizismus schloss sich Sachsen näher an die Habsburgischen Länder an; Dresden stieg zu einer der führenden europäischen Residenzen auf. Um 1707/08 gelang dem Alchimisten Johann Friedrich Böttger und seinem Mitarbeiter Ehrenfried Walther von Tschirnhaus erstmalig die Herstellung von Porzellan. Bereits 1710 wurde die erste europäische Porzellanmanufaktur gegründet, die die kostbaren Werke aus Weißem Gold produzierte. Prunk- und Schmuckgeschirre wie auch Figurengruppen und Tierplastiken waren bereits damals weltweit begehrte Sammelstücke. Ausgestellt wurde die exquisite Sammlung heimischer und asiatischer Porzellane ab 1719 im Japanischen Palais. 1723 ließ August der Starke durch Matthäus Daniel Pöppelmann das Grüne Gewölbe im Westflügel des Schlosses einrichten; seine Räume sollten die beträchtlich angewachsene Schatzkunstsammlung der sächsischen Herrscher aufnehmen. Darunter befanden sich auch die einzigartigen Schöpfungen des Hofjuweliers Johann Melchior Dinglinger, der seit 1698 für den König arbeitete. Die Gemäldesammlung wurde ab den 1730er Jahren im Johanneum, dem einstigen Stallhof, präsentiert.

Schier unzählig sind die Baumaßnahmen, die August der Starke in Auftrag gab. Im Vordergrund stand der Aus- bzw. Wiederaufbau des Schlosses, das 1701 ausgebrannt war und nun zeitgemäß ausgestattet werden sollte. 1710/11 begannen die Arbeiten am Steinbau des Zwingers, der zunächst als Winterquartier tropischer Pflanzen und als höfischer Festplatz diente. Die kongeniale Zusammenarbeit zwischen dem Architekten Matthäus Daniel Pöppelmann und dem Bildhauer Balthasar Permoser ließ ein gebautes Arkadien entstehen. Um Galerien und Pavillons erweitert, wandelte sich der Zwinger schließlich zum »Palast der Wissenschaften« mit Bibliothek, Kunst- und naturwissenschaftlichen Sammlungen. Der Bau der katholischen Hofkirche erfolgte unter Friedrich August II., der ab 1737 den italienischen Architekten Gaetano Chiaveri verpflichten konnte. Gottfried Silbermann schuf für sie die grandiose Orgel, sein letztes und größtes Werk.

Bereits 1726 war der Grundstein für den barocken Neubau der Frauenkirche gelegt worden, die der protestantischen Bürgerschaft als Stadtkirche diente. Nach Plänen George Bährs bis 1743 ausgeführt, sollte sie mit ihrer mächtigen glockenförmigen Steinkuppel zum Wahrzeichen Dresdens werden. Unverkennbar ist die Absicht, der sächsischen Residenz römischen Glanz zu verleihen.

Doch August der Starke hegte noch weit ehrgeizigere Pläne: Der König hatte die Vision, die Elblandschaft zwischen Pillnitz und Übigau mit Lustgebäuden zu versehen und zu einem »sächsischen Canal Grande« ausgestalten zu lassen. Noch heute zeugen zahlreiche Schlösser von den Ambitionen des sächsischen Kurfürsten und polnischen Königs. 1716 besaß August 24 »Schlößer und Lustheißer« rund um Dresden. Sie erfüllten unterschiedliche Funktionen: So bildete Pillnitz mit seinem exotischen Flair die Kulisse höfischer Spiele, während das imposante Moritzburg als repräsentativer Jagdsitz inmitten einer aufwendig gestalteten Kulturlandschaft diente. Das rechtselbische Schloss Übigau war westlicher Endpunkt der königlichen Gondelstrecke und *Point de Vue* der Allee durchs stadtnahe Jagdrevier des Ostrageheges.

Friedrich August II. führte die Baupolitik seines Vaters lückenlos fort, sein besonderes Interesse galt jedoch der Musik, vor allem der italienischen Oper – er bekräftigte damit den Ruf Dresdens als Musikstadt. Für die Gemäldesammlung erwarb er u. a. Raffaels *Sixtinische Madonna*. Friedrich August war es auch, der Bernardo Bellotto, Il Canaletto, aus Venedig an den sächsischen Hof holte, wo

Bernardo Bellotto, gen. Canaletto (1721–1780):
Dresden vom rechten Elbufer unterhalb der Augustusbrücke,
1748 (Dresden, Gemäldegalerie Alte Meister)

er zwischen 1748 und 1763 seine einzigartigen Dresden-Veduten schuf.

Das politische Geschick des Kurfürsten, der als polnischer König den Namen August III. trug, war weit weniger glücklich als seine Sammelleidenschaft. Durch die Vernachlässigung des sächsischen Heeres konnte sich Sachsen in den Auseinandersetzungen zwischen Preußen und Österreich nicht behaupten. Die Schlesischen Kriege mündeten in eine verheerende Niederlage in der Schlacht von Kesselsdorf. Der letzte dieser Kriege, der Siebenjährige Krieg (1756–63), in dem sich die verfeindeten Lager in Dresden gegenüberstanden, besiegelte das Ende des Augusteischen Zeitalters. Im Kanonenbeschuss der preußischen Truppen Friedrichs II. von 1760 starb die Hälfte der Einwohner Dresdens, weite Teile der Altstadt, darunter auch die Kreuzkirche, und mehrere Vorstädte wurden verwüstet. Wirtschaftlich ging Sachsen stark geschwächt aus den Kriegen hervor, in denen es preußische und Habsburger Truppen hatte unterhalten müssen.

Doch während die Stadt in Ruinen lag, eröffneten sich anderweitig Horizonte, die auf eine neue Glanzzeit Dresdens verwiesen, die Epoche des Klassizismus und der Romantik. 1755 hatte Johann Joachim Winckelmann als Bibliothekar der Familie Bünau auf Schloss Nöthnitz bei Dresden seine *Gedanken über die Nachahmung der griechischen Werke in der Malerei und Bildhauerkunst* veröffentlicht. Die Schrift begründete zusammen mit seiner neun Jahre später verfassten *Geschichte der Kunst des Altertums* die moderne Archäologie und Kunstwissenschaft. Darüber hinaus trug Winckelmanns »Entdeckung« der griechischen Antike und ihrer Ästhetik entscheidend zur Ausbildung des deutschen Klassizismus bei. Die Dresdner Kunstsammlungen und das gesamte intellektuelle Klima der Stadt hatten wesentlichen Anteil an dieser Entwicklung. Zum Freundeskreis Winckelmanns zählten der Maler Adam Friedrich Oeser, der Kunstkenner Christian Ludwig von Hagedorn und der Architekt Friedrich August Krubsacius, deren Schaffen dem Frühklassizismus zum Durchbruch verhalf.

Gegen Ende des 18. Jahrhunderts entwickelte sich Dresden zum Brennpunkt der romantischen Bewegung; Dichter, Maler und Musiker wirkten in der Elbmetropole, die Herder ihrer Kunstsammlungen wegen als »Deutsches Florenz« bezeichnete. Künstler entdeckten die Schönheit der Natur und die Landschaft des Elbtals. Mit den Arbeiten der Wahldresdner Caspar David Friedrich, Philipp Otto Runge und Johann Christian Claussen Dahl wie des Hofarztes Carl Gustav Carus gewann die Malerei der Romantik weltweites Ansehen, das Werk Ludwig Richters prägte Spätromantik und Biedermeier. Literatur und Musik standen nicht nach: Im Hause von Christian Gottfried Körner verfasste Friedrich Schiller den *Don Carlos*, im ersten Viertel des 19. Jahrhunderts bestimmten E. T. A. Hoffmann und Carl Maria von Weber das Musikgeschehen. 1842 übernahm Richard Wagner das Amt des Hofkapellmeisters.

Die ungeheure künstlerische Kreativität der Dresdner Romantik vollzog sich vor dem Hintergrund erheblicher politischer Spannungen: Zwar konnte Kurfürst Friedrich August III. von Napoleon die Königswürde erlangen und als Friedrich August I. den sächsischen Thron besteigen, doch ging Sachsen aus den Wirren der napoleonischen Kriege als Verlierer hervor, verlor Territorien an Preußen und büßte ein Drittel seiner Bevölkerung ein. Städtebaulich erwies sich die Koalition mit Frankreich jedoch als Glücksfall: Bereits 1809 hatte Napoleon befohlen, die die Stadt einengenden Festungsanlagen schleifen und das Festungsgelände mit Wohnhäusern bebauen zu lassen, ein Prozess, der 1818 weitgehend abgeschlossen war. Die Anordnung, die Brühlsche Terrasse durch eine 14 m breite, 1818 fertiggestellte Freitreppe zu öffnen, erfolgte bereits 1814 durch den russischen Stadtkommandanten.

Mit der sächsischen Staatsreform und der Einsetzung der konstitutionellen Monarchie im Jahre 1831 begann ein neues Kapitel in der Geschichte Dresdens, das der bürgerlichen Stadt. Schon im darauf folgenden Jahr wurde die Dresdner Städteverordnung in Kraft gesetzt, die umfassende gesellschaftliche Reformen erwirkte. Der Ausbau des Bildungswesens, die massiv einsetzende Industrialisierung und die Eingemeindung etlicher Vororte zogen einschneidende Veränderungen im Stadtbild und die Entfaltung neuer Bauaufgaben nach sich. Es ist das Zeitalter Gottfried Sempers und seiner Gedanken über die Einheit von Funktion und Gestalt. Semper wurde 1834 als Professor für Architektur an die Dresdner Kunstakademie berufen. In seiner nur 15 Jahre währenden Tätigkeit sollte er die Baukunst der Elbmetropole entscheidend verändern. Die Einführung der Neorenaissance als Folge von Sempers Antiken- und Italienstudien ist weitgehend sein Verdienst, wenngleich auch Georg Hermann Nicolai die »Erfindung« des neuen Stils für sich beanspruchen mag. In jedem Fall profilierte sich Dresden als Vorreiter des Historismus, die sogenannte Dresdner Architekturschule dominierte über Jahrzehnte das Baugeschehen. Sempers wichtigste Werke in Dresden sind bzw. waren das erste und das zweite Hoftheater (1838–41 bzw. 1871–78), die Synagoge (1838–40), die Sempergalerie des Zwingers (1847–55), sowie zwei stilbildende Wohnbauten, Villa Rosa (1838–39) und Palais Oppenheim (1845–48). Nicht verwirklicht wurde der grandiose Forumsplan von 1842: Er hätte das Areal zwischen Zwinger und Elbe zu einem repräsentativen Freiplatz römisch-antiker Tradition werden lassen. 1849 musste Semper Dresden verlassen – als Teilnehmer der niedergeschlagenen Mairevolution wurde er aus dem Staatsdienst verabschiedet und musste fliehen. Sein Sohn Manfred führte seine Projekte fort.

Die am Elbufer gelegene Villa Rosa (1945 zerstört) mit ihrer heiteren palladianischen Struktur diente zahlreichen Villen, die bis zur Reichsgründung 1871 entstanden, zum Vorbild. Danach begann die »deutsche Renaissance« den italienischen Stil abzulösen, später traten neogotische und neobarocke Stilformen hinzu. Vom Rand des alten Stadtkerns ausgehend, schmückte sich Dresden mit einem Kranz herrschaftlicher Villen und Landhäuser, die sich Fabrikanten und wohlhabende Pensionäre erbauen ließen. Ihr malerisches Ensemble bietet bis heute unverfälschten Einblick in die Baukultur des 19. Jahrhunderts. Strikte Ordnungen schrieben eine offene Bebauung und Mindestabstände zur Straße fest. Die Erschließung des Elbhangs ging weitgehend auf das Unwesen der Reblaus zurück, die um 1885 die Weinberge ruinierte.

Auch in technologischer Hinsicht war Dresden wegweisend. Als erste voll funktionstüchtige Fernbahnlinie im deutschen Raum ging am 7. April 1839 die Strecke Leipzig –

Dresden (120 km) in Betrieb. Kurz zuvor war der Leipziger Bahnhof im Nordwesten der Inneren Neustadt errichtet worden. Am 1. September 1847 eröffnete man die Strecke Dresden – Görlitz: Diese bediente der 1845/46 unweit des Leipziger errichtete Schlesische Bahnhof. Auch die Dampfschifffahrt auf der Oberelbe nahm in Dresden ihren Anfang. Voraussetzung für beides war die 1836 vom findigen Ingenieur und Maschinenbauer Johann Andreas Schubert, später Direktor der Technischen Bildungsanstalt Dresden, unmittelbar neben dem ehemaligen Schloss Übigau eröffnete Maschinenbau-Anstalt. Hier entwickelte und produzierte Schubert ab 1837 nicht nur die ersten Dampfschiffe, die auf der Elbe fuhren, sondern 1838 auch die erste deutsche Dampflokomotive.

Mit der Reichsgründung 1871 erfasste Sachsen ein neues Nationalbewusstsein. Nach der siegreichen Teilnahme des sächsischen Heers im Deutsch-Französischen Krieg 1870/1871 profitierte die ganze Stadt vom Elan der Gründerzeit – und den Reparationszahlungen der Franzosen. Neben zahllosen Wohn-, Verwaltungs- und Geschäftsbauten entstanden Gartenanlagen, Parks und Plätze. Denkmäler und Brunnen huldigten berühmten Dresdnern. In epischer Breite erzählt der Fürstenzug Wilhelm Walters am Stallhof von den glorreichen Herrschern des Hauses Wettin; er wurde zunächst als Sgrafitto, später als Porzellanbild ausgeführt. Im Norden Dresdens entstand ab 1871 eine der größten Militärstädte Europas, die Albertstadt mit Kasernen für rund 20000 Soldaten.

Symbolischer Höhepunkt der Baumaßnahmen des späten 19. Jahrhunderts bildete die umfassende Neugestaltung des Schlosses, die Gustav Dunger und Gustav Fröhlich ab 1889, anlässlich der Feierlichkeiten zur 800jährigen Herrschaft der Wettiner, durchführten. Wie für viele Repräsentationsbauten wählten sie den Stil der deutschen Neorenaissance und schufen eines der bedeutendsten Monumente des deutschen Historismus. Der mächtige Neubau der Kunstakademie auf der Brühlschen Terrasse wie die beiden Ministeriumsbauten am Neustädter Elbufer wurden in kulturherrschaftlicher Attitüde in einem üppigen Neobarock gestaltet; zusammen mit der Silhouette der Residenz, Schlosskirche und dem Ständehaus prägen sie heute das innerstädtische Elbufer.

Neben Kunst und Kultur florierten Wissenschaft und Technik, Industrieanlagen und Fabriken schossen aus dem Boden, Dresden wurde zur Nummer eins der deutschen Zigaretten- und Fotoindustrie. Nähmaschinen und Keramik bildeten weitere erfolgreiche Branchen. Allerlei nützliche Erfindungen, etwa das Mundwasser Odol oder die Thermoskanne, erblickten hier das Licht der Welt; auf dem Weißen Hirsch begann der Kurbetrieb, der den Ruhm Dresdens als Stadt der Hygienebewegung begründete. Zwischen 1871 und 1900 stieg die Einwohnerzahl Dresdens von 177000 auf knapp 400000, bedingt auch durch die sukzessive Eingemeindung der Vororte. Im gleichen Zeitraum wurden 21 neue Kirchen für die Seelsorge der Bevölkerung gebaut, die meisten im neoromanischen oder neogotischen Stil, den das Eisenacher Regulativ seit 1861 dem protestantischen Kirchenbau vorschrieb. Doch seit den 1890er Jahren orientierte man sich in Dresden vor allem an den Erfordernissen der Liturgie und reformierte den Kirchenbau wegweisend für das gesamte Deutsche Reich.

Ebenfalls in den 1890er Jahren erfolgte die grundlegende Modernisierung der Verkehrswege. Die zuvor mit Pferden betriebenen Straßenbahnen wurden elektrifiziert und verbanden nun den Stadtkern mit Randbezirken und Umland. 1895 konnte der Alberthafen in der Friedrichstadt als einer der größten Binnenhäfen Deutschlands fertig gestellt werden. Um 1900 wurde der Böhmische Bahnhof südlich der Altstadt zum Hauptbahnhof und der Schlesische Bahnhof zum heutigen Neustädter Bahnhof umgebaut. Die Prager Straße entwickelte sich zur wichtigsten Flanier- und Einkaufsmeile der Stadt. Die Südvorstadt jenseits des Bahnhofs entwickelte sich als Standort der Technischen Hochschule, die 1890 aus der seit 1828 bestehenden Technischen Bildungsanstalt hervorgegangen war. Unter den Brücken, die nun die Elbe überspannten, ragt die elegante strompfeilerfreie Stahlfachwerkkonstruktion des Blauen Wunders hervor. Eine Sensation stellte 1898/1900 der Bau der ersten Schwebebahn der Welt dar. Wie ihr etwas älteres Pendant, die Standseilbahn, erschließt sie den Stadtteil Weißer Hirsch mit seinen Villen und Sanatorien.

In den Jahrzehnten um 1900 wurden weitere Vororte eingemeindet. Die Einwohnerzahl Dresdens überschritt die halbe Million, die Elbmetropole war damit viertgrößte Stadt des Reiches. Die schnelle Entwicklung erforderte umfassende strukturelle und urbanistische Planungen; die Liste der Stadtbauräte, die Dresden ein modernes Antlitz gaben, liest sich wie das Who is Who der frühen Moderne: Hans Erlwein, Wilhelm Kreis, Hans Poelzig, Heinrich Tessenow, Paul Wolf. Zu den herausragenden Zeugnissen ihrer Reformarchitektur zählen etliche öffentliche Nutzbauten, so Fritz Schumachers Krematorium in Tolkewitz, Tessenows Festspielhaus, die monumentalen Speichergebäude Hans Erlweins und seine weitläufigen Anlagen des damals modernsten deutschen Schlachthofes im Ostra-Gehege. Bei der Errichtung dieser ehrgeizigen Projekte setzte man in vielen Fällen die damals hochmoderne Konstruktion aus Stampf- und später Stahlbeton ein. In Dresden fand die preisgünstige und stabile Technik aus zunächst mit Eisen, dann mit Stahl bewehrtem Beton sehr früh Anwendung: 1899 in der Neustädter Markthalle, 1901–07 in Paul Wallots Ständehaus, 1909 in der in Gestalt einer Moschee errichteten Tabakfabrik Yenidze und in Erlweins Gasometer in Reick. Die Technische Universität begründete 1909 die moderne Stadtplanung mit dem Lehrstuhl für Städtebau, den der Kunsthistoriker, Denkmalpfleger und Stadtplaner Cornelius Gurlitt einnahm.

Ab 1905 begehrte die Künstlervereinigung »Die Brücke« gegen den akademischen Kunstbetrieb auf. Unter der Führung Erich Heckels, Ernst-Ludwig Kirchners und Karl Schmidt-Rottluffs entwickelte sich Dresden zum Zentrum des deutschen Expressionismus. Die Stadt und ihre Umgebung, vor allem die Seenlandschaft um Moritzburg, lieferten dazu eindrucksvolle Bildvorlagen. Zahlreiche Kunst- und Kulturausstellungen begleiteten diesen stürmischen Aufbruch ins 20. Jahrhundert. 1906 setzte die Dresdner Kunstgewerbeausstellung Maßstäbe für die Reform des deutschen Möbels und Kunstgewerbes. Als besonders folgenreich erwies sich die von Karl August Lingner initiierte Hygiene-Ausstellung des Jahres 1911, die die Einrichtung des deutschen Hygiene-Museums nach sich zog. 1930 erhielt es in dem von Wilhelm Kreis errichteten Bau am Blüherpark sein endgültiges Domizil. Dresden etablierte sich als Zentrum medizinischer Forschung und als Sammelbecken vielfältiger Lebens- und Gesundheitsreformbewegungen. 1908 fand hier der erste Vegetarierkongress statt. 1909 erfolgte die Grundsteinlegung der Gartenstadt Hellerau durch den Möbelfabrikanten und Mitbegründer des Deutschen Werkbundes, Karl Schmidt, der dort mit lebensreformerischem Impetus gesunde Lebens- und Arbeitsbedingungen für die Arbeiter und Angestellten seiner »Deutschen Werkstätten für Handwerkskunst« schuf und internationale Maßstäbe für die Entwicklung des modernen Möbels setzte.

Der Erste Weltkrieg bereitete diesem vielfältigen Aufbruch ein abruptes Ende. Nach der Abdankung König Friedrich Augusts III. am 13. November 1918 und der Ausrufung der Republik im Zirkus Sarrasani wechselten Blütezeiten und Wirtschaftskrisen in kurzen Abständen;

dem Schwarzen Freitag 1929 folgten Bankzusammenbrüche und Arbeiterunruhen – Rückschläge, die sich in expressionistischen Schriften und Theaterproduktionen wie in künstlerischen Sezessionsbewegungen niederschlugen. Dennoch florierte die Baukunst; vor allem im Siedlungsbau wurden Beispiel gebende Lösungen in genossenschaftlicher Trägerschaft gefunden, so die Großsiedlung Trachau und die in der Tradition der Gartenstadt stehende Gartenheimsiedlung in Gruna.

Der Ignoranz der Nationalsozialisten fiel das spektakuläre Kugelhaus am Straßburger Platz zum Opfer, der revolutionäre Bau von Peter Birkholz war Hauptattraktion der Ausstellung »Die technische Stadt« (1928); 1939 galt er als »undeutsch«. Der Bau eines gigantischen Gauforums in der Nachbarschaft des Großen Gartens blieb Dresden glücklicherweise erspart; dennoch konnte oder wollte sich die Stadt etlicher Eingriffe von Seiten der Nationalsozialisten nicht erwehren. Die »Neugestaltung der Stadt« sah eine großzügige Verkehrsführung am Rande des Altstadtkerns vor, die die historische Situation vollkommen außer Acht ließ. Pikanterweise wurde dieses Konzept von Paul Wolf, der sich mit den neuen Machthabern arrangiert hatte, nach dem Zweiten Weltkrieg nur wenig modifiziert umgesetzt. Während die Eröffnung des Flughafens Klotzsche und der Bau der Reichsautobahn die Wirtschaft zunächst ankurbelten, unterlag der Industriestandort Dresden fatalen Entwicklungen: Nach und nach wurde die gesamte Produktion der einstigen Vorzeigebetriebe auf Kriegsbedarf umgestellt. Vereinnahmt wurden natürlich auch Kunst und Kultur, bereits 1933 und 1935 wurden Werke expressionistischer Künstler in Ausstellungen verfemt. Besonders hart traf die Gleichschaltung die Arbeit des Hygienemuseums, das nun die nationalsozialistische Rassenlehre zu propagieren hatte. Die unseligen Ereignisse gipfelten im Brand der Semperschen Synagoge am 9. November 1938. 1941 begann die Auslagerung der Kunstschätze auf Burgen und Schlösser im sächsischen Umland.

Bis zum Februar 1945 blieb Dresden von den Luftangriffen der Alliierten nahezu verschont, in der Nacht vom 13. auf den 14. Februar erfolgten zwei Bombenangriffe, die das historische Zentrum dem Boden gleich machten. Was nicht unmittelbar zerstört wurde, fiel, wie die Frauenkirche, den Flammen zum Opfer. Am Morgen des 14. Februar lag die Altstadt in Trümmern, die Elbbrücken waren zerstört, die Lebensadern der Stadt zerschnitten. Am 4. März erfolgte ein weiterer Angriff, der gezielt der Inneren Neustadt galt.

Der Wiederaufbau Dresdens begann schnell. Seine Konzepte divergierten zwischen so konträren Positionen wie Rekonstruktion und vollkommenem Neubau der Stadt an anderer Stelle. Das Schwanken zwischen diesen Polen ist im Weichbild Dresdens deutlich abzulesen, bis heute bestimmt es das Baugeschehen in der Stadt. Konsens besteht darüber, dass ein Großteil der historischen Bausubstanz hätte gerettet werden können. Jedoch benutzte man die Ruinen als Steinbruch für den Neubau – ein Prozess, der die tragischen Verluste erst besiegelte und zu Recht als »zweite Zerstörung Dresdens« empfunden wird.

Nach der Gründung der DDR am 7. Oktober 1949 dominierte die Vision von der »Stadt des Sozialismus«, welche einen Gegenentwurf zur »Stadt des Feudalismus« darstellen sollte. Ein Generalbebauungsplan ließ allerdings auf sich warten. Immerhin wurde 1950 in den »16 Grundsätzen im Städtebau« verankert, dass die Bebauung der Innenstädte das »nationale Kulturerbe« berücksichtigen sollte, im Falle Dresdens bedeutete dies die Wahl eines barockisierenden Architekturstils. Zeugnisse einer durchaus repräsentativen und städtebaulich wirksamen Planung sind die zur »Magistrale« verbreiterte Wilsdruffer Str. (früher Ernst-Thälmann-Str.) und die großzügige Erweiterung des Altmarktes. Das Projekt, ein an russischen Vorbildern orientiertes Turmhaus zu errichteten, scheiterte allerdings am Widerstand jener, die das Elbpanorama nicht gefährden wollten. An seiner Stelle entstand schließlich der Flachbau des Kulturpalastes.

Mit der Anlage der neuen Prager Straße öffnete sich Dresden entschieden der Nachkriegsmoderne. Nach dem Vorbild der Rotterdamer Lijnbaan entstand ab 1963 die weiträumige Fußgängerzone zwischen Stadtzentrum und Hauptbahnhof. Sie wird flankiert von 12geschossigen Wohnzeilen und Pergolen zur Erschließung der Geschäfte; quer gestellte Scheibenhochhäuser (Hotels) rhythmisieren die Achse. Brunnen und Blumenbeete lockern das streng geometrische Ensemble auf, Solitärbauten wie das avantgardistische Rundkino sowie plastische Kaufhausfassaden setzen optische Akzente.

Ab Mitte der 60er Jahre des vergangenen Jahrhunderts lag der Schwerpunkt der Dresdner Baupolitik im kostengünstigen Wohnbau und der Gestaltung einer aufgelockerten und verkehrsgerechten Stadt. Bereits Ende der 50er Jahre hatte man mit dem Plattenbau experimentiert; die Siedlung Borsbergstraße in Striesen kann als Beispiel für die zunächst durchaus qualitätvolle und abwechslungsreiche Gestaltung normierter Wohnkomplexe gelten. Zeit- und Finanzierungsdruck führten jedoch bald zur Monotonie. Ein zwiespältiges Licht fällt auf den Umgang des DDR-Staates mit Dresdens historischer Bausubstanz: Einige der kriegszerstörten Kirchen wurden rekonstruiert, die beschädigte Sophienkirche 1962 auf Wunsch Walter Ulbrichts hingegen abgerissen. Zwischen 1945 und 1963 erfolgte der Wiederaufbau des Zwingers, 1977 begannen die Rekonstruktion der Semperoper, 1985 die Arbeiten am teilzerstörten Stadtschloss. In der Inneren Neustadt überbaute man bei Errichtung der Fußgängerpromenade an der Hauptstraße und der sie flankierenden Plattenbauriegel bis 1979 die historische Stadtstruktur und löste durch den Ausbau der Meißner Straße den Neustädter Brückenkopf und das Blockhaus aus ihrem historischen Zusammenhang mit dem Neustädter Markt.

Nach der Wende sah sich die Stadt großen Herausforderungen gegenüber. Es galt, das Trauma des Bombenhagels und der Nachkriegszeit endgültig zu überwinden. Doch lässt sich das Rad der Geschichte zurückdrehen? Mit der Frauenkirche hat Dresden zwar sein Herzstück zurückgewonnen, die historisierenden Bauten um Neu- und Altmarkt schaffen zumindest urbanes Flair anstelle der Brachen. Dank der Neukonzeption des Stadtschlosses als Ausstellungs- und Forschungsstätte der Sächsischen Kunstsammlungen hat die Elbmetropole einen lebendigen neuen Mittelpunkt erhalten: Er knüpft an die Glanzzeiten der sächsischen Residenz und präsentiert sich zugleich als Museum des 21. Jahrhunderts.

Aktuelle Projekte, die originale Denkmäler als Potenzial für städtische Identität erkennen und entwickeln, geben Hoffnung: so die Sanierung des Hauptbahnhofes durch Sir Norman Foster oder die geplante Umnutzung des alten Heizkraftwerks Mitte als zukünftige Spielstätte der Operette. Auch wird seit einigen Jahren der »aufgelockerte« Stadtraum behutsam nachverdichtet und in kriegszerstörten oder nachindustriellen Brachen Stadthäuser für familiengerechtes, innerstädtisches Wohnen geschaffen.

Glücklicherweise ist auch die Architektur der DDR nicht aus dem Stadtbild entschwunden – mit 20jährigem Abstand lassen sich auch ihre Qualitäten besser einschätzen.

Und doch ist Dresden noch nicht in der Gegenwart angekommen: Noch macht sich erstklassige zeitgenössische Architektur, wie etwa einige der Bauten von Peter Kulka, die Neue Synagoge von Nikolaus Hirsch, Andrea Wandel u. a. oder das St.-Benno-Gymnasium von Günter Behnisch, rar im Stadtbild. Noch ist der Mythos des Verlorenen, die Sehnsucht nach dem Augusteischen Zeitalter übermächtig. An den Staffagebauten der neuen Altstadt ist dies abzulesen. Dieser »rückwärtsgewandten Utopie« opfert man sogar – wie im Falle der geplanten Rekonstruktion des Festsaals im Palais im Großen Garten – bedeutende Originalzeugnisse und tilgt mit den Brüchen und Narben auch deren Einzigartigkeit und Unverwechselbarkeit. Jüngst erst führte die kompromisslose Durchsetzung der mehrspurigen Waldschlösschenbrücke an einer der landschaftlich reizvollsten Stellen des Dresdner Elbtals zur Aberkennung des Weltkulturerbe-Status durch die Unesco. Paradoxerweise zerstören gerade solche Maßnahmen eben die Kulturlandschaft, die August der Starke vor Augen hatte. Es bleibt daher die Frage, ob der gegenwärtigen Stadtplanung – durchaus im Sinne des Barocks – nicht mehr Visionen und vor allem mehr Qualitätsbewusstsein zu wünschen sei.

Stadtgeschichte in Daten

Stein-/Bronzezeit	Siedlungen im Dresdner Raum
1. – etwa 6. Jh.	keltisch-germanische Niederlassungen
um 600	Vordringen sorbischer Stämme, Gründung slawischer Siedlungen; viele Ortsnamen bleiben bis heute gebräuchlich
ab etwa 900	im Zuge der deutschen Eroberungen unter dem sächsischstämmigen König Heinrich I. Gründung der Burg Meißen und Sicherung der Ostgrenze; Meißen beherrscht das Elbtal
12. Jh.	unter dem Geschlecht der Wettiner Aufschwung des Handels und Ansiedlung von Kaufleuten, Silberfunde im Erzgebirge leiten eine erste Blütezeit der Region ein. Die Meißner Markgrafen bauen eine Burg auf dem Taschenberg
um 1170–85	Errichtung der ersten Dresdner Elbbrücke
1206	erste urkundliche Nennung Dresdens; der Name ist vermutlich vom sorbischen *Drezdany* ›Auwaldleute‹ abgeleitet
21. Januar 1216	Dresden wird von Markgraf Dietrich als Stadt bezeichnet. Zu diesem Zeitpunkt existierte bereits eine Ortschaft mit Pfarre nahe der heutigen Frauenkirche, eine Brücke führte zu einer gegenüberliegenden rechtselbischen Siedlung
13. Jh.	Dresden besitzt ein Kastell und eine

	Stadtmauer mit vier Toren; 1292 konstituiert sich ein Stadtrat mit Bürgermeister
um 1350	Die rechtselbische Siedlung Altendresden wird erwähnt
15. Jh.	Ausbau der Befestigungsanlagen
1434	erstmaliger Nachweis des Dresdner Striezelmarktes
1455	Stapelrecht für Dresden
1485	»Wettinische Teilung«: Die Brüder Ernst und Albrecht teilen ihr Herrschaftsgebiet auf; während Ernst als Kurfürst über Thüringen regiert, wählt Albrecht das Herzogtum Sachsen. Dresden, nicht das bislang bevorzugte Meißen, wird Residenz der Albertiner
1491	Ein Stadtbrand vernichtet etwa die Hälfte der Gebäude Dresdens
1. Hälfte 16. Jh.	unter Herzog Georg dem Bärtigen Erweiterung der Stadtmauer, die Siedlung um die Frauenkirche wird mit einbezogen
ab 1530	Errichtung des Georgenbaus als erstem Renaissanceschloss Dresdens
1539	Heinrich der Fromme, Bruder Georgs, führt die Reformation in Sachsen ein
1547 / 2. Hälfte 16. Jh.	Heinrichs Sohn und Nachfolger, Moritz, erlangt die sächsische Kurwürde. Unter ihm und seinem Bruder August wirtschaftliche Blüte Sachsens, Dresden erhält prachtvolle Bauten und moderne Befestigungsanlagen. Gründung zahlreicher wirtschaftlicher wie kultureller Institutionen, u. a. der Hofkapelle und der Kunstkammer

1617	Heinrich Schütz wird sächsischer Hofkapellmeister
1618–48	Dreißigjähriger Krieg, Ausbau der Bastionen. Die Entwicklung Dresdens stagniert, die Wirtschaft erholt sich jedoch rasch durch die Zuwanderung böhmischer Exulanten
1655	Wolf Caspar von Klengel wird zum Oberlandbaumeister ernannt und verhilft der Barockarchitektur zum endgültigen Durchbruch
ab 1676	Bau des Palais im Großen Garten nach Plänen von Johann Georg Starcke, erster bedeutender Barockbau Sachsens
1685	Brand des rechtselbischen Altendresden
ab 1685	Wiederaufbau Altendresdens nach Plänen Klengels
1694	Nach dem plötzlichen Tod Kurfürst Johann Georgs IV. übernimmt dessen Bruder als Friedrich August I., genannt August der Starke, die Regierungsgeschäfte
1697	August der Starke nimmt den katholischen Glauben an und empfängt als August II. die polnische Königkrone; bis 1763 Personalunion der sächsischen Kurfürsten und polnischen Könige. Stadt und Land bleiben protestantisch
1. Hälfte 18. Jh.	Unter August dem Starken und seinem Sohn Friedrich August II. (August III. von Polen) erlebt die Stadt Dresden ihre Blütezeit, das sog. Augusteische Zeitalter. Sachsen wird zum Angelpunkt zwischen dem protestantischen Norden und den katholischen Regionen Mittel-, Ost- und Südeuropas. Ausbau der Residenz

	(Schloss, Zwinger, Hofkirche), »Erfindung« des Porzellans durch Johann Friedrich Böttger, Gründung der Porzellanmanufaktur; Einrichtung der Schatzkammer des Grünen Gewölbes im Schloss und der Gemäldegalerie im Johanneum. Die Jagd- und Lustschlösser um Dresden werden gemäß einem komplexen barocken Gesamtkonzept erweitert; die Elbe soll zu einem sächsischen Canal Grande werden. Bedeutende Künstler wirken am sächsischen Hof, so die Architekten Matthäus Daniel Pöppelmann, Johann Christoph Knöffel, Gaetano Chiaveri und George Bähr, der Bildhauer Balthasar Permoser, der Goldschmied Johann Melchior Dinglinger. Gottfried Silbermann baut seine einzigartigen Barockorgeln
1727–32	Erweiterung und Verstärkung der Augustusbrücke nach Entwürfen Pöppelmanns durch Johann Gottfried Fehre
1733	Tod Augusts des Starken, sein Sohn Friedrich August II. (als polnischer König August III.) übernimmt die Herrschaft; durch seine unglückliche Bündnispolitik wird Sachsen in die kriegerischen Konflikte zwischen Preußen und Österreich verwickelt
1740–42	1. Schlesischer Krieg
1744–45	2. Schlesischer Krieg
1745	entscheidende Niederlage Sachsens und Österreichs gegen die Preußen in der Schlacht bei Kesselsdorf
1755	Johann Joachim Winckelmann verfasst in Dresden die *Gedanken über die Nachahmung …*

1756–63	Siebenjähriger Krieg: verheerende Schäden in Dresden und Sachsen durch das Heer Friedrichs II. (ein Drittel der Altstadt und Pirnaische Vorstadt vernichtet; 50 Prozent Bevölkerungsverlust)
1760	Bombardierung Dresdens durch Friedrich II.: Zerstörung der Kreuzkirche; die Frauenkirche hält stand
1763	mit dem Tode Friedrich Augusts II. Ende der polnischen Personalunion. Gründung der Kunstakademie
2. Hälfte 18. Jh.	schleppender Wiederaufbau Dresdens im Stil des klassizisierenden Spätbarock
spätes 18. / frühes 19. Jh.	Dresden wird zum Zentrum der romantischen Bewegung; Dichter, Maler und Musiker wirken in der Elbmetropole, die Herder als »Deutsches Florenz« bezeichnet. Künstler entdecken die Schönheit der Natur und die Landschaft des Elbtals
1791	Die Pillnitzer Deklaration besiegelt die Koalition der deutschen Großmächte zur Rettung der von der Revolution bedrohten französischen Krone
1806	Sachsen tritt dem Rheinbund bei und wird Bündnispartner Napoleons
1807	Napoleon erklärt Sachsen zum Königreich unter Friedrich August I.
1809–18	Niederlegung der Festungsanlagen bis auf die Brühlsche Terrasse
1812/13	Russlandfeldzug Napoleons und Befreiungskriege: Sachsen gerät in die Auseinandersetzungen zwischen Napoleon und Österreich, das von Preußen und Russland unterstützt wird. Dresden wird abwechselnd von den Franzosen und den Koalierten besetzt

1813	Napoleon verliert die Völkerschlacht bei Leipzig
1815	Wiener Kongress: Frieden von Wien, Sachsen verliert einen Großteil seines Territoriums an Preußen Wiedereinsetzung des nach Prag geflüchteten sächsischen Königs Friedrich August I. Trotz der Niederlage kann Dresden seine Stellung als Kulturmetropole behaupten. Sachsen entwickelt sich zum modernen Industriestaat
1828	Gründung der »Königlich Technischen Bildungsanstalt«, des Vorläufers der Technischen Universität Dresden, sowie des sächsischen Kunstvereins; Einführung der Gasbeleuchtung
1831	Sächsische Verfassung
1832	Städteordnung für Dresden
1837	Gründung der Sächsisch-böhmischen Dampfschifffahrtsgesellschaft. Andreas Schubert baut die erste deutsche Dampflokomotive »Saxonia«
1838–41	Bau des ersten Opernhauses durch Gottfried Semper
1839	7. April: Eisenbahnstrecke Leipzig – Dresden geht als erste deutsche Fernbahnstrecke in Betrieb
1842	Richard Wagner wird Hofkapellmeister
1848	Der Dresdner Maiaufstand, in dem sich revoltierende Bürger und königstreue Truppen gegenüberstehen, wird niedergeschlagen. Semper und Wagner müssen als Beteiligte fliehen
2. Hälfte 19. Jh.	Ausbau der Infrastruktur, Errichtung von Bahnhöfen und Verkehrswegen, Anlage der Straßenbahn und Elektri-

	fizierung der Straßenbeleuchtung. In den Vorstädten entstehen prachtvolle Villen
1852	Dresden hat mehr als 100000 Einwohner. Trotz ständiger Konflikte mit Preußen florieren Wissenschaft und Schöne Künste, die König Johann leidenschaftlich fördert
1862	Zigarettenfabrik »Laferme« (1880 gibt es bereits 21 Zigarettenfabriken in Dresden)
1867	Beginn des Kurbetriebs auf dem Weißen Hirsch
1869	Näh- und (später) Schreibmaschinenfabrik Seidel & Naumann
29. Sept. 1869	Brand des Opernhauses
18. Jan. 1871	Gründung des Deutschen Reiches, Dresden wird Haupstadt des Gliedstaates Sachsen. Erfolgreiche Teilnahme des sächsischen Heeres am Deutsch-Französischen Krieg: Reparationszahlungen der Franzosen finanzieren den Boom der deutschen Gründerjahre, von denen auch Sachsen profitiert; Ausbau und Verschönerung der Stadt
1871	Anerkennung der Technischen Bildungsanstalt als »Königlich-Sächsisches Polytechnikum«.
1871–78	Bau des zweiten Opernhauses nach dem Entwurf Gottfried Sempers, Ausführung durch seinen Sohn Manfred Semper
1888	Lingnerwerk (Dresdner Chemisches Laboratorium)
1889	Optische Werke Ernemann (Kamerabau)
1893	Inbetriebnahme der elektrischen Straßenbahn
1890	Dresden zählt über 275000 Einwohner
1890–98	Umbau der beiden großen Bahnhöfe in der Alt- und Neustadt

1895	Bau des Elbhafens (Alberthafen)
1898	Einweihung des Dresdner Hauptbahnhofes
1898	Das Polytechnikum wird Technische Hochschule
1898–1900	Bau der weltweit ersten Bergschwebebahn in Loschwitz
1889–1901	Neugestaltung des Schlosses im Stil der deutschen Neorenaissance
um 1900	Eingemeindung zahlreicher Vororte, Dresden erreicht die Einwohnerzahl von 500 000 und ist viertgrößte Stadt des Reiches. Unter dem Stadtbaumeister Hans Erlwein (ab 1904) entstehen zahlreiche Zweckbauten in sachlichen, modernen Formen
1905	Gründung der Künstlervereinigung »Die Brücke«; Dresden wird Ausgangspunkt des deutschen Expressionismus
1908	Gründung der deutschen Gartenstadtgesellschaft und der Baugenossenschaft Hellerau
1909	Grundsteinlegung für die »Deutschen Werkstätten« und die erste Arbeitersiedlung »Am Grünen Zipfel« in Hellerau
1911	Erste Hygieneausstellung; Dresden entwickelt sich zum Zentrum der Hygienebewegung; im Luftkurort Weißer Hirsch florieren Sanatorien und Kliniken; Errichtung des Festspielhauses Hellerau durch Heinrich Tessenow
1914–18	Erster Weltkrieg, Arbeiterunruhen
13. Nov. 1918	Abdankung von König Friedrich August III; im Zirkus Sarrasani wird die Republik ausgerufen
1925	Gret Palucca, Schülerin Mary Wigmans, gründet ihre erste eigene Tanzschule

1929	Dem Schwarzen Freitag folgen Bankzusammenbrüche und Wirtschaftskrisen
1932/33	Machtübernahme der Nationalsozialisten
1934	Hitler besucht Dresden; Ausbau des Verkehrsnetzes, der Bau eines Gauforums scheitert. Ausstellungen im Hygienemuseum propagieren die nationalsozialistische Ideologie
1935	Eröffnung des Flughafens Klotzsche
Nov. 1938	Reichskristallnacht, Sempers Synagoge fällt den Flammen zum Opfer
1939	Ausbruch des Zweiten Weltkriegs, Dresden wird zum wichtigen Standort der Rüstungsindustrie
1941	Auslagerung der Kunstschätze
13./14. Feb. 1945	Bombenangriffe der Alliierten auf Dresden: die Altstadt wird weitgehend zerstört und fällt den Flammen zum Opfer, etwa 25 000 Menschen sterben
Mai 1945	Die Rote Armee rückt in Dresden ein; der sowjetische Oberst Gorochow übernimmt das Amt des Stadtkommandanten. Enttrümmerung und Wiederaufnahme städtischer Funktionen
7. Okt. 1949	Gründung der DDR; Dresden wird zur Bezirkshauptstadt degradiert
1953/54	unter Walter Ulbricht sozialistische Umgestaltung der Stadt, Wiederaufbau einiger Kirchen, Abriss der beschädigten Sophienkirche auf Wunsch Ulbrichts
1956	Rückgabe konfiszierter Kunstschätze, Wiedereröffnung der Gemäldegalerie
1963–70	Anlage der Prager Straße, Errichtung emblematischer Bauten wie Kulturpalast und Fernsehturm; Bau von Plattenbau-

	siedlungen, Kaufhäusern, Schulen. Sicherungsarbeiten am Schloss
1977	Beginn des Wiederaufbaus der Semperoper
1981	Dresden wird Sitz des Bistums Dresden/Meißen, die Hofkirche wird zur Kathedrale erhoben
13. Feb. 1985	Wiedereröffnung der Semperoper; offizieller Beginn der Wiederaufbauarbeiten am Schloss
1989	Beschluss zum Wiederaufbau der Frauenkirche
1991	Richtfest des Schlosses
1991–94	Errichtung des Sächsischen Landtags
2001	9. November: Weihe der neuen Synagoge
2002	Die Jahrhundertflut setzt weite Teile der Stadt unter Wasser, umfassende Sanierungs- und Schutzmaßnahmen werden eingeleitet
2002–04	Kupferstichkabinett, Münzkabinett und Kunstbibliothek beziehen Räume im Schloss
2004/05	Sanierung der Prager Straße / Dresdner Elbtal wird Unesco Weltkulturerbe
7. Sept. 2004	Einweihung des Neuen Grünen Gewölbes
31. Okt. 2005	Weihe der wieder aufgebauten Frauenkirche; Beginn der Wiederbebauung des Neumarktes
1. Sept. 2006	Eröffnung des Historischen Grünen Gewölbes im Schloss
2009	Überdachung des Kleinen Schlosshofes durch Peter Kulka. Aberkennung des Weltkulturstatus wegen Errichtung der Waldschlösschenbrücke
2010	Eröffnung der »Türckischen Cammer«;

	Neugestaltung des Albertinums; Abschluss der Bebauung am Altmarkt
2012/13	museale Präsentation der Rüstkammer, des Riesensaals und der Paraderäume Augusts des Starken im Schloss

Kulturkalender

Februar	Gedenkveranstaltungen zum Bombenangriff 1945 13. Februar, 21:45 Uhr: Gedenkläuten aller Dresdner Kirchen
April	Dresdner Filmfest
Mai	1. Mai: Dampferparade Dixielandfestival Neustadtfest
Mai/Juni	Dresdner Musikfestspiele 1. Wochenende: Offene Gartenpforte Dresden um Himmelfahrt: Karl-May-Festtage in Radebeul
Juni	2. Wochenende: Bunte Republik Neustadt Hafenfest Pieschen letztes Wochenende: Elbhangfest
Juli	Museumssommernacht Mitte (10 Tage): Scheune-Schaubudensommer
Juli/August	Filmnächte am Elbufer Vogelwiese
August	Moritzburg-Festival barocker Musik Pillnitzer Schlossnacht Dresdner Stadtfest Tag des offenen Weinguts
September	Samstag: Tag der offenen Albertstadt (alle 2 Jahre, nächster Termin: 2012)
Oktober	Dresdner Tage der zeitgenössischen Musik Ende: Moritzburger Karpfen-Abfischen
Okt./Nov.	Heinrich-Schütz-Tage
November	Tanzherbst
Dezember	Striezelmarkt

Rundgänge

Dresden in drei Tagen

1. Tag: Altstadt mit Schloss, Hofkirche, Theaterplatz, Oper, Zwinger, Sächsischer Landtag, ggf. Yenidze; Brühlsche Terrasse und Synagoge, Frauenkirche und Neumarkt; Innenstadt mit Wilsdruffer Straße, Landhaus, Altmarkt.
Museen zur Auswahl: Sammlungen im Zwinger (Alte Meister, Porzellansammlung oder Mathematisch-Physikalischer Salon); Sammlungen im Schloss (Historisches und Neues Grünes Gewölbe, Rüstkammer, Wechselausstellungen); Albertinum.

2. Tag: Innere Neustadt mit Augustusbrücke, Blockhaus, Neustädter Markt, Goldenem Reiter; Hauptstraße, Dreikönigskirche, Societätstheater, Königstraße mit Japanischem Palais, Albertplatz; Äußere Neustadt mit Jüdischem Friedhof, Kunsthof, Pfunds Molkerei; Preußisches Viertel oder Hechtviertel mit St.-Pauli-Ruine.
Museen zur Auswahl: Museum für Volkskunst (Jägerhof), Kügelgen-Haus, Kästner-Museum.

3. Tag: Elbufer mit Elbschlössern, Blauem Wunder, Alt-Loschwitz, Weißer Hirsch.
Alternativ: Dresden im 20./21. Jahrhundert mit Sächsischem Landtag, Erlweinspeicher, Yenidze, Hauptbahnhof, Prager Straße, Wilsdruffer Straße (Landhaus), Hygienemuseum, Palais im Großen Garten, Gläserne Manufaktur, St.-Benno-Gymnasium; Ausflug nach Hellerau.
Museum: Stadtmuseum Dresden im Landhaus.

Dresden in fünf Tagen

1. Tag: Altstadt mit Schloss, Hofkirche, Zwinger, Oper, Theaterplatz, Brühlscher Terrasse und Synagoge, Frauenkirche, Neumarkt.
Museen zur Auswahl: Sammlungen im Zwinger (Alte Meister, Porzellansammlung oder Mathematisch-Physikalischer Salon); Sammlungen im Schloss (Historisches und Neues Grünes Gewölbe, Rüstkammer, Wechselausstellungen); Brühlsche Terrasse (Albertinum, Kasematten).

2. Tag: Innere Neustadt mit Augustusbrücke, Blockhaus, Neustädter Markt, Goldenem Reiter; Hauptstraße, Dreikönigskirche, Societätstheater, Königstraße mit Japanischem Palais; Albertplatz, Äußere Neustadt mit Kunsthof, Martin-Luther-Kirche, Jüdischem Friedhof, Pfunds Molkerei; anschließend: Preußisches Viertel oder Hechtviertel mit St.-Pauli-Ruine oder Albertstadt.
Museen zur Auswahl: Museum für Volkskunst (Jägerhof), Kügelgen-Haus, Kästner-Museum.

3. Tag: Rechtes Elbufer mit Parks, Regierungsbauten, Villen und Elbschlössern (eventuell mit dem Fahrrad).

4. Tag: Die Villenviertel Blasewitz, Loschwitz, Blaues Wunder, Bergbahnen und Weißer Hirsch.

5. Tag: Schwerpunkt Dresden im 20./21. Jahrhundert: Sächsischer Landtag, Erlweinspeicher und Yenidze; Innenstadt mit Hauptbahnhof, Prager Straße, Altmarkt, Wilsdruffer Straße (Landhaus), Hygienemuseum, Palais im Großen Garten, Gläserne Manufaktur, St.-Benno-Gymnasium.
Nachmittag: Hellerau oder Wilder Mann mit Großsiedlung Trachau.
Museen zur Auswahl: Stadtmuseum (Landhaus); Hygienemuseum.

Alternativ: Ausflug 1: (Dampferfahrt) nach Pillnitz; Schloss, Park, Kunstgewerbemuseum und Weinbergkirche. / Ausflug 2: Moritzburg mit Schloss und Sammlung, Park mit Fasanenschlösschen, Käthe-Kollwitz-Haus.

Dresden in sieben Tagen

1. Tag: Altstadt mit Schloss, Hofkirche, Zwinger, Oper, Theaterplatz, Brühlscher Terrasse und Synagoge, Frauenkirche und Neumarkt.
Museen zur Auswahl: Sammlungen im Zwinger (Alte Meister in Sempergalerie, Porzellansammlung oder Mathematisch-Physikalischer Salon); Sammlungen im Schloss (Historisches und Neues Grünes Gewölbe, Rüstkammer, Wechselausstellungen); Brühlsche Terrasse (Albertinum, Kasematten).

2. Tag: Innenstadt mit Hauptbahnhof, Prager Straße, Altmarkt, Wilsdruffer Straße und Landhaus; Friedrichstadt mit Yenidze, ehem. Marcolini-Palais (heute: Krankenhaus Friedrichstadt) und Friedhof.
Museum: Stadtmuseum (Landhaus).

3. Tag: Innere Neustadt mit Augustusbrücke, Blockhaus, Neustädter Markt, Goldenem Reiter; Hauptstraße, Dreikönigskirche, Societätstheater, Königstraße mit Japanischem Palais, Albertplatz; Äußere Neustadt mit Kunsthof, Jüdischem Friedhof, Martin-Luther-Kirche, Pfunds Molkerei. *Anschließend*: Preußisches Viertel und Rosengarten oder Hechtviertel mit St.-Pauli-Ruine oder Albertstadt.
Museen zur Auswahl: Museum für Volkskunst (Jägerhof), Kügelgen-Haus, Kästner-Museum.

4. Tag: Rechtes Elbufer mit Parks, Regierungsbauten, Villen und Elbschlössern; Waldschlösschen; über das Blaue Wunder nach Tolkewitz mit Urnenhain und Krematorium (am besten mit Fahrrad).

5. Tag: Die Stadt des 20./21. Jahrhunderts: Sächsischer Landtag mit Neuer Terrasse, Schauspielhaus, Postplatz, Kulturpalast, Wilsdruffer Straße, Rathaus, Hygienemuseum, Gläserne Manufaktur, St.-Benno-Gymnasium; Großer Garten mit Palais und ggf. Zoo oder Strehlen mit Christuskirche; Südvorstadt mit Russischer Kirche, Universität; Ausflug nach Hellerau.
Museum: Hygienemuseum.

6. Tag: Dic Villenviertel Blasewitz und Loschwitz, Blaues Wunder, Bergbahnen, Weißer Hirsch (»Der Turm«).

7. Tag: *Für Garten- und Weinfreunde*
Ausflug 1: (Dampferfahrt) nach Pillnitz, Schloss, Park, Kunstgewerbemuseum und Weinbergkirche. / Ausflug 2: Moritzburg mit Schloss und Sammlung, Park mit Fasanenschlösschen, Käthe-Kollwitz-Haus. / Ausflug 3: Barockgarten Großsedlitz.
Für Geschichts- und Technikfreunde
Ausflug 1: Alberthafen, Ostragehege mit Messe (historischer Schlachthof) und Schloss Übigau; Museen zur Auswahl: Technische Sammlungen (Striesen). / Ausflug 2: Gasometer in Reick mit dem Panorama Dresden um 1755.
Für Freunde des Siedlungsbaus
Großsiedlung Trachau, Gartenheimsiedlung in Gruna, Villacher Siedlung und Kirchplatz in Laubegast, Siedlung Briesnitz.

Innere Altstadt

Sakralbauten

Frauenkirche (I E4, Am Neumarkt): Die Frauenkirche George Bährs (1666–1738) mit ihrer einzigartigen glockenförmigen Kuppel war bis zu ihrer Zerstörung 1945 einer der bedeutendsten protestantischen Kirchenbauten des 18. Jh.s und das Wahrzeichen Dresdens. Die neue, 1996–2005 wiedererrichtete Frauenkirche stellt die Dresdner Stadtsilhouette wieder her und bildete den Auftakt für die Re-Urbanisierung des Neumarktes.

Die älteste Pfarrkirche Dresdens »Unserer Lieben Frau« lag seit dem 12. Jh. nördlich der Stadt auf einem hochwassersicheren Hügel an der Elbe in einem der ältesten Siedlungsgebiete. Im 15. Jh. wurde die Basilika durch eine Hallenkirche mit Langchor ersetzt. Im Zuge von Stadterweiterung und Ausbau der Festung unter Herzog Moritz wurde das Gebiet 1519 eingemeindet und 1548 in die innerstädtische Stadtbefestigung einbezogen. Infolge des Aufstiegs Dresdens zur barocken Residenz von europäischem Rang unter August dem Starken entstand auch unter der protestantischen Bürgerschaft der Wunsch nach einem repräsentativen Kirchenbau. Als man 1722 in der alten Frauenkirche die maroden Kirchenböden aus Sicherheitsgründen schließen musste, beauftragte die Stadt den Ratszimmermeister George Bähr mit dem Neubau. In Abwägung von Bährs erstem Entwurf – ein Zentralbau in Gestalt eines griechischen Kreuzes – und des Gegenentwurfs von Landbaumeister Johann Christoph Knöffel (1686–1752) entschied man sich schließlich für einen Zentralbau auf quadratischem Grund, ohne gerichtete Hauptfassade mit vier über Eck gestellten, von außen zugänglichen Treppentürmen. Die zweischalige, gelängte Kuppel

Die 1996–2005 neu errichtete Frauenkirche
auf dem Dresdner Neumarkt

mit konvexem Anlauf sollte in Holz mit Kupferdeckung ausgeführt werden. Ab 1726 begann Bähr mit dem Neubau unter Mitwirkung von Ratsmaurermeister Johann Gottfried Fehre (1685–1753) unweit der alten, bis 1727 weiter genutzten Kirche. Bis 1732 war der Bau bis zum Kuppelanlauf in Sandstein aufgeführt. Der Weiterbau verzögerte sich aus finanziellen Gründen. Bähr beabsichtigte nun die Kuppel in Stein auszuführen, vorgeblich um die Kosten für die teure Kupfereindeckung zu sparen. Sein modifizierter Entwurf führte zu heftigen Diskussionen über die Tragfestigkeit der acht Mittelpfeiler, auf denen die Hauptlast der Kuppel ruhte. Nach dem Tode Augusts des Starken stellte dessen Sohn Friedrich August II. im Sommer 1733 die Kollekte für die aus Salzburg geflohenen Protestanten zur Weiterführung zur Verfügung. So wurde 1734 die steinerne Innenkuppel fertig gestellt und die Kirche geweiht. Doch an den Mittelpfeilern aufgetretene Risse ließen erneut Bedenken an der Tragfähigkeit der Kuppel aufkommen. Der Bau stockte wiederum. Der 72jährige George Bähr, der an seiner Konstruktion festhielt, verstarb im Frühjahr 1738. Den Bau vollendete sein Nachfolger und langjähriger Mitarbeiter, Johann Georg Schmidt (1707–1774), der auch die Neustädter →Dreikönigskirche fertig stellte. 1740–43 errichtete er zusammen mit Fehre die bekrönende Laterne in Stein. Sie fiel schlichter aus, als von Bähr geplant, und wurde mit einer hölzernen Haube und Kreuz geschlossen, um die Lasten nicht zu stark werden zu lassen.

Der kuppelbekrönte Zentralraum George Bährs war in ästhetischer wie formaler Hinsicht ein Meisterwerk, das optimal die liturgischen Anforderungen des protestantischen Predigtgottesdienstes erfüllte: Kanzel, Taufe und Orgel wurden rationell zum Kanzelaltar zusammengefasst – wie bereits 1684–88 in der kleinen Kirche in Carlsfeld im Erzgebirge, die als Vorbild des Bährschen Konzepts gilt. Insgesamt finden über 2000 Menschen Platz. Die unabhängige Erschließung des inneren Hauptraums über Portale in den Anräumen und der Emporen über die Treppentürme gewährleistet mit sieben Eingängen einen zügigen Zu- und Abstrom der Gläubigen.

Der Gesamteindruck eines kompakten, rhythmisch gegliederten, nahezu ungerichteten Zentralbaus basiert auf Bährs komplexer Grund- und Aufrisskonzeption, bei der sich verschiedene geometrische Grundformen durchdringen – ein Charakteristikum spätbarocker Architektur. Im Innenraum verschränken sich zentrales Rund und konkav-konvexer Raum von Apsis und Orgelempore. Den ersteren umstehen acht das Gewicht der Kuppel tragende Mittelpfeiler. Zwischen ihre Schildbögen sind in die dahinter liegenden, rechteckigen Anräume drei umlaufende Emporen eingespannt. Die innere Kuppel öffnet sich mit einer Laterne zur äußeren Schale, zwischen beiden verläuft ein spiralförmiger Gang zur äußeren Laterne. Der Innenraum ist in den quadratischen Außenbau eingeschrieben, der seinerseits durch die über Eck angefügten Treppentürme oktogonal erweitert wird. Die dazwischen liegenden Risalite mit den Eingangsportalen rhythmisieren den Bau zusätzlich. Zwischen quadratischem Baukörper und Rund der gelängten Kuppel vermittelt der konvex geschwungene Kuppelanlauf, durch den die einzigartige glockenförmige Gestalt entsteht.

Die Standfestigkeit der Kuppel zeigte sich 1760: Im Bombardement Friedrichs II. prallten die Kugeln von ihr ab. Seit dem 19. Jh. waren jedoch konstruktive Sicherungen notwendig. 1930–32 und 1938–1943 erfolgten konstruktive Sicherungen, die Hauptkuppel erhielt einen Ringanker aus Stahlbeton. Den Luftangriffen des 13. Februar 1945 hielt die im Innern völlig ausgebrannte Frauenkirche zunächst stand. Zwei Tage später jedoch stürzten Kuppel und Bau bis auf einige Partien im Nordwesten ein. Die bis 1951 gehegten Wiederaufbaupläne kamen nicht zur Ausführung; man beließ die Ruine, ab 1980 wurde sie als

Mahnmal gegen den Krieg erhalten. Angeregt durch eine 1989 gegründete Bürgerinitiative, entschloss sich die evangelische Landeskirchensynode 1992 zum Wiederaufbau. Unmittelbar danach begann mit Hilfe weltweiter, privater Spenden die Bergung und Identifizierung der Trümmer, unter denen sich auch das originale Kuppelkreuz, die Bruchstücke des Altars und das Grabmal George Bährs befanden. Ab 1996 erfolgte der archäologische Wiederaufbau, bei dem reparierte Originalteile – quasi als Spolien – in den Neubau eingefügt wurden. Die genaue Baudokumentation von 1930 bis 1932 lieferte die Grundlage für die originalgetreue Neuerrichtung in den historischen Handwerkstechniken. An einigen Stellen zog man allerdings modernste Technik hinzu. So wurde etwa als Hochwasserschutz der gesamte Bau mit einer unterirdischen Betonwanne unterfangen und unter der Deckschicht der Außenkuppel eine elastische Dichtung eingebracht, um das Eindringen von Wasser zu verhindern. Auch der Innenraum wurde analog der ursprünglichen Ausstattung neu gestaltet. Der Altar ist aus den geborgenen Originalteilen der 1733–38 von Johann Christian Feige d. Ä. geschaffenen Skulpturen zusammengefügt. Die beim Brand zerstörte, originale Silbermann-Orgel von 1736 wurde durch eine moderne ersetzt.

Katholische Hofkirche, seit 1980 Kathedrale St. Trinitatis des Bistums Dresden-Meißen (I D4, Schlossplatz): Neben Zwinger und Frauenkirche ist die Katholische Hofkirche wichtigstes Zeugnis des Spätbarock in Sachsen, sie ist zugleich ein Hauptwerk römischen Sakralbaus in Deutschland.

Erste Planungen für eine Hofkirche begannen unter August dem Starken, der 1697 aus politischem Kalkül zum Katholizismus übergetreten war. Die 1708 im einstigen Komödienhaus installierte Hofkapelle, die vorerst dem fürstlichen Gottesdienst diente, konnte das Repräsentationsbedürfnis der Wettiner auf Dauer nicht befriedi-

Hofkirche (Gaetano Chiaveri, J. C. Knöffel, J. H. Schwarze, 1739–51) mit Ständehaus (Paul Wallot, 1901–07) und Georgenbau des Residenzschlosses

gen. Der sächsische Hof bedurfte eines glanzvollen Bauwerks, das den Ruhm des katholischen Glaubens verkörperte. Das Vorhaben konkretisierte sich jedoch erst unter der Herrschaft Friedrich Augusts II., des polnischen Königs August III.: Nachdem verschiedene Entwürfe und Standorte diskutiert worden waren, beauftragte dieser den italienischen Architekten Gaetano Chiaveri (1689–1770) mit der Ausführung. Chiaveri reiste 1737 erstmals nach Dresden und präsentierte im folgenden Jahr ein Modell. 1739 wurde der Grundstein für die Kirche am Altstädter Brückenkopf gelegt; am Elbufer entstand das »italienische Dörfchen«, in dem sich Baumeister und Steinmetze niederließen. 1748 verließ Chiaveri die Residenz, die Fortführung der Arbeiten übernahmen nacheinander Sebastian

Wetzel (tätig Mitte 18. Jh.), Johann Christoph Knöffel (1681–1752) und Julius Heinrich Schwarze (1706–1775). Ihnen oblagen die Ausgestaltung des Innenraums und die Errichtung des Turms. Der noch unvollendete Bau konnte 1751 geweiht werden. Die Gruft der Wettiner wurde unter der Sakramentskapelle eingerichtet (mehrfache Erweiterungen, zuletzt 1980 um die Gruft der Dresden-Meißner Bischöfe).

Von Anfang an konkurrierte die Hofkirche mit dem nur wenige Jahre zuvor begonnenen Neubau der Frauenkirche, welche der protestantischen Mehrheit Dresdens als Pfarrkirche diente. Der Sandsteinbau, mit 4800 m² Fläche und 85,5 m Turmhöhe der gewaltigste Sachsens, beherrscht bis heute die Silhouette Dresdens und ist städtebaulich ungemein wirksam inszeniert: Die von Südwesten nach Nordosten ausgerichtete hoheitsvoll aufragende Basilika schiebt sich schräg zwischen Schloss und Augustusbrücke; ihre konvex-konkav geschwungenen Schmalseiten greifen anmutig in den Stadtraum ein. Der grazile spätbarocke Turm und die plastisch durchgliederten Seitenfassaden bieten von der Elbe wie vom Elbufer aus malerische Ansichten – nicht umsonst bildeten sie das Lieblingsmotiv der Vedutenmalerei. Um den Bau an diesem Standort ausführen zu können, mussten Festungsanlagen geschliffen, zwei Brückenpfeiler abgetragen und Boden zur Elbe aufgeschüttet werden. Zum besonderen Reiz des Außenbaus tragen die 78 überlebensgroßen Heiligenfiguren bei, die Balustraden und Nischen schmücken; sie sind Werk des aus Wien berufenen Bildhauers Lorenzo Mattielli und seines Sohnes.

Gegenüber dem bewegten spätbarocken Äußeren wirkt der Innenraum eher kühl. Typologisch reiht er sich in die Tradition der doppelgeschossigen Palastkapellen ein, die in der Hofkapelle von Versailles ihren schönsten Ausdruck gefunden hat. Hier umzieht allerdings ein zweigeschossiger Prozessionsgang das weite, im Nordosten und

Südwesten halbrund geschlossene Mittelschiff. Er war erforderlich, da im protestantischen Sachsen Prozessionen in der Öffentlichkeit nicht gern gesehen waren; ohnehin zählte die katholische Gemeinde Dresdens nur wenige Mitglieder außerhalb des Hofes. An den Umgang schließen Seitenschiffe an, die Eckzwickel nehmen vier Kapellenräume ein. Im Scheitel des Baus, dem Turm gegenüber, erstreckt sich das Queroval der Sakristei. Die Arkaden des Mittelschiffs gliedern Halbsäulen auf hohen Postamenten; es wird von einem weiten Muldengewölbe überspannt, das ein Deckengemälde von Anton Raphael Mengs (1728–1779) tragen sollte, das jedoch nie ausgeführt wurde. Überhaupt war der Innenraum zahlreichen Eingriffen ausgesetzt, die seinen Charakter beeinträchtigten; schwere Verluste verursachten der Brand der Kirche und der Einsturz des Mittelschiffsgewölbes infolge der Bombardierungen von 1945. Der Wiederaufbau und die Rekonstruktion der Ausstattung und Ausmalung erfolgten nach Kriegsende.

Ausstattung: Das Innere der Hofkirche vereint herausragende Kunstwerke aus drei Jahrhunderten. Noch aus der alten Hofkapelle stammt das Altarbild der Hl. Dreifaltigkeit im Umgang hinter dem Hauptaltar (Giovanni Antonio Pellegrini, 1725); zu ihm gehörten die weiß gefassten Holzfiguren der Kirchenväter Augustinus und Ambrosius unter der Orgelempore (Balthasar Permoser). Von der Hand Permosers stammt auch die üppig dekorierte Kanzel, die ebenfalls für den Vorgängerbau gefertigt wurde (Kanzeldeckel nach dem Original von Joseph Hackl rekonstruiert), der *Gegeißelte Christus* in der Sakramentskapelle sowie die prunkvolle Marmortaufe von 1721 im östlichen Seitenschiff. Hinter ihr erhebt sich die eindrucksvolle Marmorfigur Johannes' des Täufers, ein Werk des römischen Bildhauers Francesco Mochi. Das Hochaltarbild mit der Darstellung der Himmelfahrt Christi gestaltete Anton Raphael Mengs, er begann das Gemälde 1752 in

Rom und vollendete es 1765 in Madrid; die Silberleuchter und der 4,20 m hohe Kruzifix sind Hauptwerke des Augsburger Goldschmieds Joseph Ignaz Bauer. Als letzte und reifste Schöpfung Gottfried Silbermanns gilt die 1750–54 gefertigte Orgel auf der nordöstlichen Empore (Rokokoprospekt von Johann Joseph Hackel, rekonstruiert). 1973 erfolgte die Umwidmung der Johann-Nepomuk-Kapelle in der Nordecke des Baus zur Gedenkstätte für die Opfer des 13. Februar 1945. Die bewegende abstrahierende Porzellanplastik der Pietà schuf der Dresdner Friedrich Press im Jahr 1973.

In den Grufträumen unter der Hofkirche ruhen die katholischen Kurfürsten und Könige Sachsens; zu den ältesten Zeugnissen zählt dic Herzurne Augusts des Starken († 1733), aus dem 18. und frühen 19. Jh. stammen elegante klassizistische Särge. Besonders üppig präsentiert sich der neobarocke Bronzesarkophag des gelehrten Königs Johann († 1873).

Kreuzkirche (I E5, An der Kreuzkirche): Der älteste Vorgängerbau, an der Südostecke des Altmarktes gelegen, wurde um 1168 als Basilika errichtet und war dem hl. Nikolaus geweiht, dem Schutzheiligen der Kaufleute. Durch eine Kreuzreliquie, die im frühen 13. Jh. der Kirche von Herzogin Constanze von Babenberg geschenkt wurde, weihte man den Neubau von 1447–49, eine dreischiffige Halle, daher dem hl. Kreuz. Dieser Bau wurde bereits 40 Jahre später durch einen Stadtbrand zerstört, 1492–99 wurde auf den erhaltenen Grundmauern der dritte Bau errichtet. Dieser war ab 1539 Hauptpfarrkirche der Stadt und erhielt 1559 die mächtige Turmfront im Westen. 1760 fiel dieser Bau dem Bombardement Friedrichs II. zum Opfer, allein der Turm stürzte fünf Jahre später während der Errichtung des vierten Kirchenbaus 1764–92 durch J. G. Schmid ein. Dieser Bau brannte 1897 ab. Die sofort einsetzende, durch Spenden finanzierte Wiederherstellung erfolgte bis 1900 durch die Dresdner Architekten Rudolf

Schilling und Julius Gräbner. Als erster deutscher Kirchenbau erhielt die neue Kreuzkirche eine Decke und Gewölbe als Stahlbeton-Konstruktion. So brannte sie bei den Luftangriffen im Februar 1945 zwar aus, aber die Gewölbe hielten stand; sogar das Gemälde des Hochaltars überstand den Brand nur leicht beschädigt. Allerdings fand die beschädigte Jugendstilausstattung in den 1950er Jahren keine Wertschätzung, so dass man bei der zunächst als Provisorium gedachten Instandsetzung 1946–55 unter Fritz Steudtner weite Teile der Innenausstattung entfernte. Es entstand eine karge, aber sehr stimmige und qualitätvolle Raumfassung mit Resten des figuralen Sandsteinschmucks und moderner Beleuchtung. Die Wand- und Deckenflächen, Emporenvorderseiten erhielten eine Fassung aus Rauhputz. Zudem schafft diese Oberfläche eine hervorragende Akustik für die Konzerte des berühmten Kreuzchores. Bei der vor einigen Jahren anstehenden Sanierung entschied man sich glücklicherweise für den Erhalt dieser, nun inzwischen selbst Geschichte gewordenen Zeitschicht.

Ehem. Sophienkirche (1962 abgerissen): Ursprünglich stand vis-à-vis des Zwingers südlich des Taschenbergpalais die historisch wie städtebaulich für Dresden bedeutende Sophienkirche. Sie rundete das Ensemble aus Theaterplatz, Schlosskirche, Residenzschloss und Zwinger zur Stadt hin ab; ihre Türme bildeten einen weithin sichtbaren Akzent in der Stadtsilhouette. Der Bau ging zurück auf die im 13. Jh. errichtete Kirche des Franziskanerklosters zwischen Wilsdruffer Tor und Taschenberg. Architektonisch besonders bedeutsam war die um 1400 vom damaligen Bürgermeister Busmann gestiftete Kapelle auf der Nordseite, deren erhaltene figurale Gewölbekonsolen auf die Architektur der Parler in Prag verweisen und heute im Stadtmuseum (→ Museen) aufbewahrt werden. 1539 im Zuge der Reformation profaniert und als Zeughaus genutzt, wurde der Bau ab 1598 auf Veranlassung der Kurfürstin Sophie als Begräbniskirche der Kurfürsten wiederhergestellt. Zu den kostbaren Ausstattungsstücken gehörten der 1606 durch den italienischen Hofbildhauer Nosseni angefertigte Hochaltar, die erste Orgel Gottfried Silbermanns in Dresden (1720) sowie einige Ausstattungsstücke der aufgelösten Schlosskapelle (Altar, Taufstein und Messgeräte). Zuletzt erfolgten 1864–66 die neogotische Umgestaltung des Innern und die Errichtung einer Zweiturmfassade im Westen. Die Gewölbe der im Februar 1945 ausgebrannten Kirche stürzten erst 1946 ein. Die erhaltenen Ausstattungsteile verbrachte man in verschiedene Museen und Kirchen. So wurde z. B. der beschädigte Nosseni-Altar restauriert und in der →Loschwitzer Kirche wieder aufgestellt. 1962 wurde trotz heftiger öffentlicher Proteste auf persönliche Anordnung des damaligen Staatsratsvorsitzenden Walter Ulbricht die letzte mittelalterliche Kirche Dresdens gesprengt.

Das Gelände wurde 1965–67 teilweise überbaut (→Postplatz). Den Wettbewerb 1993 zur Bebauung des Geländes zwischen ehem. Kleiner und Großer Brüdergasse gewann der österreichische Architekt Heinz Tesar, dessen »Haus am Zwinger« (Kleine Brüdergasse 1), ein 170 m langer Riegel mit zum Zwinger hin ausschwingendem Kopfbau, 2005 realisiert wurde. 2009 wurden auf dem südlich anschließenden Platz zum »Kubus am Postplatz« nun fünf 15 m hohe Stelen errichtet, die Pfeiler der Sophienkirche markieren. Sie sind Teil einer Gedenkstätte für die Sophienkirche in Form eines durchsichtigen, begehbaren Kubus mit den geborgenen Architekturteilen der Busmannkapelle (Entwurf Gustavs & Lungwitz). Baubeginn war im Januar 2010.

Neue Synagoge (I E4, St. Petersburger Str. 1): Östlich der Brühlschen Terrasse direkt an der verkehrsreichen St. Petersburger Straße steht seit 2001 die neue Synagoge, genau an der Stelle, an der Gottfried Semper 1833 die alte Synagoge errichtet hatte. Geweiht wurde sie am 9. November, dem Jahrestag ihrer Zerstörung durch die Na-

Neue Synagoge mit Hof
(Architekturbüro Wandel, Hoefer, Lorch, Hirsch)

tionalsozialisten. Das Architekturbüro Wandel, Hoefer, Lorch und Hirsch aus Saarbrücken, das 1997 den 3. Preis des international ausgelobten Architektenwettbewerbs gewann, wurde mit der Realisierung betraut und schuf einen exzellenten, vielschichtigen Bau, der sich städtebaulich hervorragend einpasst. In ihrer blockhaften und archaisch anmutenden Architektur rezipiert die Anlage die ersten israelitischen Tempelbauten und die Klagemauer in Jerusalem. Der in sandsteinfarbenem Formstein ausgeführte, nach außen durch hohe Mauern abgeschlossene Komplex umfasst den fensterlosen Kubus der Synagoge, das gegenüberliegende Gemeindezentrum und zwischen beiden einen begrünten Hof. Auf der Westseite führen eine Rampe und eine Treppe zum Hof. Der Kubus der Synagoge besteht aus 34 nahezu fugenlos aufeinander gesetzten Steinlagen. Jede davon ragt jeweils wenige Zentimeter über die untere hinaus, so dass der ansonsten glatte Kubus sich aufsteigend gen Osten dreht. Durch diesen Kunstgriff wird die ungünstige Ausrichtung des Grundstücks ins Positive gewendet, die notwendige Ostung des Gebetsraums erreicht und zugleich eine einmalige ästhetische Wirkung erzielt. Die Fenster- und Schmucklosigkeit bewirkt eine Konzentration auf das Innere, auf Gebet und Andacht. Die hohe, zentrale Türöffnung zum Hof, über der als einzige Zier der aus der Sempersynagoge geborgene Davidstern erscheint, steigert das tempelhaft Erhabene des Baus. Darüber steht in goldenen hebräischen Lettern die Inschrift der alten Sempersynagoge: »Mein Haus sei ein Haus der Andacht allen Völkern«.

Die von den Deutschen Werkstätten Hellerau ausgeführte Innenraumgestaltung ist von außerordentlicher Qualität. Der eigentliche kubusförmige Gebetsraum mit Empore und Thoraschrein ist offen in den Bau eingestellt und wird von einem durchscheinenden, aus Messingfäden gewebten Zelt umfangen. Dies bezieht sich auf die Beschreibung der israelitischen Stiftshütte im Alten Testament, nach der das erste transportable Gotteshaus der Israeliten aus einem zerlegbaren hölzernen Rahmenwerk bestand, über das Vorhänge gelegt waren. Die aus geöltem Eichenholz gefertigten Holzpanelen von Kubus, Sitzbänken, Emporen sowie des in die Ostseite integrierten Thoraschreins sind wiederum ein Bezug zum Alten Testament, diesmal zur Ausstattung des Salomonischen Tempels, dessen Inneres mit Zedernholz verkleidet war. Nur das mit Messing ausgelegte, geometrische Ornament auf den Türen des Schreins, dessen kreuzende Linien den Davidstern formen, setzt einen dekorativen Akzent.

Das gegenüberliegende, dreigeschossige Gemeindezentrum öffnet sich mit einer komplett verglasten Front nach Norden zum Hof. Die übrigen Außenwände sind von 39 kleinen, unregelmäßig verteilten Fensteröffnungen in der Größe eines Formsteins durchbrochen. In den Obergeschossen sind Bibliothek, Verwaltungsräume, Sitzungszimmer und die Arbeitsräume des Rabbiners untergebracht; im Erdgeschoss befinden sich das Foyer, der Gemeindesaal sowie ein Café. In dem mit Bäumen begrünten Hof ist im Boden ein mit Metall eingefasstes, mit Glasscherben angefülltes Rechteck eingelassen – als Erinnerung und Mahnung an die »Reichskristallnacht« von 1938, in der die Synagogen Deutschlands von den Nationalsozialisten zerstört wurden.

Profanbauten

Die **Altstädter Wache** (I D4) am Ostrand des Theaterplatzes ist eine der wenigen spätklassizistischen Architekturen in Dresden. Joseph Thürmer (1789–1833) errichtete den edlen, zur Unterbringung der Wachposten dienenden Bau 1830–32 nach Plänen von Karl Friedrich Schinkel. Die schlossseitige Fassade wurde in ihrer Mitte als ionischer Portikus ausgebildet, in ihrem flachen Giebel prangt die Figur der Saxonia (Joseph Herrmann); die Front zum Platz ist schlichter gehalten, hier erscheint der Kriegsgott Mars (Franz Pettrich). Niedrigere Seitenflügel schließen sich dem tempelartigen Mitteltrakt an. In seinen Entwürfen für das Zwingerforum sah Gottfried Semper die Umsetzung der etwas planlos situierten Wache ans Elbufer oder zwischen Zwinger und Theater vor. Sie blieb jedoch, wo sie war, und brannte 1945, wie fast alle Residenzbauten, aus. 1955/56 wurde sie wiederhergestellt.

Basteischlösschen (I D4, Theaterplatz 2): Unterhalb des sogenannten →Italienischen Dörfchens, auf den Überresten einer ehemaligen Bastion, erhob sich ab 1860 eine Gaststätte, die bei der Anlage der Uferstraße um 1910/11 abgerissen und in neuen Formen wieder aufgebaut wurde

(Carl Hirschmann). Der zierliche neoklassizistische Bau wurde mehrfach restauriert und im Innenraum verändert.

Brühlsche Terrasse und dortige Bauten (I D/E4): Die rund 600 m lange Brühlsche Terrasse erstreckt sich auf den Festungsanlagen des 16. Jh.s entlang des Elbufers zwischen Augustusbrücke und dem 1853 zugeschütteten Gondelhafen. 1739–48 überließ Friedrich August II. seinem Premierminister Heinrich Graf von Brühl (1700–1763) das Gelände bis zur Hofgärtnerei und zum Zeughaus im Osten. Als enger Vertrauter Augusts des Starken war Brühl vom Silberpagen zu einem der mächtigsten und reichsten Männer Sachsens aufgestiegen. Auf den verfallenen Festungsanlagen ließ er eine einzigartige Gartenanlage mit diversen Bauten errichten – die sogenannten »Brühlschen Herrlichkeiten«.

Brühl beauftragte Johann Christoph Knöffel (1686–1752), der seit 1728 das Amt des Oberlandbaumeisters bekleidete. Der Schüler Pöppelmanns gilt als Begründer des sächsischen Rokoko. Er ließ das brachliegende Festungsgelände mit steinernen Randbefestigungen erhöhen, mit Erde verfüllen und anschließend planieren. Die Kasematten (→Museen) wurden geschlossen; 1745 kam das heute noch erhaltene umlaufende, schmiedeeiserne Geländer zur Aufstellung. 1736–53 fasste man sukzessiv die Häuser an der Augustusstraße bis zur Kleinen Fischergasse zu einer ausgedehnten Palastanlage, dem Brühlschen Palais, mit 23 Fensterachsen und einheitlicher Fassade zusammen. Hinzu kamen 1743, direkt auf der Terrasse, die Bibliothek, der kleine Gartensaal sowie 1743/44 das Galeriegebäude. Westlich erstreckte sich bis zur Bibliothek der älteste, mit Linden bepflanzte Teil des Brühlschen Gartens mit zentralem Wasserbecken und Springbrunnen (heute ergraben und rekonstruiert). Der Zugang erfolgte über eine Brücke vom Palais Brühls.

Im Osten auf der Jungfern- oder auch Venusbastei errichtete Knöffel 1749–51 das mit einer exquisiten Roko-

Bernardo Bellotto gen. Canaletto (1721–1780):
Dresden vom rechten Elbufer oberhalb der Augustusbrücke,
1747 (Dresden, Gemäldegalerie Alte Meister)

koausstattung versehene zweite Belvedere als Ersatz für das 1747 zerstörte Belvedere von Nosseni (1589). Dieser Schlüsselbau des Dresdner Rokoko fiel 1759 dem Bombardement Friedrichs II. zum Opfer. 1814 errichtete Oberlandbaumeister Christian F. Schuricht (1753–1832) an seiner Stelle ein drittes in streng klassizistischen Formen. Das vierte Belvedere schließlich schuf 1842 Otto von Wolframsdorf als großzügiges Restaurant und Konzerthaus. Dieses wurde 1945 bei den alliierten Luftangriffen vernichtet. Im heutigen Brühlschen Garten erinnern an die Zeit ihres Erbauers noch die kleine Brunnenanlage Pierre Coudrays (1713–1770) mit dem *Knaben mit Delphin* (inzwischen durch Kopien ersetzt) von 1748 sowie zwei Sphingen des Hofbildhauers Gottfried Knöffler (1715–1779) vom zweiten Belvedere. Außerdem finden sich hier das 1990 von Wolf-Eike Kuntsche geschaffene Denkmal aus Edelstahl für den in Dresden tätigen Maler

Caspar David Friedrich sowie die 1982 aufgestellte Stele für Johann Friedrich Böttger, den Alchemisten Augusts II. und Erfinder des Porzellans.

Im Siebenjährigen Krieg (1756–63) wurde die Brühlsche Terrasse durch das Bombardement Friedrichs II. stark beschädigt. 1766, drei Jahre nach dem Tode Brühls, ging sie in kurfürstlichen Besitz über. Die 1764 gegründete Kunstakademie wurde ab 1787 in der Brühlschen Bibliothek untergebracht, Galerie und Gartensaal dienten als Ateliers. Die Terrasse war bis 1814 nicht öffentlich zugänglich und nur über die Brühlschen Bauten zu betreten. Erst der damalige russische Stadtgouverneur Fürst Repnin-Wolkonski ordnete an, das Gelände durch eine Freitreppe am westlichen Ende vom Schlossplatz her öffentlich zugänglich zu machen. Diese kam ab 1814 nach einem streng klassizistischen Entwurf Gottlieb Friedrich Thormeyers zur Ausführung. 1863 wurde die Freitreppe um einen Absatz erweitert und vier Skulpturen auf den Postamenten aufgestellt – Allegorien der vier Tageszeiten, gefertigt von Johannes Schilling, Professor der Kunstakademie.

Seit den 1870er Jahren wurden die Brühlschen Bauwerke abgerissen und durch Nachfolgebauten ersetzt: →Kunstakademie mit Ausstellungspavillon, →Sekundogenitur, →Sächsisches Ständehaus. Lediglich das →Albertinum und das ehem. Hofgärtnerhaus gehen auf ältere Bauwerke zurück. Das 1872 auf der kleinen Bastion aufgestellte Denkmal von J. Schilling für den Begründer der Dresdner Bildhauerschule, Ernst Rietschel, markiert die Stelle, an der sich zuvor Rietschels Atelier im Brühlschen Gartensaal von 1743 befunden hatte. Der ursprüngliche Charakter der Brühlschen Terrasse, so wie ihn Bernardo Bellotto in seinen Gemälden festhielt, ging durch die überdimensionierte, historistische Überbauung verloren.

Das **Albertinum** (I E4, Brühlscher Garten) im Osten der →Brühlschen Terrasse geht auf das 1559–63 unter Kurfürst August errichtete Zeughaus zurück. Der vierflügelige, zweigeschossige Bau auf hohem Sockel gehörte zu den größten Arsenalbauten Europas. 1743–47 unter Kurfürst Friedrich-August II. wurde er bis auf das Sockelgeschoss mit den großen gewölbten Hallen abgetragen, darüber zwei neue Obergeschosse mit hohem Walmdach aufgesetzt. 1877, nach Fertigstellung des neuen Arsenals in der Albertstadt wurde kurzzeitig ein Abriss des alten Zeughauses erwogen. Der Landtag beschloss jedoch die Umgestaltung zur Unterbringung des Hauptstaatsarchivs und der Skulpturensammlung. 1884–89 erfolgte nach Plänen Carl A. Canzlers (1818–1903) der entsprechende Umbau im Stil der italienischen Hochrenaissance. Vom alten Zeughaus haben sich im Erdgeschoss des Südflügels die große zweischiffige, gewölbte Halle (heute Skulpturenhalle) und im Westflügel zwei Portale erhalten. Der Haupteingang lag seitdem im Nordflügel zur Brühlschen Terrasse (heute im Westflügel).

In das Albertinum – benannt nach dem damaligen König Albert – zogen planmäßig das Hauptstaatsarchiv (bis 1915), die zuvor seit 1857 in der Sempergalerie untergebrachte Sammlung antiker Gipsabgüsse sowie ab 1894 die Skulpturensammlung. Bei den Luftangriffen 1945 in den Obergeschossen stark beschädigt, wurde das Gebäude zunächst als Verwaltungssitz und Magazin der Museen genutzt. Nach Rückkehr der in die Sowjetunion verbrachten Kunstwerke (1956) und Wiederherstellung der Obergeschosse waren hier aus Platzmangel zudem bis 2004 das Grüne Gewölbe, Münzkabinett sowie ab 1965 die zuvor in →Schloss Pillnitz befindliche Galerie Neue Meister untergebracht. Nach der Flut von 2002 beschloss man im Albertinum ein hochwassersicheres Depot einzurichten. 2005 entwickelte das Berliner Architektenbüro Staab das Konzept »Arche«: Dabei sind Depots und Werkstätten nun über dem überdachten Innenhof in 12 Meter Höhe – auf der Ebene der Dachgeschosse – flutsicher untergebracht. Der auf diese Weise gewonnene, überdachte In-

Das neue Foyer des wiedereröffneten Albertinums

nenhof steht als grandioses Foyer zur Verfügung. Die Wiedereröffnung fand im Juni 2010 statt. Das Albertinum ist nun der Galerie Neue Meister, dem Gerhard-Richter-Archiv sowie der Skulpturensammlung (s. für alle →Museen) vorbehalten und zeigt Kunstwerke von der Romantik bis zur Gegenwart.

Kunstakademie und Ausstellungsgebäude (I E4, Brühlsche Terrasse 1): An der Stelle der Brühlschen Gemäldegalerie führte 1887–94 der Architekt und Architekturtheoretiker Constantin Lipsius (1832–1894) den pompösen Neubau der Kunstakademie mit östlich anschließendem Ausstellungsgebäude aus. Lipsius bediente sich aus allen damals aktuellen Stilrichtungen und entlehnte Elemente aus Barock, italienischer Hochrenaissance, französischem Manierismus sowie zeitgenössischer französischer Architektur. Der zweigeschossige, vierflügelige Hauptbau mit dem etwa 1000 m² großen Innenhof ist mit seiner elfachsigen, zweigeschossigen Hauptfassade zur Elbe ausgerichtet. Deren vorkragender, überkuppelter Mittelrisalit und die dreigeschossigen Eckpavillons werden von gekuppelten kolossalen Säulen flankiert. Im Nordflügel waren Ateliers untergebracht, im Westen der flache, heute als Galerie genutzte Malsaal. Im Südosten schließt sich das Ausstellungsgebäude an. Den Kern dieses Gebäudes bildet der oktogonale Ausstellungsraum – bekrönt von der gläsernen Faltkuppel mit vergoldeter Skulptur der Fama. Er ist eine architektonische Referenz an die Tribuna in Florenz, die berühmte Schatzkammer der Medici in den Uffizien, wie an das zentrale Oktogon der →Sempergalerie. Das komplexe, 1890–94 realisierte ikonographische Programm des Außenbaus huldigt den europäischen Künsten. Es spiegelt die akademische Kunstauffassung des späten 19. Jh.s, deren Ideal die Antike und italienische Renaissance mit ihren Künstlern und Baumeistern waren. Als einziger Vertreter des Mittelalters erscheint der Name Erwins von Steinbach, der als Baumeister des Straßburger Münsters galt. Der überdimensionierte Baukomplex löste bereits bei seiner Errichtung heftige Diskussionen aus. Er reduzierte die Brühlsche Terrasse zum bloßen Sockel und veränderte grundsätzlich den bis dato durch die elegante und leichte Architektur der Brühlschen Bauten geprägten Charakter des Ensembles. Die Faltkuppel wurde schon von Zeitgenossen als unangemessene Konkurrenz zur Frauenkirche gesehen.

Sekundogenitur (I E4, Brühlsche Terrasse): Der kleine Bau der Sekundogenitur steht an der Stelle, an der sich bis 1896 die 1743 von Knöffel errichtete Brühlsche Bibliothek befand. In ihr war ab 1766 zunächst die 1764 gegründete Kunstakademie bis zu ihrem Umzug in den o. g. Neubau untergebracht. 1896/97 nach dem Abriss der Bibliothek errichtete der damalige Hofbaumeister Gustav Fröhlich

(1859–1933) im Auftrage des sächsischen Hofes das langgestreckte, zweigeschossige Palais (15 Fensterachsen), das in seinen eleganten Proportionen und seiner Gestaltung an den Vorgängerbau des Dresdner Rokoko erinnert. Im Kontrast zu den benachbarten Bauten von →Kunstakademie und →Sächsischem Ständehaus vermittelt die Sekundogenitur am ehesten einen Eindruck vom reizvollen Charakter des verlorenen Brühlschen Ensembles. Zunächst beherbergte der Bau die Bibliothek und die Kupferstichsammlung des zweitgeborenen Prinzen Johann Georg, auf den der Name zurückzuführen ist. Ab 1931 war hier die Galerie des 19. Jh.s untergebracht. 1945 brannte der Bau aus und stand bis 1963 als Ruine. 1963/64 erfolgte der Wiederaufbau mit anschließender Nutzung als Café und Restaurant. Der bis 1988 freistehende Bau wurde bei Errichtung des Hilton-Hotels an der Frauenkirche mit diesem architektonisch fest verbunden.

Sächsisches Ständehaus (I D/E4, Schlossplatz 1): 1899 wurden das Brühlsche und Fürstenbergsche Palais am Schlossplatz abgerissen, um dem Neubau des Sächsischen Ständehauses Platz zu machen. Die Exponiertheit des Bauplatzes gegenüber der →Hofkirche in direkter Nachbarschaft zum →Residenzschloss belegt die einstige Bedeutung dieses Projekts. Mit der Ausführung betraute man den Architekten des wenige Jahre zuvor in Berlin errichteten Reichstags, Paul Wallot (1841–1912), der seit 1884 an der Technischen Hochschule in Dresden lehrte. Gegen den ersten Entwurf, der heftige Eingriffe in die Substanz der Brühlschen Terrasse und der Thormeyerschen Treppe vorsah, protestierte Cornelius Gurlitt, der seit 1894 als Kunsthistoriker, Architekt und Städteplaner an der Technischen Hochschule tätig war. Daraufhin versetzte Wallot 1901–07 den trapezförmigen Bau mit drei Voll- und zwei Dachgeschossen in einer Stilkombination aus Neorenaissance und Barock nach Süden. Städtebaulich schließt er das Ensemble am Schlossplatz; der Mittelrisalit nimmt Bezug zum kurz zuvor umgestalteten Georgenbau. Der Turm an der Nordseite zur Brühlschen Terrasse funktioniert als Pendant zu dem der Hofkirche, ohne diese jedoch in ihrer Wirkung zu beeinträchtigen. Das fünf Jahre vor der Königlichen Anatomie Max Littmans in München errichtete Sächsische Ständehaus gehört zu den frühesten Stahlbeton-Bauten im deutschsprachigen Raum. Der Bau brannte bei den Luftangriffen im Februar 1945 zwar aus, die Konstruktion hielt aber stand und konnte schnell wiederhergestellt werden. In den Dachgeschossen fand nach dem Zweiten Weltkrieg die Sächsische Denkmalpflege ihren Sitz. Nach einer grundlegenden Sanierung ist seit 2001 hier zudem das sächsische Oberlandesgericht untergebracht. Aus dem Brühlschen Vorgängerbau stammen die Brunnenskulpturen im Foyer.

Das **Coselpalais** (I E4, An der Frauenkirche 2) galt bis zu seiner Zerstörung im Februar 1945 als ein Schlüsselbau des Dresdner Rokoko. Die ursprünglich 1744–46 von Oberlandbaumeister Johann Christoph Knöffel für sich selbst auf dem Gelände des ehemaligen Pulverturms errichteten zwei Gebäude wurden 1760 während der Bombardierung Dresdens durch Friedrich II. stark beschädigt. Friedrich August Graf von Cosel, unehelicher Sohn Augusts des Starken, erwarb das Anwesen und ließ es 1762 durch Knöffels Nachfolger im Amt, Julius Heinrich Schwarze, zu einem repräsentativen Stadtpalais nach französischem Vorbild umbauen. Die elegante Anlage bestand aus dem elfachsigen, fünfgeschossigen *Corps de Logis* mit zwei zweigeschossigen Torhäusern, Ehrenhof und prächtigem, abschließendem Gitter. Im ersten und zweiten Obergeschoss befand sich der hohe Festsaal mit ovalen Oberlichtern. Den plastischen Schmuck – die Vasen, Kinderfiguren und Rüstungen auf der Attika – schuf Hofbildhauer Johann Gottfried Knöffler. Bei den Luftangriffen von 1945 wurde die Anlage stark beschädigt. 1976–77 stellte man die ausgebrannten Torhäuser und das kunstvolle Gitter mit den hohen Sandsteinpostamenten und den Knöfflerschen Sandsteinfiguren wieder her. 2000 wurde das verlorene Corps de Logis nach historischen Abbildungen ergänzt.

Das **Gewandhaus** (I E5, Ringstraße 1) wurde 1768–70 durch Johann Georg Schmidt (1707–1774) und Johann Friedrich Knöbel (1724–1792) errichtet, nachdem das ältere Gewandhaus am Neumarkt durch das Bombardement Friedrichs II. zerstört worden war (Abbruch 1791). Es gilt als wichtigster Bau Dresdens nach dem Siebenjährigen Krieg. Die beiden Obergeschosse des dreigeschossigen Baus mit Mansardwalmdach zeigen eine schlichte Lisenengliederung, der Mittelrisalit an der östlichen, dreiteiligen Hauptfassade wird durch einen Dreiecksgiebel und das Stadtwappen über dem Portal betont. Ursprünglich waren hier die Stände der Fleischer (EG) und Gewandschneider (OG) untergebracht, 1925 wurde es von Stadtbaurat Paul Wolf (1879–1957) als Sitz der Stadtbank Dresdens umgebaut. Nach Beschädigung 1945 und Wiederaufbau fügte man auf der Rückseite den barocken Brunnen aus dem Wohnhaus von Goldschmied Johann Melchior Dinglinger ein. Seit 1997 dient es als Hotel.

Italienisches Dörfchen (I D4, Theaterplatz 3): Die gleichnamige Gaststätte an der Elbseite des Theaterplatzes erinnert an das »Italienische Dörfchen«, das 1739 angelegt wurde, um den bei der Errichtung der Hofkirche beteiligten italienischen Baumeistern und Steinmetzen Wohn- und Werkstätten zu bieten. Fast alle der 32 Häuschen wurden jedoch während der Arbeiten am Hoftheater abgerissen. Der Name ging auf das in der Folgezeit entstandene »Helbigsche Etablissement« über, das zunächst dem Maler Carl Christian Vogel von Vogelstein als Wohnhaus diente und sich später zum beliebten Terrassenrestaurant entwickelte. Der heutige Bau stammt aus den Jahren 1910–11 und ist ein Werk des Dresdner Stadtbaurats Hans Erlwein (1872–1914). Dank seiner zurückhaltenden Proportionen und seiner historisierenden Architektur fügt es sich stilvoll in das Ensemble älterer Bauten ein (Skulptur Georg Wrba, die eklektizistische Innenausstattung von Otto Gußmann, Paul Perks, Paul Rößler und Wrba). Auch diese Gaststätte wurde 1945 zerstört, 1956 wieder aufgebaut und nach der Wende grundlegend restauriert.

Johanneum (I D/E4, Jüdenhof 1): Zur Unterbringung seiner Kutschen und Pferde, zur Beherbergung hochrangiger Gäste und zur Einrichtung seiner Rüstkammer ließ Kurfürst Christian I. 1586–91 am Ende des Langen Ganges (→Residenzschloss) einen schmucken Renaissancebau errichten. Baumeister der ursprünglich zweigeschossigen, U-förmigen Anlage war Paul Buchner (1531–1607), der vermutlich auf Entwürfe von Giovanni Maria Nosseni zurückgriff. Im Erdgeschoss bestand diese aus dreischiffigen Hallen, die insgesamt 128 Pferden Raum boten und ebenso zweckmäßig wie edel ausgestaltet waren. Wie im Großen Schlosshof zierten Sgraffito-Malereien die Fassaden. Zwischen 1722 und 1731 wurde das Gebäude unter Johann Georg Maximilian aufgestockt und prachtvoll eingerichtet, auch die doppelläufige Englische Treppe an der Südfassade stammt aus dieser Zeit. In den 1740er Jahren wurden die beiden Obergeschosse des Stallgebäudes zur ersten außerhalb des Residenzschlosses gelegenen Gemäldegalerie ausgebaut (Johann Christoph Knöffel, Zusammenfassung der Geschosse, Öffnung hoher Rundbogenfenster); in den Ostflügel des Erdgeschosses zog 1794–1854 die Mengssche Gipsabgusssammlung ein.

1872–77 erfolgte ein weiterer Umbau durch Karl Moritz Haenel; er richtete das nunmehr nach dem sächsischen König Johann benannte Gebäude als erneutes Domizil der Rüstkammer und als Aufbewahrungsort der Porzellansammlung ein. Die Fassaden wurden unter Beibehaltung der rustizierten Renaissanceportale im Stil der Neorenaissance gestaltet. Weitere Umbauten erfolgten um 1913 und in den 1920er Jahren. 1945 brannte das Johanneum aus, wurde ab 1950 wieder aufgebaut und in den 1960er Jahren erneut restauriert. Seit 1956 dient es als Verkehrsmuseum.

Der **Kulturpalast** (I D4, Schlossstr. 2) bildet den nördlichen Abschluss des Altmarktes und vervollständigt als letzter und wichtigster Bau der DDR-Moderne in Dresden das Ensemble der Prager Straße. Er wurde 1962–69 von den Architekten Wolfgang Hänsch, Herbert Löschau u. a. errichtet. Während der 102 × 71 m große, in Stahlbetonskelettbauweise errichtete Bau auf poliertem Granitsockel und mit gefaltetem Kupferdach architektonisch mit den Dresdner Bautraditionen bricht, stärkt er inhaltlich den Schlossbereich als kulturelles Zentrum der Stadt. Nach der Wende wurde auf der Westseite das Bild *Weg der roten Fahne* vom Kollektiv Gerhard Bondzin mit einem Netz zugehängt und die drei flankierenden, quadratischen Brunnen an der Schlossstraße abgerissen. Nach langwierigen Diskussionen über Abbruch oder Sanierung wurde er 2008 unter Denkmalschutz gestellt, soll jedoch als Konzertsaal der Dresdner Symphoniker im Innern grundlegend umgestaltet werden, um der unzureichenden Akustik abzuhelfen. Dem Umbau müsste allerdings der bestehende qualitätvolle Multifunktionssaal mit Kippparkett und versenkbarer Bühne geopfert werden.

Kurländer Palais (I E4, Tzschirnerplatz 3): Mit der 2006–08 erfolgten Rekonstruktion des Kurländer Palais (Dresdner IPRO) verschwand die letzte Ruine der Dresdner Altstadt. Der 1718 errichtete Vorgängerbau, Amtssitz des Dresdner Gouverneurs und Leiters des Bauwesens Graf Wackerbarth, brannte 1728 während des Besuchs des preußischen Königs Wilhelm I. und seines Thronfolgers Friedrich ab. In den rasch errichteten, bereits im folgenden Jahr fertiggestellten Neubau wurden wohl große Teile des Vorgängerbaus (insbesondere der Hofseite) integriert. Das Palais, ab 1738 Versammlungsort der ersten Dresdner Freimaurerloge, kam 1740 in den Besitz des Chevalier de Saxe. Nach Beschädigung im Siebenjährigen Krieg ließ dieser es 1764 durch Hofbaumeister Friedrich A. Krubsacius (1718–1789) mit geringen Veränderungen im Innern (Einbau eines nördlichen Treppenhauses) wiederherstellen. Der Name Kurländer Palais geht auf den sächsischen Prinzen Karl, Sohn Friedrich Augusts II. und Erben des Chevaliers, zurück, der 1758–63 als Herzog von Kurland in Mitau residierte und nach seiner Absetzung im Palais lebte. Nach Umbau durch Christian Friedrich Schuricht wurde der Komplex 1814–64 als Chirurgisch-Medizinische Akademie genutzt. Der schlichte Rokokobau besteht aus drei gestaffelten Gebäudeteilen um zwei Innenhöfe. Allein der mittlere, zweigeschossige und neunachsige Kernbau besitzt eine zurückhaltende architektonische Gliederung zu je drei Achsen. Der Trophäenschmuck des Bildhauers Benjamin Thomae am Giebel des Mittelrisalits lässt auf die amtlich-militärische Verwendung des Baus durch seinen Erbauer Wackerbarth schließen. 1945 brannte der Komplex aus, Binnenwände und Südflügel wurden 1958 gesprengt und enttrümmert. Eine eigene Geschichte haben die durch Knöffel unter dem südlichen Gebäudeteil angelegten Kellergewölbe, in denen die von August dem Starken gegründete »Société des antisobres« (»Gesellschaft der Nüchternheitsgegner«) tagte und die bis 1886 als königlicher Weinkeller dienten. 1980 wurden die erhaltenen Gewölbe zur Unterbringung des zu DDR-Zeiten legendären Dresdner »Jazz Club Tonne« hergerichtet, der hier bis zu seinem Umzug ins Waldschlösschenareal 1997 sein Domizil hatte.

Landeszentralbank Sachsen und Thüringen (I E4, St. Petersburger Str. 2): Für die in Dresden seit 1875/76 bestehende Reichsbankhauptstelle errichtete man 1928–30 in der Akademiestraße Ecke Petersburger Straße am Ostrand der Altstadt ein neues Gebäude im Stil der Neuen Sachlichkeit. Den Entwurf lieferte der Reichsbankbaudirektor Heinrich Wolff (1880–1819), der zwischen 1926 und 1937 auch für die Reichsbankstellen in Königsberg, Erlangen,

Frankfurt a. M. und Koblenz zuständig war. Sein bekanntestes Werk war die 1934–40 nach nationalsozialistischen Maßgaben errichtete Reichshauptbank in Berlin-Mitte (heute Sitz des Auswärtigen Amts).

Der Komplex besteht aus gestaffelten, teils ineinander geschobenen, flachgedeckten Kuben unterschiedlicher Dimensionierung. Der längsrechteckige, dreigeschossige Hauptbau zur St. Petersburger Straße nahm den über zwei Geschosse reichenden Geschäftssaal auf und wurde durch ein kleineres Eingangsgebäude zur Akademiestraße erschlossen. Der dahinter befindliche, turmartige Baukörper von fünf Geschossen auf quadratischer Grundfläche setzte einen weithin sichtbaren städtebaulichen Akzent. Die für Dresdner Verhältnisse ungewöhnlich moderne Architektur wurde durch die Luftangriffe stark beschädigt und 1994–97 für die Nutzung als Hauptstelle der Landeszentralbank Sachsen-Thüringen durch die Münchner Architekten G. Eicher, L. Hitzig, A. Schindhelm in veränderter Form wiederaufgebaut und ergänzt.

Das **Landhaus** (I E5, Wilsdruffer Str. 2; heute: **Stadtmuseum** und **Städtische Galerie** [→Museen]) wurde 1770–76 durch Friedrich August Krubsacius für die Sächsischen Landstände errichtet, nachdem der Vorgängerbau, das Palais Fleming-Sulkowski, im Siebenjährigen Krieg zerstört worden war. 1831 innen im Stil der Neorenaissance verändert, 1945 ausgebrannt, wurde es 1965/66 zur Aufnahme des Stadtmuseums ohne östlichen Seitenflügel und Ehrenhof wiederaufgebaut. 2005 sorgte die auf der Ostseite errichtete, stählerne Fluchttreppe für Aufsehen. Die schlichte, klassizistische Hauptfassade liegt zur Nordseite. Die der Wilsdruffer Straße zugewandte Front mit weit vorspringendem Mittelpavillon, der das prächtige, zweiläufige Treppenhaus aufnimmt, lag ursprünglich zur Gartenseite.

Das **Neue Rathaus** (I E5, Doktor-Külz-Ring 19) am Ring wurde 1905–10 von Carl Roth (1875–1932) und

Stadtbaurat Edmund Bräter (1855–1925) als annähernd trapezförmiger Bau um sechs Innenhöfe mit einem 89 m hohen, in barocken Formen angelegten Turm gebaut. Auch in der Staffelung der übrigen, funktionaler angelegten Baukörper, den hohen, abgewalmten Mansarddächern finden sich Anklänge an barocke Architektur. Die Bauplastik und aufwendige Innenausstattung führten renommierte Dresdner Künstler aus: Georg Wrba gestaltete u. a. die Gruppe des auf dem Esel reitenden Bacchus am Eingang zum Ratskeller; Richard Guhr die über 5 m hohe, vergoldete Herkulesfigur (1908–10) auf der Spitze des Kupferdaches; von Otto Gußmann stammen die Jugendstilmalereien (1910–14) in der Kuppel des prachtvollen, zweiläufigen Treppenhauses. Durch die Luftangriffe 1945 stark zerstört, erfolgte der Wiederaufbau in vereinfachter Form: 1948–52 wurde der Südflügel, 1962–65 der stark beschädigte Ostflügel wiederhergestellt. Der Ratssaal wurde von den Deutschen Werkstätten Hellerau ausgestattet.

Polizeipräsidium (I E4, Schießgasse 7): 1895–1900 wurde die Königlich Sächsische Polizeidirektion als ausgedehnte späthistoristische Vierflügelanlage im Stile der Neorenaissance mit drei Innenhöfen an der Stelle eines Renaissancebaus (Kuffenhaus) angelegt. Den 134 m langen, viergeschossigen Komplex mit rustizierter, zweigeschossiger Sockel- und hoher figurenbekrönter Attikazone sowie runden, neobarocken Ecktürmen entwarf der in Dresden und Chemnitz tätige Landbaumeister Julius Edmund Temper. Die zu den Innenhöfen liegende, seit 2000 stillgelegte Untersuchungshaftanstalt der 1945 nur mäßig beschädigten Anlage wurde im Zuge der Sanierung 2003–05 (Schulz & Uhlemann) durch einen sechsgeschossigen Neubau ersetzt, der Einsatzleitzentrale, Führungs- und Verwaltungszentrum sowie Kantine und Tiefgarage aufnimmt. Bei dieser Gelegenheit wurde auch das verlorene, repräsentative Treppenhaus wiederhergestellt. Der

1976–83 durch die Architekten Günter Fischer, Manfred Fasold und ihr Kollektiv an der Westseite anstelle kriegszerstörter Bürgerhäuser (u. a. das 1739 gebaute Palais Hoym) errichtete kolossale Erweiterungsbau des Volkspolizeikreisamts wurde 2004 abgerissen, um für das Quartier III am Neumarkt Platz zu schaffen.

Residenzschloss (I D4, Besuchereingänge: Schlossstraße, Taschenberg 2): Seit wenigen Jahren erstrahlt das Dresdner Schloss in frischem Glanze. In seine Räumlichkeiten sind nun die bedeutendsten Sammlungen Dresdens eingezogen, unter ihnen das Historische wie das Neue Grüne Gewölbe, das Münz- und das Kupferstichkabinett, die »Türckische Cammer«; 2013 wird die Rüstkammer folgen. Ein einzigartiges Zeugnis sächsischer Baukunst erwacht zu neuem Leben und profiliert sich nunmehr als Residenz der Kunst und Wissenschaft. Dabei scheint fast vergessen, dass das Dresdner Schloss mehrfach schwere Zerstörungen und Überformungen hinnehmen musste. Zuletzt vernichtete der Bombenangriff im Februar 1945 radikal wie kein Ereignis zuvor die historische Bausubstanz und die über acht Jahrhunderte gewachsene Ausstattung der Residenz. Die Wiederherstellung des Ensembles und die moderne Nachschöpfung der markantesten seiner Räumlichkeiten gibt Dresden den Dreh- und Angelpunkt seiner Geschichte zurück.

Baugeschichte: Erste Erwähnungen im ausgehenden 13. Jh. belegen die Existenz einer spätromanischen Burganlage, die die Dresdner Elbbrücke sicherte – vermutlich handelte es sich um einen Vorposten der Wettiner, welche seit 1089 als Markgrafen im benachbarten Meißen residierten. Im 14. Jh. wurde das Kastell modernisiert und von einem Graben umgeben, gegen 1400 begannen die Arbeiten am Hausmannsturm an der Nordwestecke der Burg. Zwischen 1468 und 1480 erfolgte der Ausbau zur repräsentativen Vierflügelanlage. In Folge der Leipziger Teilung, die die wettinischen Länder zwischen den Brüdern Ernst und

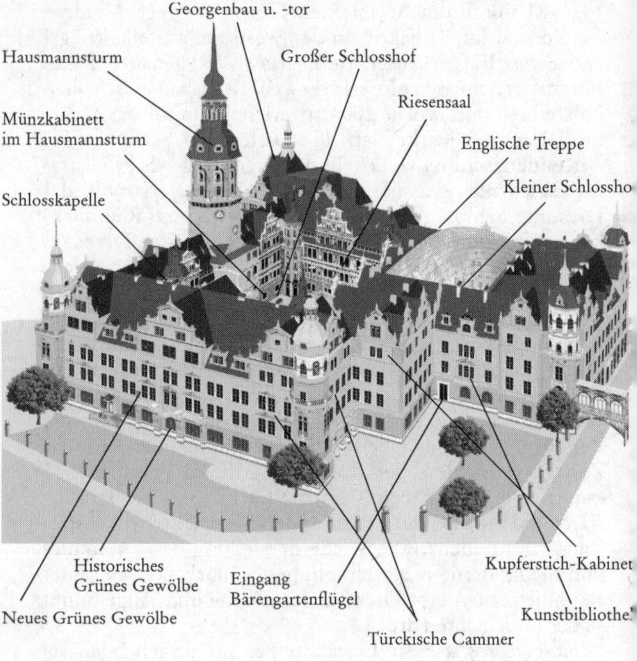

Residenzschloss

Albrecht aufspaltete, stieg Dresden zur Residenz der albertinischen Linie auf. Herzog Georg der Bärtige ließ um 1530/35 durch Bastian Kramer den sogenannten Georgenbau errichten, der das mittelalterliche Elbtor integrierte und die Nordostecke der Gesamtanlage einnahm. Er zählt zu den frühesten Zeugnissen der Renaissance in Sachsen, allerdings erfuhr er im 18. und späten 19. Jh. tiefgreifende

Veränderungen. Ursprünglich besaß er zwei üppig dekorierte Schauseiten: Zur Elbe hin entwickelte sich ein Bildzyklus, der Sünde und Tod anprangerte, zum Schloss hin erschienen Szenen der Erlösung in Folge eines gottgefälligen Lebens. Einige Partien, die beim Umbau des Schlosses wieder verwendet wurden, sind erhalten; der spektakuläre Totentanz von Christoph Walter I, ein vierteiliges Sandsteinrelief der 1530er Jahre (von August dem Starken 1718 der Neustädter Pfarrgemeinde geschenkt) befindet sich seit 1991 in der →Dreikönigskirche.

Moritz von Sachsen, nach der Schlacht von Mühlberg 1547 sächsischer Kurfürst, begann noch im selben Jahr mit dem prunkvollen Ausbau der Dresdner Residenz. Die Baumaßnahmen standen unter der Leitung von Caspar Voigt von Wierandt (um 1500 – 1559) und konnten 1556 abgeschlossen werden. Sie erweiterten das Schloss um etwa das Doppelte. Von den älteren Anlagen blieben der Bereich östlich des Hausmannsturms, das südliche Torhaus und die östlichen Außenmauern erhalten; vollkommen neu errichtet wurde der westliche Flügel mit den angrenzenden Partien des Nord- wie Südtraktes. Die so entstandene großzügige Vierflügelanlage zählte zu den bedeutendsten Zeugnissen der deutschen Renaissance. Zentrum war der Große Schlosshof mit seinen prachtvoll dekorierten Fassaden. Die Sgraffiti von Gabriel und Benedikt de Tola huldigten Kurfürst Moritz und seinem Eintreten für den Protestantismus.

Die Ausstattung diente höchsten repräsentativen Ansprüchen: Westlich des Hausmannsturms wurde 1555 die zweigeschossige Schlosskapelle geweiht, deren üppig dekoriertes Renaissanceportal nach einer Jahrhunderte langen Odyssee wieder an seinen ursprünglichen Standort zurückgekehrt ist. Im Ostflügel erstreckte sich der gewaltige Riesensaal, ein Festsaal, der seinen Namen nach den ebenfalls durch die Brüder de Tola ausgeführten überlebensgroßen gemalten Trägerfiguren (eigentlich Krieger)

Residenzschloss, Historisches Grünes Gewölbe, Silbervergoldetes Zimmer

erhielt. Prunkvolle Portale empfingen die Besucher, drei Wendelsteine erschlossen die Wohnräume. 1586 wurden erstmals drei Räume im Erdgeschoss des Westflügels, in denen Pretiosen verwahrt wurden, auf Grund der Farbfassung ihrer Wände als »Grünes Gewölbe« bezeichnet.

Kurfürst Christian I. ließ ab 1586 in Verlängerung des Georgenbaus einen Turnierplatz anlegen. Die Stallgebäude und der sogenannte Lange Gang wurden von Hans Irmisch nach Plänen von Giovanni Maria Nosseni (1544–1620) aufgeführt. Der 100 m lange Arkadenhof ist ebenfalls aufwendig dekoriert; er führt zu dem von Paul Buchner errichteten zweigeschossigen Stallgebäude, das seit

1872 den Namen →Johanneum trägt. Zwischen Stallhof und Schloss erhob sich bis 1961 das dreiflügelige Kanzleihaus des 16. Jh.s (rekonstruiert, heute »Haus der Kathedrale«). Etwa gleichzeitig zur Anlage des Turnierplatzes erfolgte 1588–95 die südliche Erweiterung der Residenz um den Kleinen Schlosshof mit seinem Torhaus und der dreigeschossigen Loggia (Paul Buchner).

Bedingt durch die Wirren des Dreißigjährigen Kriegs wurde im 17. Jh. wenig grundsätzlich neu gebaut, jedoch viel, vor allem im Inneren, modernisiert bzw. im Sinne der Zeit neu gestaltet. Dies betraf u. a. den Riesensaal und die kurfürstlichen Gemächer. Unter den Baumaßnahmen, die durchgeführt wurden, seien genannt: die Aufstockung des Hausmannsturmes (1674–76, Wolf Caspar von Klengel), die Errichtung des vierten (südwestlichen) Treppenturms (1682/83), vor allem aber der Einbau einer repräsentativen Treppe an der Südostecke des Ensembles, der sogenannten Englischen Treppe (1693).

1701 brannten weite Teile des Schlosses, der Georgenbau, ebenso wie der Ostflügel mit dem Riesensaal und der eben errichteten Englischen Treppe, aus. Der Wiederaufbau ließ auf sich warten, offenbar hegte August der Starke den Wunsch nach einer grundlegenden Erneuerung. Erst 1718 begannen, wohl im Hinblick auf die Hochzeit des Kronprinzen Friedrich August mit der Kaisertochter Maria Josepha, die Wiederherstellungsarbeiten. Unter der Leitung des Grafen Christoph August von Wackerbarth (1662–1734), Matthäus Daniel Pöppelmanns (1662–1736) und von Raymond Leplat (1664–1742) wurden die zerstörten Partien barock erneuert. 1723–29 fand das Grüne Gewölbe im Erdgeschoss des Westflügels seinen Standort und erhielt seine betörende Ausgestaltung zur Schatzkammer.

Da die sächsische Herrscherfamilie unter August dem Starken zum Katholizismus konvertiert war, ließ August III. 1737 die evangelische Schlosskapelle profanieren.

Auch im weiteren Verlauf des 18. Jh.s wurde die Residenz eher vernachlässigt. Erst im 19. Jh. sind neue Aktivitäten zu verzeichnen, so die Einrichtung eines Ballsaales und eines Ständesaales (Propositionssaal) mit romantischen Wandgemälden (Eduard Bendemann). 1872–76 wurde die Außenmauer des Langen Gangs mit dem Fürstenzug von Wilhelm Walther geschmückt (1906/07 in Porzellan ausgeführt).

1889, zur 800-Jahr-Feier der Wettiner, wurde das Schloss ein weiteres Mal umfassend umgestaltet: Zu Zeiten König Alberts und unter Leitung der Architekten Gustav Dunger (1845–1920) und Gustav Fröhlich (1859–1933) erhielt es seine üppig gegliederten Fassaden im Stil der deutschen Neorenaissance. Das Dresdner Schloss wurde zu einem der bedeutendsten Bauten des Historismus in Deutschland. Im Zuge dieser Veränderungen wurden bis 1901 auch das Georgentor und der Südflügel grundlegend umgestaltet. Im Süden des Komplexes entstand ein weiterer Wirtschaftshof. Nach der Novemberrevolution diente das Schloss als Wohn- und Verwaltungsbau.

Am 13. Februar 1945 brannte das Schloss bis auf die Grundmauern aus. Einzig das Grüne Gewölbe blieb weitgehend unbeschädigt; seine Schätze waren bereits zuvor ausgelagert worden. Nach jahrzehntelanger provisorischer Sicherung der Ruinen begann 1985 der Wiederaufbau, bei dem zunächst jedoch Teile des Ostflügels für die Aufstellung eines Baukrans abgetragen wurden. Die Maßnahmen fanden mit dem Richtfest des Hausmannsturms 1991 einen ersten Höhepunkt. 1997 fasste der sächsische Landtag den Beschluss, das Schloss den Staatlichen Kunstsammlungen als Museums- und Forschungsstätte zu übergeben und es dazu insgesamt wiederherzustellen. Heftig umstritten ist allerdings die Auswahl der rekonstruktionswürdigen Zeitschichten aus der wechselvollen Geschichte des Schlosses sowie das Ausmaß der z. T. freien Rekonstruk-

Fürstenzug am Langen Gang (Meißner Porzellanfliesen 1906/07)

tionen (z. B. Sgrafitti im Großen Schlosshof, Riesensaal): sie tilgen fast alle Spuren der Zerstörung und lassen kaum Kontraste zwischen erhaltenem Original und heutigen Ergänzungen zu. Der Laie vermag alt und neu nicht zu unterscheiden. Die Wiederherstellung des Dresdner Schlosses wurde im Äußeren 2007 abgeschlossen, bis 2013 soll auch das Innere fertiggestellt und der einzigartige Museumskomplex vollständig sein.

Die Erinnerung an die Glanzzeiten des sächsischen Hofs und die Gegenwart des 21. Jh.s – vor allem in der Präsentation der Sammlungen – werden sich hoffentlich die Waage halten. Weithin sichtbares Zeichen der Verbindung von Einst und Jetzt ist die transparente High-Tech-Überdachung des Kleinen Schlosshofs (Peter Kulka), der seit Anfang 2009 als Besucherfoyer dient.

Sammlungen und wissenschaftliche Einrichtungen: Die wichtigste Sammlung des Residenzschlosses stellt das **Grüne Gewölbe** dar – eine der weltweit bedeutendsten Sammlungen europäischer Schatzkünste, welche von den wettinischen Fürsten über Jahrhunderte zusammengetragen wurde. Das **Historische Grüne Gewölbe** kehrte 2006 in die historische Raumflucht im Erdgeschoss des Westflügels zurück, welche der Sammlung ihren Namen gegeben hatte. Die erhaltenen Räume wurden unter Verwendung der geborgenen originalen Ausstattungselemente sorgfältig restauriert und ergänzt, die Ausstattung des verlorenen Wappen- und Juwelenzimmers komplett neu geschaffen. Geschützt durch eine Klimaschranke werden hier rund 3000 Kunstobjekte auf Prunktischen und vergoldeten Konsolen vor reich verzierten, verspiegelten Schauwänden frei präsentiert, um den Besuchern einen annähernd authentischen Eindruck von der prachtvollen, barocken Inszenierung der Pretiosensammlung zu vermitteln, wie sie hier unter August dem Starken 1733 bestand. Das **Neue Grüne Gewölbe** im ersten OG des Westflügels zeigt in zehn zurückhaltend modern gestalteten Räumen die Kernstücke der Augustäischen Schatzkammer, die aus konservatorischen Gründen nicht im historischen Gewölbe ausgestellt werden können, ferner die nach 1733 erworbenen Stücke. Über 1000 hochkarätige Objekte können dank doppelt entspiegelter Vitrinen aus nächster Nähe betrachtet werden. Hier finden sich die Hauptwerke Dinglingers, u. a. der »Hofstaat des Großmoguls« und das Goldene Kaffeezeug, Permosers Ebenholz- und Elfenbeinschnitzereien, der mit 185 geschnitzten Gesichtern verzierte Kirschkern oder die Hutagraffe mit dem berühmten Grünen Diamanten.

Das **Kupferstichkabinett** (Westtrakt des Bärengartenflügels, 3. OG) besitzt eine der bedeutendsten graphischen Sammlungen mit über 500000 Werken auf Papier: Zeichnungen, druckgraphische Werke und Fotografien aus acht

Jahrhunderten von mehr als 11 000 Künstlern. Sie werden in Form von Sonderausstellungen der Öffentlichkeit präsentiert. Nach 1945 im ehemaligen →Kunstgewerbemuseum am Güntzplatz untergebracht, kehrte das Kupferstichkabinett 2004 wieder ins Residenzschloss zurück, wo es vor 450 Jahren als Teil der Kunstkammer von Kurfürst August gegründet wurde und seit 1720 als eigenständiges Museum bestand.

Das seit 2004 im Schloss untergebrachte **Münzkabinett** (Georgenbau, 2. OG) umfasst etwa 300 000 Objekte von der Antike bis zur Gegenwart: Münzen und Medaillen (insbesondere sächsischer Herkunft), Orden, Banknoten, Siegel-, Münz- und Medaillenstempel sowie eine umfangreiche Spezialbibliothek. Sonderausstellungen werden derzeit im Hausmannsturm gezeigt. Eine Dauerausstellung im Georgenbau ist in Vorbereitung.

Der neue Riesensaal (Ostflügel, 2. OG), dessen Vorgänger bereits beim Brand 1701 zerstört wurde, erhielt 2006 seine heutigen Dimensionen (Peter Kulka), er wird große Teile der bisher im Ostflügel der Sempergalerie untergebrachten **Rüstkammer** aufnehmen. Die Rüstkammer umfasst etwa 1300 Objekte aus Europa und dem Orient, kostbare Waffen, Prunkharnische, Helme, Turnierbildnisse vom 16. bis zum 18. Jh.; zu ihr gehört auch die Gewehrgalerie (zukünftig im Langen Gang zum Stallhof) sowie die Kostümsammlung. Die **Türckische Cammer** (Zwischenflügel Nord) bietet eine einzigartige Sammlung osmanischer Geschenke und Beutestücke dar; die prunkvollen Zaumzeuge, Waffen und Textilien dienten den sächsischen Kurfürsten zur Ausstattung »orientalischer« Feste. Glanzstück der Dauerausstellung ist ein 20 m langes und 6 m hohes osmanisches Staatszelt aus dem 17. Jh., das August der Starke für seinen Hof erwarb. Die **Fürstengalerie** (Zwischenflügel Nord, 1. OG) präsentiert seit August 2009 die Porträts (Gemälde und Skulpturen) der wettinischen Fürsten und Könige seit dem 16. Jh. Vornehmlich aus Beständen der ehemaligen **Kunstkammer** (Georgenbau, 1. OG) wird im Georgenbau zukünftig eine Ausstellung über die Weltsicht und das Wissen um 1600 zusammengestellt.

Das im Zweiten Weltkrieg größtenteils zerstörte 2. Obergeschoss des Residenzschlosses beherbergte als *Piano nobile* die **kurfürstlichen Audienz- und Paraderäume**: Kleiner Ballsaal (Georgenbau), Großer Ballsaal und Propositionssaal (Nordflügel) sowie die Raumfolge mit Audienzsaal und Paradeschlafzimmer im Westflügel werden derzeit rekonstruiert, die erhaltenen Ausstattungsstücke restauriert und mit Zeugnissen der Festkultur des 18. Jh.s aus den Beständen der Rüstkammer, Alten Meister und des Kunstgewerbemuseums ergänzt, um auch sie 2013 wieder eindrucksvoll zu präsentieren. Seit 2004 ist die **Kunstbibliothek** (Bärengartenflügel, 1. OG) wieder im Residenzschloss untergebracht. Mit ihren 130 000 Bänden und einem Schwerpunkt auf osteuropäischer Kunstgeschichte, Sammlungs- und Ausstellungskatalogen steht sie Kunsthistorikern und Laien zur Benutzung offen.

Sächsischer Landtag und Neue Terrasse (I D 3/4): Das Altstädter Ufer zwischen Theaterplatz und Marienbrücke hat im vergangenen Jahrzehnt eine entscheidende Aufwertung erfahren. Das ehemalige Packhofviertel zwischen Elbe und Devrientstraße ist nun Standort repräsentativer Regierungs- und Kongressbauten sowie eines Nobelhotels.

Mit der Wiederherstellung des Freistaates Sachsen im Jahre 1990 stellte sich die Frage nach der Unterbringung des **Sächsischen Landtags** (jetzt Holländische Str. 2). Nachdem das Ständehaus an der →Brühlschen Terrasse nicht in Betracht kam, entschloss man sich zur Sanierung und Ausweitung des ehemaligen Landesfinanzamts, das 1928–31 von Paul Wolf u. a. im Stil der Neuen Sachlichkeit errichtet worden war. Den Auftrag zum elbseitigen Erweiterungsbau, der den Plenarsaal, das Abgeordnetenfoyer und ein Restaurant aufnimmt, erhielt der Dresdner Architekt Peter Kulka (geb. 1937), der u. a. mit Hans Scharoun und Hans Schilling zusammengearbeitet hatte. Kulka schuf einen luftigen Stahlskelettbau, dessen Glasfassaden programmatisch Einblick in die Arbeit des Landtags gewähren. Ein weit auskragendes filigranes Dach überspannt den Haupteingang, am gegenüberliegenden Ende des Traktes liegt der kreisrunde Plenarsaal, der ebenfalls durch ein ausladendes Flugdach akzentuiert wird. Edle Hölzer und lebhafte Farben – die Bestuhlung ist im Grün des sächsischen Wappens gehalten – bestimmen den Innenraum. Die klaren Linien der Architektur setzen sich in dem neu gestalteten Bernhard-von-Lindenau-Platz vor dem Landtag fort.

Der sogenannte **Erlweinspeicher** (I D4, Devrientstr. 10–12 / Kleine Packhofstr. 17) war einer der bedeutendsten Industriebauten Dresdens. 1913/14 durch den Stadtbaurat Hans Erlwein errichtet, bot er den Dresdner Firmen, vor allem der Zigarettenindustrie, hafennahe Lagerstätten. Der gänzlich in Stahlbeton ausgeführte Koloss besaß eine Nutzfläche von knapp 20 000 m², die sich über zehn Stockwerke verteilte. Zur Belebung des Baukörpers sind die Fassaden über dem vierten Stockwerk rhythmisiert, in dem im Wechsel je zwei Fensterachsen hinter einem kräftigen Profil zurücktreten; die verbleibenden drei laufen in der Art von Querhäusern durch und sind durch ein Krüppelwalmdach überhöht. Einen horizontalen Akzent setzt das weit vorkragende Vordach des Erdgeschosses, das die Laderampen überspannt. Fensterrahmen und Türen waren ursprünglich farbig gefasst. Nach erheblichen Umbauten, die vor allem das Innere des Gebäudes betrafen, wird der Erlweinspeicher seit 2005 als Hotel genutzt.

Den dritten (Neu-)Bau der Uferterrasse bildet das **Kongresszentrum** (I D4) mit verschieden großen Konferenzsälen, Bühne und Restaurant (Architektenbüro Storch, Ehlers & Partner, Hannover). Auch hier dominieren Glas und Stahl, doch nimmt die geschwungene Form der Elbfassade und des kühn ausladenden Daches dezidiert auf die angrenzende Flusslandschaft Bezug. Das Kongresszentrum wurde 2004 eröffnet, nachdem das Hochwasser von 2002 seine Fertigstellung erheblich verzögert hatte.

Die Sächsische Staatsoper (I D4, Theaterplatz 2): Das weltberühmte Opernhaus, das sich heute zu Seiten von Zwinger und Theaterplatz erhebt, ist der dritte Bau an diesem Platze. Im 17. und 18. Jh. hatten zwei barocke Anlagen als Hoftheater gedient, das Komödienhaus Wolf Caspar von Klengels (1664–67) sowie das Hoftheater Pöppelmanns (1719), die beide neben dem Zwinger lagen.

Die Errichtung der ersten »Semperoper« stand in engstem Zusammenhang mit den Planungen zum Zwingerforum in den 1830/40er Jahren. Gottfried Semper (1803–1879), zwischen 1834 und 1849 Dresdner Baudirektor, hatte hochfliegende Entwürfe vorgelegt, die das Areal im Sinne römischer Kaiserforen ausgestalten sollten. Als einziger Teil des Projekts wurde zwischen 1838 und 1841 jedoch nur das Erste Hoftheater ausgeführt. Wie frühe Fotografien zeigen, besaß es einen halbkreisförmigen Zuschauerbereich, der sich deutlich im Äußeren abzeichnet. Seitliche Giebelfronten akzentuierten das Bühnenhaus. Der dreigeschossige Sandsteinbau war im Stil der italienischen Renaissance gehalten: Die Arkadengliederung der Hauptgeschosse und die ausgewogenen Proportionen erinnerten die Zeitgenossen an Bramante, das obere Geschoss variierte Motive des antiken Kolosseums. Das Innere war aufs üppigste malerisch (Julius Hübner) und plastisch (Ernst Rietschel, Ernst Julius Hähnel, Karl Gottlieb Rolle) ausgestaltet. 1869 fiel das Theater, an dem u. a. Richard Wagner als Kapellmeister und Gottlieb Reissiger als Dirigent wirkten, einem Brand zum Opfer. Für die nächsten zwei Jahre übernahm ein Interimsbau, die sogenannte »Bretterbude« an der Großen Packhofstraße, die Funktion des Hoftheaters.

Opernhaus nach dem Entwurf Gottfried Sempers, 1871–78 (1977–85 wiederaufgebaut)

Bereits am 26. April 1871 legte man den Grundstein für die zweite »Semperoper«, die Gottfried Semper zusammen mit seinem Sohn Manfred entwarf; Letzterer hatte auch die Bauleitung inne, da Semper wegen seiner Beteiligung am Maiaufstand 1849 sein Amt in Dresden aufgeben musste. Als das Opern- und Schauspielhaus am 2. Februar 1878 mit Carl Maria von Webers *Jubelouvertüre* und Goethes *Torquato Tasso* erneut eröffnet wurde, war ein epochales Werk entstanden, dessen Ruhm bis in unsere Tage nachhallt. Doch auch dieser Bau brannte bei der Bombardierung Dresdens im Februar 1945 aus. Der Wiederaufbau erfolgte 1977–85 unter Leitung von Wolfgang Hänsch; er versuchte den Zustand des zweiten Opernhauses, von technischen Modernisierungen abgesehen, originalgetreu wiederherzustellen.

Der zweite Bau ist gegenüber dem ersten deutlich vergrößert und erheblich kraftvoller inszeniert: Die ruhige

Gliederung der Frührenaissance-Architektur ist nun der stark akzentuierten, feierlichen Formensprache der Hochrenaissance gewichen. Der von Foyers umgebene Zuschauertrakt tritt nur noch als Segmentbogen hervor; er ist in seiner Mitte durch eine mächtige Exedra aufgebrochen, die von der Pantherquadriga mit Dionysos und Ariadne (Johannes Schilling) bekrönt wird – das Motiv der Exedra hatte Semper erstmalig in einem Entwurf für das kaiserliche Theater in Rio de Janeiro aufgegriffen. Musen rahmen die Nische, in deren Kalotte Gemälde von Paul Kießling (*Die drei Grazien*; *Marsias und Apoll*) prangen. Den Haupteingang flankieren die Sitzfiguren der Dichterfürsten Goethe und Schiller (Ernst Rietschel), in den seitlichen Nischen erscheinen Shakespeare, Sophokles, Molière und Euripides (Ernst Julius Hähnel); all diese Skulpturen stammen aus dem ersten Bau. Die Arkadengalerien der Hauptgeschosse sind nun mit doppelten Pilaster- bzw. Säulenstellungen gegliedert. Seitlich des Zuschauerraums schließen sich die Treppenhäuser mit den Vorfahrten an. Im Aufriss des Baus ist eine eindeutige Staffelung zu erkennen, die sich aus den Raumfunktionen des Inneren ableitet; sie gipfelt in dem kastenförmigen Bühnenhaus, das mit Dreiecksgiebeln geschlossen ist.

Neben den bereits erwähnten Skulpturen entwickelt sich am Außenbau ein reiches Dekorationsprogramm, das elbseitig dem antiken Theater, zwingerseitig dem modernen Drama huldigt; unter der Leitung von Emanuel Semper arbeiteten hier die bekanntesten Dresdner Bildhauer. Noch prunkvoller als der Außenbau sind die Innenräume dekoriert: Stuckmarmor und Stucco lustro, Edelmetalle und Edelhölzer, Intarsien und Wandgemälde tragen zu der festlich-heiteren Atmosphäre des Inneren bei; auch hier bestimmt die Götterwelt um Dionysos das Bildprogramm, ein zweiter Themenkreis widmet sich der Entwicklung des Dramas. An den Bildzyklen arbeiteten u. a. Heinrich Hofmann, Friedrich Gonne und Friedrich Preller (originale Ausstattung im Bereich der Treppenhäuser erhalten). Der heute 1323 Sitzplätze umfassende Zuschauerraum besaß ursprünglich fünf, heute vier hufeisenförmige Ränge. Bühnenvorhang (Ferdinand von Keller, *die Phantasie und die Musen der Dichtkunst*) und Deckenplafond (James Marshall, *der Thron der poetischen Gerechtigkeit*) wurden nach dem Krieg rekonstruiert. Eine Nachschöpfung ist auch die berühmte Fünfminutenuhr über dem Bühnenportal.

Im Zuge des Wiederaufbaus entstanden die bewusst modern gehaltenen Funktionsbauten hinter dem Bühnenhaus (Bauplastik Peter Makolies, 1982–84). Die Werkstätten des Opernhauses nutzen die Säle des einstigen Marstalls hinter dem Zwinger. Das Hochwasser des Jahres 2002 fügte vor allem der im Keller installierten Bühnentechnik erhebliche Schäden zu und erzwang eine mehrmonatige Schließung. Die »Semperoper« war Schauplatz zahlreicher Uraufführungen, darunter von Richard Wagners Opern *Rienzi, der letzte der Tribunen* (1842), *Der fliegende Holländer* (1843), *Tannhäuser und der Sängerkrieg auf Wartburg* (1845), von Richard Strauss' Werken *Salome* (1905) und *Arabella* (1933) sowie Werner Egks *Peer Gynt* (1939), bis hin zu Manfred Trojahns *La Grande magia* (2008) u. a.

Als Sänger brillierten unter vielen Richard Tauber, Erna Berger, Kurt Böhme, Theo Adam, Peter Schreier, als Dirigenten neben den bereits erwähnten Richard Wagner und Gottlieb Reissiger Ernst von Schuch, Karl Böhm und der früh verstorbene Giuseppe Sinopoli.

Schauspielhaus (I D4, Ostraallee / Theaterstr. 2): Unter maßgeblicher Beteiligung des Odol-Fabrikanten Karl August Lingner wurde 1909 ein Theaterverein gegründet, der den Bau einer modernen Spielstätte in Dresden anstrebte. Als Standort wurde das – nicht unproblematische – Areal zwischen Ostraallee und Postplatz, gegenüber dem Kronentor des Zwingers, ausgewählt. Den Wettbewerb um die Errichtung des neuen Schauspielhauses gewannen die Dresdner Architekten William Lossow und Max Hans Kühne, die einen mit Jugendstilanklängen versetzten Bau errichteten. Ihn dominiert eine lebhafte Dachlandschaft, die von dem monumentalen 54 m hohen Bühnenhaus überragt wird. Die Hauptfassade erhebt sich über einem Laubengang, ihr Mittelrisalit ist mit kräftigen Lisenen und breiter Attika »klassizistisch« gegliedert; die bekrönenden Skulpturen (sächsisches Wappen zwischen Sitzfiguren) schuf Georg Wrba. Effektvoll zum Postplatz wendet sich ein vierteilkreisförmiger Vorbau, dessen Balustrade Knabenfiguren (Allegorien der Schauspielkunst) von Oskar Döll einnehmen. Die farbenfrohe eklektizistische Ausgestaltung des Innenraums oblag Paul Perks. Da auch dieses Gebäude 1945 zerstört wurde, ist sie, ebenso wie die Stuckausstattung von Rudolf Born, rekonstruiert.

Technisch zählte das Dresdner Schauspielhaus einst zu den modernsten Anlagen Deutschlands: Hydraulische Hebewerke bewegten eine mehrteilige Versenk- und Schiebebühne. 1948 nahm das Theater als eines der ersten nach dem Krieg seinen Spielbetrieb wieder auf und beherbergte zwischenzeitlich auch Oper und Ballett. Nach der Wende wurde das Haus in den Zustand von 1913 zurückrestauriert.

Taschenbergpalais (heute Hotel Kempinski; I D4, Am Taschenberg): In unmittelbarer Nachbarschaft des Schlosses gelegen, war das Taschenbergpalais der bedeutendste der Dresdner Stadtpaläste und diente den Kronprinzen und sächsischen Kurfürsten als Residenz. In den Bombenangriffen von 1945 ausgebrannt, wurde es ab 1991 als Grandhotel wieder aufgebaut und erweitert.

Die wechselvolle Geschichte des Gebäudes begann mit dem Entschluss Augusts des Starken, seiner Mätresse, der Gräfin Anna Constantia Gräfin von Cosel, ein Stadtpalais in Schlossnähe erbauen zu lassen (1705–08). Vermutlich waren Daniel Pöppelmann und Johann Friedrich Karcher die entwerfenden Architekten des spätbarocken Baus

(Mitteltrakt des heutigen Ensembles). Hinter seiner grazilen Fassade öffneten sich orientalisch dekorierte Räumlichkeiten, die dem Palais den Namen »Türkisches Haus« eintrugen. Ab 1718 – die Cosel war längst in Ungnade gefallen – erhielt das Gebäude durch Raymond Leplat eine neue Inneneinrichtung und wurde zur Residenz der Kurprinzen ausgebaut. Ab 1756 bzw. ab 1763 wurde die Anlage um die westlichen wie um die östlichen Flügelbauten mit ihren Ehrenhöfen ergänzt, auch der hinter dem Haupttrakt liegende große Hof wurde baulich gefasst (Julius Heinrich Schwarze bzw. Christian Friedrich Exner). Die Innenräume erhielten kostbare Rokokodekorationen nach bayerischen Vorbildern; die 1764/65 errichtete doppelgeschossige Hofkapelle wurde üppig mit hellgrünen Stuckaturen und Silberdekor ausgestattet. 1825 ließ man die einst hohen Mansarddächer durch flachere Walmdächer ersetzen. Die neobarocke Brücke zum Schloss stammt aus der Zeit um 1900.

Mit dem Wiederaufbau wurden die Fassaden, die Eingangshalle mit dem großen Treppenhaus sowie der barocke Hof nach dem Original wiederhergestellt. Im westlichen Ehrenhof befinden sich Nachbildungen zweier barocker Eckbrunnen von Gottfried Knöffler.

Das Taschenbergpalais offenbarte den Wendepunkt der Dresdner Profanarchitektur vom Barock zum Rokoko; typologisch setzte es sowohl mit seinem Kernbau als auch mit den Erweiterungen um die Mitte des 18. Jh.s neue Maßstäbe.

Nach mehreren Umsetzungen hat der von Julius Moritz Seelig nach einem Entwurf Sempers gefertigte **Cholerabrunnen** vor dem Taschenbergpalais seinen Standplatz gefunden. Das reich gezierte neogotische Monument mit dem 18 m hohen Turmaufbau ist eine Stiftung des Freiherren Eugen von Gutschmied aus Dank dafür, dass Dresden von der Choleraepidemie 1840/41 verschont blieb. Es zeigt biblische Szenen aus den Psalmen.

Der **Zwinger** (I D4, Sophienstr.): Wie kaum ein zweites Bauwerk verkörpert der Zwinger den Glanz des barocken Dresden. Sein festlich-heiteres Erscheinungsbild und seine harmonischen Proportionen ließen ihn zu einem Hauptwerk europäischer Architektur und Skulptur aufsteigen; seine einzigartigen Sammlungen, die in Raffaels *Sixtinischer Madonna* ihren Höhepunkt finden, ziehen Besucher aus aller Welt an.

Baugeschichte: Der »Zwinger« war ursprünglich ein zwischen äußeren und inneren Befestigungsanlagen situiertes Gartengelände, das für höfische Feiern und Lustbarkeiten genutzt wurde. Anlässlich des Besuchs des dänischen Königs Friedrich IV. im Jahre 1709 ließ August der Starke durch seinen Hofbaumeister Matthäus Daniel Pöppelmann ein hölzernes »Amphitheater« errichten, in dessen Scheitel eine zweiläufige Freitreppe zur Erschließung der Terrassen lag. Diese ephemere Architektur wurde ab 1710/11 in Stein übertragen und diente den tropischen Pflanzen, die der König sammelte, als Winterquartier. In einer ersten Bauphase entstanden so die nordwestlichen Partien des heutigen Zwingers einschließlich des Nymphenbades; sie wurden bald zu einer raumgreifenden spiegelsymmetrischen Anlage mit vier Eckpavillons (Mathematischer, Französischer, Naturwissenschaftlicher und Deutscher Pavillon) samt verbindenden Galerien erweitert. Auch diese wurden zunächst in Holz errichtet, da man wegen der Hochzeitsfeierlichkeiten des Kurprinzen Friedrich August mit der habsburgischen Kaiserstochter Maria Josepha im Jahre 1719 unter erheblichem Zeitdruck stand. Die Ausführung in Stein erfolgte zwischen 1723 und 1728. Danach diente der Zwinger als »Palais Royal des Sciences«, als Palast der Wissenschaften mit königlicher Bibliothek, Kunst- und naturwissenschaftlichen Sammlungen.

Den Hauptzugang zum Zwinger bildet das in der Mitte des südwestlichen Flügels gelegene Kronentor (1714/15);

seine Errichtung stand in Zusammenhang mit Plänen zum Neubau des durch Brand beschädigten Residenzschlosses. 1715 begannen die Arbeiten am nordwestlichen Wallpavillon, der gegenüberliegende Glockenspielpavillon mit den flankierenden Bogengalerien wurde 1728 vollendet, erhielt allerdings erst gegen Ende des Jahrhunderts seinen Skulpturenschmuck. Unausgeführt blieb der elbseitige Flügel: Er wurde erst 1847–55 durch die Gemäldegalerie von Gottfried Semper geschlossen.

Trotz der langen Planungsgeschichte erscheint der Zwinger als vollendet harmonisches Ensemble. Seine grazilen Sandsteinbauten umfassen einen mit 107 × 116 m annähernd quadratischen Hof, dem sich an zwei Seiten spiegelsymmetrisch U-förmige Exedren anschließen; Blumenparterres und Wasserspiele schmücken diesen umfriedeten Garten. Die rahmende Architektur – die filigranen Bogengalerien, die zweigeschossigen Eckpavillons, denen geschwungene Treppen vorgelagert sind, schließlich die triumphalen Festarchitekturen von Kronentor, Wall- und Glockenspielpavillon – bilden ein einzigartiges Szenarium, ein gebautes Arkadien. Entscheidend trägt zu diesem Eindruck die üppige skulpturale Ausgestaltung bei, die von Balthasar Permoser und seinen Mitarbeitern (Paul Heermann, Johann Joachim Kretzschmar, Benjamin Thomae, Johann Christian Kirchner, Paul Egell) kongenial zu Pöppelmanns heiterer Rokoko-Architektur geschaffen wurden. Im Zusammenspiel der Gattungen offenbart sich der besondere Reiz des Ensembles.

Im Laufe der Jahrhunderte wurde der Zwinger vielfach beschädigt, so im Siebenjährigen Krieg, während der Mairevolution und zuletzt bei den Bombenangriffen vom 13. Februar 1945. Umfassende Restaurierungsarbeiten und Umbauten erfolgten 1852–63, 1880–98 und 1924–36, wobei verlorene Teile des Skulpturenprogramms nachschöpfend ergänzt wurden. Die 1945 zerstörten Partien wurden bis 1965 wiederhergestellt, bis heute leistet die Zwinger-

Blick in den Hof des Zwingers (1709–28 von Daniel Pöppelmann u. Balthasar Permoser) vom Stadtpavillon aus

hütte kontinuierliche Restaurierungsarbeiten. Während der Flut des Jahres 2002 stand der Zwinger meterhoch unter Wasser, die Bestände der Sammlungen wurden teilweise evakuiert.

Das **Kronentor** bildet den glanzvollen Auftakt zum Besuch des Zwingers. Bei seiner Gestaltung dürften Pöppelmann die aus Holz errichteten monumentalen Triumphpforten vor Augen gestanden haben, die im barocken Rom und u. a. am Wiener Hof zu festlichen Anlässen errichtet wurden. Der zweistöckige Torbau bildet sie in Stein nach, ohne deren filigrane Leichtigkeit zu verlieren. Mit zierlichen Säulenpaaren, sich verkröpfenden Gebälken, gesprengten Giebeln lebhaft gegliedert, durchbricht der Pavillon die lange Front der Galerie, die auf einer hohen Böschung lagert. Das üppige Skulpturenprogramm (Balthasar Permoser u. a.) vereint antike Gottheiten (Vulkan und Bacchus, Ceres und Pomona), einen Jahreszeitenzyklus und Motive des Herkulesmythos, den der sächsische Hof für sich in Anspruch nahm. Bekrönt wird das Tor von einer riesigen vergoldeten Krone, die von polnischen Adlern gesäumt ist – unübersehbarer Hinweis auf die Königswürde Augusts des Starken.

Der **Wallpavillon** steigert das eben Angedeutete in visionäre Dimensionen: Hier bekrönt, über dem kursächsischen Wappen, Herkules (d. i. Hercules Saxonicus) den zierlichen Pavillon. Er trägt die Last der Welt auf seinen Schultern, eine Allegorie auf das Streben des sächsischen Fürstenhauses nach der Kaiserwürde. Der Wallpavillon zählt zu den bedeutendsten Werken des Barockzeitalters. In einzigartiger Harmonie sind Architektur und Skulptur vereint, das komplexe Figurenprogramm beschwört das Goldene Zeitalter und huldigt dem Bauherren. Pöppelmanns Bau, eine geniale Verbindung von Pavillon, Treppe und Festsaal, wölbt sich mit seiner Mitte konvex in den Zwingerhof, um gleich darauf seitlich konkav zu den Galerieflügeln zurück zu schwingen. Das über einem flachen Treppenplateau aufragende Untergeschoss wirkt wie eine prunkvoll dekorierte Gartenlaube – und tatsächlich sind es die Kräfte der Natur, die den Bau lächelnd »tragen«: Satyrhermen, männliche Halbfiguren, prangen an den Pilastergruppen. Ihr muskulöser Oberkörper ist nahezu vollplastisch ausgebildet, ihre Gesichter tragen individuelle Züge. Permoser, dem diese Hauptwerke barocker Skulptur zu verdanken sind, griff hier offensichtlich Charaktere Berninis und Kompositionen Pierre Pugets auf.

Der **Glockenspiel- oder Stadtpavillon** ist als Pendant zum Wallpavillon konzipiert, sein »hochbarocker« Figurenschmuck stammt allerdings vorwiegend aus dem ausgehenden 18. und frühen 19. Jh. Auch die vier geschwungenen Treppen, die heute die Galerien erschließen, sind späteren Datums. Das Glockenspiel aus Meißner Porzellan wurde zu Beginn der 1930er Jahre installiert.

Das **Nymphenbad** an der nördlichen Rückseite des

Zwingers unterstreicht den arkadischen Charakter des Zwingers. Pöppelmann selbst bezeugte den Baubeginn des offenen Grottensaals, zu dem zwei geschwungene Treppen führen, mit 1711. Er erhielt seinen Namen nach den überlebensgroßen Nymphenfiguren, die die Nischen des Gevierts beleben. Tropfsteindekor und Wasserspiele tragen des Weiteren zur intimen, doch nicht minder festlichen Atmosphäre des Freiraums bei. Wieder waren es Permoser und seine Mitarbeiter, die den Skulpturenschmuck schufen; die Originale finden sich vor allem an der Südwestseite der Grotte. Andere Figuren sind freie, aber einfühlsame Nachschöpfungen der 1920/30er Jahre von Georg Wrba und seinem Kreis.

Die vier **Eckpavillons** besaßen in ihren Obergeschossen repräsentative Säle, deren Ausstattung jedoch weitgehend verloren ging; dazu zählen die Deckengemälde des Louis de Silvestre im Mathematisch-Physikalischen Salon (*Amor und Psyche*) und die Apotheose des Hercules Saxonicus von Heinrich Christoph Fehling im Marmorsaal des Französischen Pavillons. Der **Graben** um den Zwinger wurde im 19. Jh. zugeschüttet und erst 1929 wieder freigelegt; 1949 wurde er mit dem Zwingerteich verbunden.

Der **Semperbau / Gemäldegalerie Alte Meister:** Das barocke Konzept, das Bauensemble des Zwingers in die Natur der Elblandschaft übergehen zu lassen, blieb unrealisiert. Mit der Schließung des Zwingerhofes nach Nordosten wurde 1846 Gottfried Semper beauftragt; er konnte sein Werk jedoch nicht vollenden, da er 1849 aus politischen Gründen aus Dresden fliehen musste. Bernhard Krüger und Karl Moritz Haenel übernahmen die Vollendung des Baus. Vorausgegangen waren lange Planungen, die die Errichtung einer Gemäldegalerie und die repräsentative Neugestaltung des Geländes zwischen Zwinger und Elbufer betrafen. Sie scheiterten, aber Semper konnte immerhin auf diesem Terrain das erste Hoftheater (1838–41) bauen, dessen neuartiger, die Antike und die Renaissance verbindender Stil der Dresdner Architektur unschätzbar wertvolle Impulse gab. Die Gemäldegalerie, die zwischen 1847 und 1855 als elbseitiger Flügel des Zwingers ausgeführt wurde, ist noch stärker der römischen Architektur verpflichtet: Der breit gelagerte zweigeschossige Sandsteinbau ist mit rustiziertem Sockelgeschoss und Rundbogenfenstern wie ein Renaissancepalast gegliedert, sein Mittelrisalit als zweigeschossiger Triumphbogen ausgebildet. Mit Rücksicht auf die filigrane Architektur des Zwingers ist die Bauplastik an der Hofseite modifiziert, es fehlen u. a. die mächtigen Dreiecksgiebel der Elbseite. Dennoch ist auch die Hofseite majestätisch akzentuiert.

Der aufwendige bildhauerische Schmuck, der wohl auf Vorgaben Sempers basiert, thematisiert auf der Zwingerseite die christliche Kunst und ihre Protagonisten Raffael und Michelangelo (Ernst Julius Hähnel), auf der Elbseite die antike Kultur mit ihren Dichtern und Heroen (Ernst Rietschel). Auch der Semperbau wurde 1945 weitgehend zerstört und bis 1960 wieder aufgebaut. Gegenwärtig erfährt er eine erneute Restaurierung und konzeptionelle Umgestaltung.

Die Räume des Elbflügels erschließen sich über den achteckigen, von einer flachen Kuppel bekrönten Durchgangsraum hinter dem Mittelrisalit. Sie beherbergten im westlichen Teil die Gemäldegalerie »Alte Meister«, im östlichen Teil zunächst 1857–91 die umfassende Abgusssammlung antiker und nachantiker Skulpturen (danach im →Albertinum) und bis 2006 die Rüstkammer. Wandmalereien thematisieren die Geschichte der Kunst (rekonstruiert). Angelpunkt des Museums ist die Tribuna, die, nach dem Vorbild der Uffizien in Florenz, die wertvollsten Gemälde der Sammlung vereint.

Bis in die Mitte des 18. Jh.s waren die Gemälde in den Räumen des Dresdner Schlosses aufgehängt; nach 1740 brachte man sie in das Obergeschoss des eigens dafür umgebauten Stallgebäudes, des späteren →Johanneums; um diese Zeit erhielten sie auch ihre spätbarocke Rahmung. 1855 zogen die wertvollen Bestände in die sogenannte Sempergalerie ein, den von Gottfried Semper errichteten Trakt, der den Zwinger elbseitig abschloss. Die Kriegswirren des 20. Jh.s hinterließen ihre Spuren: 1939 wurde ein Großteil der Gemälde in sächsische Schlösser ausgelagert, 1945 in Bergwerken versteckt, wo sie erhebliche klimabedingte Schäden erlitten. Nach Kriegsende nach Moskau, Kiew und Leningrad verschleppt, kehrten die Kunstschätze ab 1955 über Berlin in die nach den Bombenangriffen wieder aufgebaute Sempergalerie zurück. Zwischen 1988 und 1992 erfolgte eine grundsätzliche Renovierung der Galerieräume. → Museen

Der **Mathematisch-Physikalische Salon** im nordwestlichen Pavillon des Zwingers präsentiert die umfangreiche Sammlung technisch-wissenschaftlicher Instrumente, die die sächsischen Fürsten zusammentrugen. Zusammen mit Gemälden und Skulpturen bildeten diese den unverzichtbaren Grundstock jeder barocken Kunstkammer. Zu den ebenso repräsentativen wie anschaulichen Ausstellungsstücken zählen Sonnen- und Planetenlaufuhren, Globen, geodätische Messinstrumente und frühe Rechenmaschinen; ältestes Exponat ist ein arabischer Himmelsglobus von 1279.

Die Porzellansammlungen: Weit mehr noch als seine Gemälde interessierten August den Starken Erwerb und Produktion des »Weißen Goldes«, des Porzellans – er selbst bezeichnete sich als von der »maladie de porcelaine«, der Porzellankrankheit, besessen. So nimmt es nicht wunder, dass Dresden die größte und schönste Sammlung des in China erfundenen und lange in seiner Zusammensetzung geheim gehaltenen Geschirrmaterials besitzt. Den einzigartigen aus Ostasien importierten Stücken gesellten sich die ab 1708 in eigener Produktion durch Gottfried Böttger und seine Mitarbeiter hergestellten Kunstwerke hinzu; beim Tode Augusts des Starken wurden etwa

35 000 Objekte notiert. Sie waren zunächst im sogenannten Holländischen, dem späteren →Japanischen Palais am Neustädter Elbufer ausgestellt. Ab 1876 im Johanneum untergebracht, erlitt die fragile Sammlung exotischer und einheimischer Porzellane 1945 dasselbe Schicksal wie die Gemäldesammlungen. 1958 zurückgegeben, hielt sie 1962 Einzug in den wieder aufgebauten Zwinger. Seit einigen Jahren ist sie in zwei atemberaubend schönen Abteilungen (Meißner und Ostasiatische Porzellane, Ausstellungsdesign Peter Marino) zu bewundern.

Straßen, Plätze, Brücken

Die **Augustusbrücke** (I D/E4) quert zwischen Schlossplatz und Innerer Neustadt die Elbe. Der älteste Vorgängerbau wurde wohl zu Beginn des 13. Jh.s gegen 1220 fertiggestellt. Die mit 24 gemauerten Brückenbögen und Zinnen errichtete Brücke war von großer Bedeutung für den überregionalen Handelsverkehr. Neben denen von Prag und Regensburg gehörte die Dresdner Brücke zu den berühmtesten Brückenbauten des Mittelalters und galt noch im 18. Jh. als architektonisches Wunderwerk. Bereits 1530 und nach 1547 wurden sieben linkselbische Bögen zugeschüttet, die sich noch heute unter dem Georgenbau und dem Schlossplatz befinden. Die mehrfach ausgebesserte Brücke wurde von 1728 bis 1732 nach dem Entwurf Matthias Daniel Pöppelmanns (1662–1736) von Ratsbaumeister Johann Gottfried Fehre (1685–1753) »in den vollkommensten Stand versetzt« und dabei grundlegend verstärkt und erweitert. Dies geschah im Zusammenhang mit der damaligen Neugestaltung des rechtselbischen »Altendresdens« (heute Innere Neustadt). Den eindrucksvollen Bau Pöppelmanns mit seinen 18 Bögen und den palisadenartigen Pfeilern überliefern die Veduten Bernardo Bellottos. Bis zur Mitte des 19. Jh.s blieb er die einzige Brücke der Stadt und der Region. 1907–10 wurde das Pöppelmannsche Werk, das den verkehrstechnischen Anforderungen der aufstrebenden Großstadt und der Elbschifffahrt nicht mehr genügte, abgerissen und von Wilhelm Kreis und Hermann Klette die heutige, neunbogige Augustusbrücke (328 m lang) in Stahlbeton errichtet, über die seither auch eine Straßenbahnlinie führt. 1945 von der SS gesprengt, wurde sie 1949 in der Gestalt von 1910 rekonstruiert.

Der **Altmarkt** (I D5) südlich der Wilsdruffer Straße ist die älteste, seit dem 14. Jh. urkundlich belegte Platzanlage der Stadt. Hier befand sich das älteste Dresdner Rathaus, dessen Fundamente 2007 einer Tiefgarage weichen mussten. Nach Zerstörung im Februar 1945 wurde der Platz im Zuge der Bebauung der Ost- und Westseite (1953–58) sowie der Verbreiterung der →Wilsdruffer Straße erheblich vergrößert, um einen Aufmarschplatz für Maikundgebungen zu gewinnen. Die aktuelle Bebauung auf der Ostseite (1953–56) erfolgte nach Entwürfen Herbert Schneiders, den Komplex auf der Westseite entwarf Johannes Rascher, das ehemalige **HO-Warenhaus** (I D5, 1955/56) an der Ecke Wilsdruffer Straße stammt von Alexander Künzer. Die Bauten sind als siebengeschossige Wohnhäuser, mit hoher Sockelzone – im Westen als durchgängige Arkade – ausgeführt, in der zweigeschossige Läden untergebracht sind. In der architektonischen Gestaltung mit Satteldächern und Gauben, giebelbekrönten Risaliten und hervortretenden Eckpavillons sowie in der symmetrischen Gliederung der Sandstein-Putzfassaden knüpfte man bewusst an die barocken Bautraditionen Dresdens an. Die Skulpturen schufen die Bildhauer Ernst Grämer und Otto Rost. 1999–2000 realisierte der Hamburger Architekt Meinhard von Gerkan (geb. 1935) auf der Südseite des Neumarkts einen strengen und hanseatisch kühlen Bau, der zur Prager Straße in der Sockelzone die doppelgeschossigen Geschäftsarkaden der älteren Altmarktbebauung aufnimmt. Dresdner Bautraditionen klingen in abstrahierter Form an: Das abgetreppte Dach in seiner ziegelroten Farbigkeit und den Glasmansarden erinnert entfernt an Dresdner Mansardwalmdächer und wurde im Volksmund mit dem Namen »Legohaus« belegt. 2010 wurde nun die Bebauung des Altmarktes zur Kreuzkirche durch den Hotelneubau des Dresdner Architekturbüros Pfau abgeschlossen. Der achtgeschossige Bau mit flachem Ziegelwalmdach ist von unaufregender, stereotyper Architektur. Er besitzt einen stadtplanerisch geforderten, niedrigeren Annex zur Kreuzkirche hin. Entgegen der Vorkriegssituation, bei der der Vorgängerbau – das Kaufhaus Renner – hier durch eine Abkantung in der Bauflucht den Blick vom Altmarkt auf die mächtige Turmfassade freihielt, wird diese nun verdeckt.

Neumarkt und neue Bebauung (I E4, Quartiere I–VIII): Der Neumarkt und das ihn umgebende, prachtvolle barocke Bürgerhausviertel zwischen Brühlscher Terrasse im Norden und Wilsdruffer Straße im Süden entstanden ab 1548 als Folge der Integration der Fischersiedlung und der alten Stadtpfarrkirche »Unserer lieben Frau« in die städtische Befestigung. Nach dem etwas später erfolgten Abriss der alten Stadtmauer entstand die Platzanlage, deren architektonischen Höhepunkt die 1728–43 errichtete →Frauenkirche bildete. Der östliche Teil wurde im Siebenjährigen Krieg beschädigt und nachfolgend in spätbarocken Formen wieder aufgebaut. Im 19. Jh. folgten weitere Eingriffe, doch blieben die städtebaulichen Strukturen weitgehend unberührt. Das von Ernst Rietschel entworfene, überlebensgroße und in Bronze gegossene **Lutherdenkmal** stellte man 1885 als Kopie des Wormser Standbilds auf. Lediglich für den Dresdner Kopf entwarf Rietschel ein spezielles Modell.

Im Februar 1945 sank das Viertel in Schutt und Asche. Nach Sprengung der verbliebenen Ruinen und großflächiger Enttrümmerung bis 1962 wurden nur die öffentlichen Gebäude an der →Brühlschen Terrasse, das →Johanneum sowie die Torhäuser des →Coselpalais wiederaufgebaut. Während die Ruine der Frauenkirche als Mahnmal gegen den Krieg belassen wurde, errichtete man als Neubauten 1962–69 den →Kulturpalast, 1976–83 den Erweiterungsbau westlich des →Polizeipräsidiums sowie 1986–90 das Hotel Hilton. Der Wiederaufbau der Frauenkirche ab 1996 bildete den Auftakt zur Re-Urbanisierung des Gebiets. Über den Anteil zeitgenössischer und historisierender Architekturformen bei der Gestaltung der einzelnen Gebäude und Fassaden kam es zu heftigen öffentlichen Debatten. Der Verein »Gesellschaft Historischer Neumarkt« forderte, die Neubauten als Kopien der verlorenen historischen Fassaden unter Wahrung der ursprünglichen Parzellen auszuführen. Die 2002 vom Stadtrat erlassene Gestaltungssatzung suchte den Kompromiss mit grundsätzlichen Richtlinien zum Neubau: Beibehaltung der historischen Fluchtlinien, Traufhöhen und Dachformen sowie Wiederherstellung des historischen Straßennetzes. Bei über 100 Parzellen in acht Quartieren wurden etliche, kulturhistorisch besonders bedeutende Bauten in städtebaulich prägnanter Lage als »Leitbauten« bzw. »Leitfassaden« eingestuft. Für diese ist ein modifizierter Neubau vorgesehen, bei welchem die historischen Fassaden nachzubilden sind. Einzelne Gebäude sind komplett wiederherzustellen (Palais Hoym). Die übrigen Gebäude sollen sich in zurückhaltend zeitgenössischer Gestaltung einpassen. Während an den Fassaden die historische Parzellierung ablesbar bleibt, darf die Binnenstruktur davon abweichend bis zu drei Parzellen umfassen – in der Realität sind es jedoch häufig mehr. Vorgesehen ist eine Mischnutzung mit 20–25 Prozent Wohnanteil.

Der Neugestaltung wurden die in archäologischen Grabungen freigelegten Teile der mittelalterlichen Stadtbefestigung und die originalen, durchweg gut erhaltenen, z. T. doppelstöckigen Kellergewölbe – die unterirdische Geschichte Dresdens – geopfert. Inzwischen ist die Bebauung in 6 der 8 Quartiere weit fortgeschritten bzw. abgeschlossen: **Quartier I** (2004–06) nordwestlich der Frauenkirche zwischen Töpfer- und Augustusstraße mit 4 Leitbauten an der Südseite zum Neumarkt, realisiert durch sechs Architekturbüros; **Quartier II** (II/1: 2004–06, II/2: 2008–10) östlich der Frauenkirche zwischen Salzgasse und Rampischer Straße mit den 16 Leitbauten: Haus zum Schwan, Haus zur Glocke, Rampische Straße (Nr. 1, 5, 7, 9, 33 – Kopfbau vis-à-vis des →Kurländer Palais); **Quartier III** (III/1: 2007–08; III/2: 2008 ff.), das größte Quartier südöstlich des Neumarkts zwischen Rampischer und Landhausstraße mit fünf Leitbauten: »An der Frauenkirche« 17, 18, 20, Neumarkt 4, 6. Die Kopie des Palais Hoym (Landhausstr. 11) von 1739 ist orginalgetreu als Leitbau des Quartiers III/2 unter Einbindung originaler Fragmente zu errichten; **Quartier IV** (2004–08) zwischen Landhaus- und Moritzstraße (Architektenbüro Peter Zirkel) mit zwei im Innern zusammengefassten Leitfassaden (Hotel de Saxe, Salomonis-Apotheke) zum Neumarkt sowie Einbindung vorhandener Bebauung an der Wilsdruffer Straße; **Quartier V** (V/II: 2007–08, kleines Gebiet im Süden zwischen Frauenstraße und Wilsdruffer Straße unter Einbindung vorhandener Wohn- und Geschäftsbauten an der Wilsdruffer Straße; Abschnitt V/II mit 2 Leitbauten (Heinrich-Schütz-Haus, Köhlersches Haus) seit Oktober 2008 fertig gestellt; bei beiden historische Kellergewölbe erhalten (!) und jeweils am Erker Einbindung geborgener Originalteile in die rekonstruierte Stuck- und Sandsteindekoration; Wettbewerb für V/I im März 2009 (1. Preis: F 29); **Quartier VI** zwischen Jüdenhof und Frauenstraße; hier soll auch das 1791 (!) abgerissene Gewandhaus wiedererstehen; der Siegerentwurf (Cheret & Bozic, Stuttgart) des Wettbewerbs 2007 entfachte heftige Diskussionen; derzeit ist der Bebauungsplan in Arbeit; **Quartier VII** (in Planung) zwischen Sporergasse und Kulturpalast mit sechs Leitbauten (Dinglingerhaus [Galeriestr. 18], Triersches

Haus [Sporergasse 2], Caesarsches Haus [Schössergasse 25]); **Quartier VIII** (im Bau) zwischen Schlossstraße, Stallhof, Johanneum und Sporergasse; dabei gilt es u. a. im Nordosten zum Stallhof, die einzige erhaltene Rückwand eines barocken Bürgerhauses zu integrieren.

Die bisher errichteten Leitbauten sind von unterschiedlicher Qualität. Teils wurden die Fassaden in traditioneller Bauweise aufgemauert, die Stuckaturen und Profile nach historischen Vorlagen – oft vereinfachend – appliziert, teils in Beton gegossen und dem Bau vorgehängt. Bei einigen wurden originale Architekturfragmente integriert. Häufig reicht die »historische« Kopie nur bis zur Traufzone, darüber folgen moderne Dachaufbauten. Den zeitgenössischen Bauten wurden satzungsbedingt gestalterische »Fesseln« angelegt, daher entstand häufig anonyme Investorenarchitektur. Wo davon abweichend, statt der vorgeschriebenen Putzfassaden, moderne Oberflächen gewählt wurden, hat dies interessantere Lösungen im virtuell anmutenden Stadtbild hervorgebracht.

Der **Postplatz** (I D4) entstand an der Stelle des Wilsdruffer Tors, eines der Haupttore der städtischen Befestigungsanlage südlich des Zwingers. Heute ist er der zentrale Knotenpunkt für den Öffentlichen Personennahverkehr in Dresden. Von ihm gehen strahlenförmig acht Straßen ab: u. a. Sophienstraße, Ostra-Allee, Schweriner und Wilsdruffer Straße. Im Zentrum liegt noch der runde, von Stadtbaurat Hans Erlwein errichtete Informationspavillon der Dresdner Verkehrsbetriebe. Die 2005–06 erfolgte Neugestaltung der Zentralhaltestelle tritt mit ihrer monumentalen, schmetterlingsförmigen Stahl-Glas-Konstruktion in Konkurrenz zum Zwinger. Der nun nahezu baum- und grünflächenfreie Platz besitzt keine urbane Aufenthaltsqualität, so dass der Platz nach wie vor nur zum schnellen Umsteigen animiert. Um dem abzuhelfen, wurden im Sommer 2009 rund 500 m² Grünfläche temporär auf dem Pflaster installiert. An der Ecke Postplatz / Wilsdruffer Straße gegenüber dem Zwinger befand sich von 1965/67 bis 2007 der würfelförmige **Gaststättenkomplex »Am Zwinger«** der Architekten Gerhard Müller und Günther Gruner. Das Gebäude lag teilweise auf dem Gelände der ehemaligen →Sophienkirche. In dem vom Volksmund »Fresswürfel« genannten, dreigeschossigen Gebäude waren eine Grillbar, ein Bierkeller, ein damals hochmodernes Selbstbedienungsrestaurant mit schwedischem Lochkartensystem sowie im Obergeschoss ein von den Deutschen Werkstätten Hellerau ausgestattetes Tanzcafé untergebracht. Schon dieser Bau mit vorgehängter Stahl-Aluminium-Glasfassade war kein optimales städtebauliches Visavis für die berühmte »Inkunabel« des Dresdner Barock. Seit 2008 setzt der Nachfolgerbau (**Kubus am Postplatz**) der Wettbewerbsieger Schulz & Schulz der sanft schwingenden Architektur des Zwingers scharfgradige, anonyme und überdimensionierte Investorenarchitektur (50 × 50 m, 23,5 m hoch) entgegen, ohne architektonischen oder städtebaulichen Bezug zur Umgebung.

Theaterplatz (I D4): Gesäumt von Hofkirche, Schloss, Altstädter Wache, Zwinger, Staatsoper und Italienischem Dörfchen ist der Theaterplatz das eigentliche Zentrum der Dresdner Residenz und einer der schönsten Plätze überhaupt. In seiner heutigen Gestalt geht er auf Vorstellungen Gottfried Sempers zurück, der das Areal zwischen Zwinger und Elbe zu einem repräsentativen Forum römisch-antiker Tradition umwandeln wollte. Die Pläne scheiterten, doch konnten immerhin mit dem Hoftheater (heute Sächsische Staatsoper) und der Gemäldegalerie als elbseitigem Flügel des Zwingers zwei höchstrangige Bauten errichtet werden, die dem Platz eindrucksvolle Konturen verliehen. Durch den Abriss eines Teils des sogenannten →Italienischen Dörfchens wurde ein großartiger Freiraum geschaffen, der von den Neorenaissance-Fassaden der Gemäldegalerie und des Opernhauses entscheidend geprägt wurde. Es waren vor allem diese Werke, die der Rezeption der italienischen Renaissancearchitektur in Dresden den Weg bahnten und den Villenbau bestimmten. Die Elbseite des Theaterplatzes wurde durch die Anlage der Uferstraße verändert. 1933 erhielt der Theaterplatz den Namen Adolf Hitlers; nach der Bombardierung 1945 wurde er ab 1955 wiederaufgebaut.

Theaterplatz, Denkmäler: Seit 1889 schmückt das bronzene Reiterstandbild König Johanns (1801–1873) die Mitte des Theaterplatzes. Das 1883 gefertigte Werk des renommierten sächsischen Bildhauers Johannes Schilling zeigt den Fürsten, Poeten und Dante-Übersetzer auf hohem, von Kandelabern umgebenem Sockel. Ein umlaufender Fries feiert Industrie, Leben und Handel in Sachsen.

Zwischen Gemäldegalerie und Oper steht das Denkmal Carl Maria von Webers, ein Hauptwerk Ernst Rietschels (1844–60, Postament Georg Hermann Nicolai). Es zeigt den Komponisten des *Freischütz* als überlebensgroße Bronzefigur, die sich auf ein Notenpult stützt und einen Rosenstrauß mit Eichenlaub in der rechten Hand hält.

Die **Wilsdruffer Straße** (I D5) war noch im ausgehenden 19. Jh. eine relativ schmale Gasse, die erst in den 80er Jahren des 19. Jh.s bis zum Pirnaischen Platz im Osten der Altstadt verlängert wurde. Nach den Zerstörungen im Februar 1945 wurde sie beim Wiederaufbau zur aufmarschtauglichen Ost-West-Achse erweitert. Städtebaulich und architektonisch bemerkenswertes Beispiel für die frühe DDR-Moderne ist die 1959–69 erfolgte Bebauung entlang der Nord- und vor allem Südseite in drei Wohn- und Geschäftsblöcken, die zur bestehenden Altmarktbebauung aufschließen. Die Gestaltung der etwa fünf Jahre jüngeren Bauten hat sich deutlich von der bis zu Stalins Tod (1953) vorherrschenden historisierenden Gestaltung (siehe Altmarkt) ab- und der neuen Sachlichkeit einer internationalen Moderne zugewandt. Insbesondere das achtgeschossige Geschäfts- und Bürohaus Wilsdruffer Str. 3 mit flachem Ziegeldach und Sandsteinverkleidung – von den Architekten Herbert Terpitz, Heinz Mersiowsky, Gerd Dettmar, Wolfgang Hänsch 1958–59 ausgeführt – leitet als östlicher Kopfbau die Magistrale ein und korrespondiert mit dem ehemaligen HO-Warenhaus am Altmarkt. Im Innern der sechsgeschossigen Blöcke mit flach abgewalmten Dächern wurden weite, begrünte Hofräume angelegt. Zwischen den Blöcken verlaufen zwei schmale Gassen (Weiße Gasse und Gewandhausstraße), in denen sich heute das innenstädtische Nachtleben abspielt. In der Weißen Gasse wurde 1969 der **Gänsediebbrunnen** (ursprünglich: Ferdinand-Platz) von 1878–80 aufgestellt, für dessen Entwurf der Dresdner Bildhauer Robert Diez 1878 die Goldmedaille der Münchner »Internationalen Kunstausstellung« erhielt.

Äußere Altstadt

Sakralbau

Die **Annenkirche** (I C5, Annenstraße) ist heute der einzige erhaltene Kirchenbau der äußeren Altstadt. Der Vorgängerbau wurde 1578 als erster Dresdner Kirchenneubau nach Einführung der Reformation geweiht. 1760 wurde dieser Bau durch preußische Freischärler in Brand gesteckt und brannte ab. 1764–69 errichtete Johann Georg Schmidt (1707–1774) den Neubau in einer Verbindung der Raumkonzepte von →Dreikönigskirche und →Frauenkirche. Dabei wurde der ehemalige Hauptaltar der →Kreuzkirche von Hans Walther aus dem Jahr 1573 zum Kanzelaltar umgebaut. 1822–23 ergänzte Gottlob Friedrich Thormeyer (1775–1842) den 57 m hohen, fünfgeschossigen klassizistischen Glockenturm. 1906–09 wurden das Innere und die Südwestfassade nach Plänen von Richard Schleinitz im Jugendstil neu gestaltet, der Innenraum bereits 1939 wieder umgebaut. Infolge der Luftangriffe im Februar 1945 brannte die Annenkirche aus. 1950 stellte man den Innenraum in schlichter Form wieder her. 1992–98 erfolgte die Wiederherstellung des Außenbaus, des Turms und des Geläuts. Eine Sanierung des Inneren, orientiert am Zustand von 1909, ist vorgesehen.

Profanbauten

Das **Art-forum** mit dem **Art-otel** (I C4, Ostra-Allee 33) erstreckt sich als Büro- und Dienstleitungsgebäude mit Gastronomie und Ausstellungshalle seit 1996 auf dreieckigem Grundriss zwischen Max-, Könneritzstraße und Ostra-Allee am Rande der Altstadt östlich des Eisenbahnrings. Das Besondere des architektonisch eher konventionellen Komplexes von Rolf Rave (geb. 1936) sind über 750 originale Kunstwerke des aus Dresden stammenden A. R. Penck sowie die Innenarchitektur des italienischen Designers Denis Santachiara im Hoteltrakt.

Die **ehem. Deutsche-Bank-Filiale** (heute: Dresdner Bank; I D5, Dr.-Külz-Ring 10) überstand als einziges Gebäude der ehemaligen geschlossenen Bebauung an der Waisenhausstraße den Februar 1945 nur beschädigt. Der als Stahlbetonskelett-Konstruktion ausgeführte Bau mit vorgeblendeter Sandsteinfassade war 1905 in neobarocken Formen mit Jugendstilelementen von Schilling & Gräbner errichtet worden. Beim Wiederaufbau 1948 wurde der reiche Dekor auf eine schlichte Putzfassade reduziert und die Fassadengliederung mit kolossalen Wandvorlagen und Rustikasockel auf die westliche Brandwand übertragen. Die Veränderungen wurden bei der Sanierung 1993–95 beibehalten. Im Osten schließt sich seit 2000 das bogenförmige, von Horst Witter errichtete **Haus des Buches** (Dr.-Külz-Ring 12) an, das dieser auf der Nordseite in Gestalt eines schlanken, großflächig verglasten Kreissegments mit einem in den unteren Geschossen vorkragenden Kubus gestaltete.

Ehem. Centrum-Warenhaus / Neue Centrum-Galerie (I D5, Prager Str. 15): Anfang 2007 wurde trotz heftiger öffentlicher Proteste das Centrum-Warenhaus, ein erstklassiges Beispiel der DDR-Moderne an der Prager Straße, abgerissen. 1973–78 war der markante Kubus, dessen drei Obergeschosse mit silbern schimmernden, eloxierten Aluminiumwaben verkleidet waren, als Gemeinschaftsprojekt mit ungarischer Planung (Architekten Ferenc Simon, Ivan Fokvari), deutscher Bauleitung (Werner Wunderwald) und sowjetischer Wabenfertigung errichtet worden. Das zurückgesetzte Erdgeschoss war als Schaufensterfläche gestaltet. Aus feuerpolizeilichen Gründen wurden in die zunächst fensterlos geplanten Fassaden kleine Öffnungen integriert. Entsprechende Kaufhausbauten dieser Zeit mit vorgehängten Fassaden aus Leichtmetallelementen finden sich in Leipzig (2010 abgerissen), Magdeburg und Frankfurt a. M. Fast 30 Jahre prägte der Dresdner Bau das Bild der modernen Prager Straße, ehe er dem im September 2009 fertiggestellten Neubau Peter Kulkas mit 52 000 m^2 Verkaufsfläche, Parkterrassen und integriertem Marktplatz weichen musste. Kulka zitiert im Äußeren den Vorgängerbau, dessen Wabenstruktur er an drei Seiten wieder aufleben ließ. Im Innern errichtete er glasgedeckte Passagen, die die historischen Wegeverbindungen des Quartiers wieder aufgreifen. Die mehrgeschossigen Glasflächen sind mit flächigem Metallornament belegt und wechselnd farbig hinterleuchtet. Der Bau reduziert mit seiner Flucht zur Prager Straße diese gemäß der städtebaulichen Vorgaben wieder auf ihre historische Breite von 18 m.

Der **Hauptbahnhof** (I D6, Am Hauptbahnhof 4) wurde 1893–98 anstelle des alten Böhmischen Bahnhofs von Ernst Giese (1832–1903) und Bernhard Paul Weidner (1843–1899) als Kombination aus Durchgangs- und Kopfbahnhof errichtet. Die mittlere und größte der drei Hallen nimmt die Kopfgleise auf, die höher gelegenen, seitlichen dienen dem Durchgangsverkehr. Die Hallen waren als glasgedeckte Eisenkonstruktion ausgeführt, die an die östliche Empfangshalle anschlossen. Letztere wird von zwei Uhrentürmen flankiert und von einer hohen gläsernen Pendentifkuppel überwölbt, ihr zweigeschossiger Mittelrisalit mit dem Haupteingang von einer monumentalen Sandsteingruppe der Saxonia mit Personifikationen der Wissenschaft und Technik bekrönt. Insgesamt in einer Kombination aus Stilformen der Neorenaissance und des Jugendstils gestaltet, ist der Bau Ausdruck des damaligen Selbstbewusstseins der aufstrebenden sächsischen Hauptstadt. 1945 stark beschädigt und notdürftig wiederaufgebaut, hat 2006–08 Sir Norman Foster den Bahnhof einfühlsam und denkmalgerecht saniert. Dabei hat er den Charakter, das Licht und die Atmosphäre des historischen Bauwerks zu neuem Leben erweckt, ohne die Spuren der Kriegszerstörungen zu tilgen. Vielmehr bereichern die hohen, freigelegten Ziegelwände in den Nebenhallen, die Brandspuren an den Sandsteinbögen die Vielschichtigkeit des Gebäudes und gewinnen sogar an ästhetischer Qualität. Die transluzide, selbstreinigende High-Tech-Folie, die die historischen Eisenkonstruktionen der Hallen überspannt und wunderbar inszeniert, fügt ihrerseits eine gelungene, der Zukunft zugewandte Schicht hinzu. Lediglich der im Nordwesten angefügte Königspavillon mit der ehemaligen königlichen Wartehalle harrt noch der Sanierung und einer neuen Funktion. In den frühen 1990er Jahren diente er als Kino.

Das **Haus der Presse** (I D4, Ostra-Allee 20), das heute der Sächsischen Zeitung als Verlags- und Druckhaus dient, wurde 1958–61 von Wolfgang Hänsch (geb. 1929) und Herbert Löschau als Druckerei- und Verlagskomplex aus 13geschossigem Hoch- und vorgelagerten Flachbauten errichtet. Die im Kern in Stahlskelettmontagebauweise ausgeführte, teilweise mit Keramikplatten verkleidete und mit horizontalen Fensterbändern gegliederte, ansonsten in Sichtbeton ausgeführte Baugruppe markiert den Übergang in der Dresdner Architektur von national orientierter Bautradition zum internationalen Stil. 1966 wurde sie als bestes Dresdner Bauwerk ausgezeichnet. 2003 sanierte Martin Seelinger, der zwischen den Fensterbändern eine neue Verkleidung aus türkisfarbenen Glasplatten mit typographischem Dekor anbrachte, das Gebäude. Diese ästhetische Zutat greift stark in das ursprüngliche Konzept ein und verfremdet den ansonsten interessanten Bau.

Hochschule für Musik »Carl Maria von Weber« (I C4, Wettiner Platz 13): Das ursprünglich von Theodor Friedrich 1884 als konventioneller dreiflügeliger, historistischer Bau konzipierte Wettiner Gymnasium dient seit 1981 als

Sitz der Musikhochschule. Nach einem Wettbewerb 2004 erhielt der 2000 sanierte Altbau 2006–08 einen beeindruckenden, hochmodernen Erweiterungsbau mit Bibliothek, Proben- und Konzertsaal (Wettbewerbssieger und Ausführende: Brenner & Partner), der den ganzen Komplex in ein spannungsreiches Ensemble aus Alt und Neu verwandelte. Die moderne Architektursprache insbesondere des Konzertsaals mit asymmetrisch übereinander geschobenen, großflächigen Wandplatten wird durch die von der Künstlergruppe Lumopol entworfene Lichtinstallation noch gesteigert, bei der die Klangimpulse im Innern per Computer in Farbeffekte der in die Plattenfugen eingelassenen Leuchtdioden übersetzt werden können.

Das Kaufhaus **Karstadt** (I D5, Prager Straße 12) war der erste Bau, der nach der Wende 1993–95 an der nördlichen Prager Straße (Rhode, Kellermann, Wawrowsky & Partner) errichtet wurde. Er steht an der Stelle, an der sich bis 1945 das ›Residenzkaufhaus‹ befand. Der viergeschossige Bau mit dreiseitig umlaufender, zweigeschossiger und arkadenähnlicher Sockelzone wurde über einem unregelmäßig trapezförmigen Grundriss errichtet. Als Blockrandbebauung zur Prager, Waisenhaus- und Ferdinandstraße markiert er dort den historischen Straßenraum. Auf der Ostseite öffnet er sich in baumbepflanzten Terrassen zu den oberen Geschossen.

Der Komplex des **ehemaligen Kraftwerks Mitte** (I C4, Wettiner Platz) zwischen Könneritz- und Ehrlichstraße diente bis 1994 der Stromversorgung der Dresdner Innenstadt. Der geschlossene Gesamtkomplex spiegelt die Entwicklung des Industriebaus vom Ende des 19. Jh.s bis in die 1920er Jahre und stellt für Dresden ein wichtiges Zeugnis seines Aufbruchs zur modernen Großstadt und seiner Industriegeschichte dar: Der älteste Teil der Anlage geht zurück auf das 1895 in neogotischen Formen errichtete »Lichtwerk«; 1900 erfolgte die erste Erweiterung zum Westkraftwerk; Stadtbaurat Paul Wolf baute 1926–27 die heutige Anlage zum Heizkraftwerk um und errichtete wuchtige, gestaffelt angeordnete, mit Backstein und Klinker verkleidete Neubauten in moderner Architektursprache. So glich z. B. die mächtige, 2006 durch die DREWAG abgerissene Kesselhalle mit ihren vier Schornsteinen einem Ozeandampfer (vergleichbare Anlagen in Essen wurden 2001 ins Unesco-Weltkulturerbe aufgenommen oder in London zur Modern Tate Galerie umgebaut); der Abspannturm und das eindrucksvolle Schalthaus an der Stiftstraße sind erhalten. Letzteres zeigt in der Schaltzentrale noch die originale Glasdecke von 1926. 2008 wurde im Dresdner Stadtrat beschlossen, in den verbliebenen Gebäuden die Operette und das Theater »Junge Generation« sowie weitere kulturelle Nutzungen unterzubringen. Allerdings ist bisher keine Umsetzung in Sicht.

Das sogenannte **Stadthaus Theaterstraße** (I D4, Theaterstraße 11–13) wurde 1922–23 von Ludwig Wirth, einem Mitarbeiter des Stadtbaurats Hans Erlwein und seines Nachfolgers Hans Poelzig errichtet. Den Bau des Verwaltungsgebäudes bedingte die Eingemeindung der bis 1922 selbständigen Vorstädte Blasewitz, Loschwitz und Weißer Hirsch, infolge derer Dresden zur viertgrößten Stadt im Deutschen Reich wurde. Die Ausführung Wirths nimmt Bezug auf Poelzigs Entwurf von 1917 mit konvex-konkaven Schwüngen in der Fassade. Wirths sechsgeschossiger Bau zeigt ein wellenartiges Fassadenrelief aus Werkstein mit einer lebhaften Licht-Schatten-Wirkung: Die rhythmische Vertikalgliederung erfolgt durch die Zusammenfassung je zweier Geschosse durch schlanke kolossale Wandvorlagen und dazwischen liegende, konvex eingetiefte Wandflächen und Fenster. Horizontal werden jeweils zwei Geschosse durch ein Gesims abgeschlossen und von den darüber liegenden, leicht zurückspringenden Geschossen getrennt. Die gekrümmte Fassade folgt insgesamt in dynamischem Schwung dem Verlauf der ehemaligen Käufferstraße. Wirth realisierte hier den bedeutendsten Bau Dresdens zwischen Expressionismus und Moderne. 1945 teilweise beschädigt, wurde das Gebäude 1958–61 zunächst im Innern z. T. vereinfacht wiederaufgebaut. Die Innenausstattung mit seinen expressiven Pfeilerkapitellen u. a. ist sehr sehenswert. Bei der 2000 abgeschlossenen Sanierung wurde auch der 1945 ausgebrannte Lichthof originalgetreu wiederhergestellt.

Das **Rundkino** (I D5, Prager Str. 6) entstand 1970–72 als vorletzter Bau (der letzte war das →Centrum-Warenhaus 1973–78) der neu gestalteten →Prager Straße. Der Entwurf von Manfred Fasold und Winfried Sziegoleit setzte den streng rechtwinkligen Kuben der Geschäftszeilen an der Prager Straße eine Rotunde mit 50 m Durchmesser entgegen. Die Ausführung des größten Premierenkinos der DDR (großer Saal: 1018 Plätze) mit einer eleganten Innenausstattung der Deutschen Werkstätten Hellerau übernahmen Waltraud Heischkel, Gerhard Landgraf u. a. Der freistehende, 20 m hohe Solitärbau entfaltet seine ästhetische Wirkung über die ausgeprägten Helldunkel-Kontraste und das spezielle Beleuchtungskonzept bei Nacht: Über der umlaufend verglasten Sockelzone ist ein ornamentales Stabwerk aus Metall angebracht mit ineinander gestellten Quadraten; die eigentlichen Wandflächen darüber werden durch vertikale, weiß emaillierte Metallbänder gegliedert. Das Rundkino wurde mit einer Treppenanlage, Wasserbecken und Springbrunnen zur Prager Straße hin inszeniert und ergänzte die neue Dresdner Einkaufsmeile städtebaulich. Heute ist diese stadträumliche Konzeption in ihren Sichtbeziehungen durch die 1995/96 unmittelbar westlich davon errichtete Wöhrl-Plaza zerschnitten. Die Zukunft des Baus war lange Zeit fraglich, denn nach erheblichen Flutschäden 2002 war der Bau weitgehend ungenutzt. Durch eine private Initiative, die mit zahlreichen Kunstaktionen auf die Qualitäten des Bauwerks hinwies, wurde er 2003 unter Denkmalschutz gestellt und ist seit März 2007 wieder als

3D-Kino und Spielstätte des Dresdner Puppenspieltheaters in Betrieb.

Der **UFA-Kristallpalast** (I D5, St. Petersburger Str. 24a) – 1996–98 vom Wiener Büro Coop-Himmelb(l)au errichtet – ergänzt das städtebauliche Ensemble um die Prager Straße um eine spektakuläre, dekonstruktivistische Gebäudeskulptur, die mit ihrer einzigartigen, an einen monumentalen Kristall erinnernden Architektur bereits zu einer Ikone der modernen Architektur geworden ist. Der Kinokomplex östlich der Prager Straße in unmittelbarer Nähe des →Rundkinos öffnet sich zum nordwestlichen Platz mit seiner asymmetrischen, gläsernen Hauptfassade, hinter der das Foyer, die Treppen- und Liftanlage liegen, während die Kinosäle in dem massiven, in Sichtbeton gestalteten Gebäudeteil der Rückseite untergebracht sind, die der östlich verlaufenden St. Petersburger Straße zugewandt ist. Das Gebäude wurde 1999 mit dem deutschen Architekturpreis ausgezeichnet.

Straßen, Plätze, Brücken

Die **Carolabrücke** (I E4), die Antonstadt und Altstadt verbindet, wurde ursprünglich als vierte der Dresdner Brücken 1892–95 von Hermann Simon Klette (Neubau der Augustusbrücke ab 1907) und Karl Manck in einer Mischkonstruktion aus Stein und Eisenträgerwerk mit nur zwei Strompfeilern ausgeführt. Benannt nach der Gattin des damaligen Königs Albert sind ihre Reiterskulpturen (Nereide, Triton) von Friedrich Ottermann heute am Altstädter Brückenkopf aufgestellt. Die Brücke selbst wurde im Mai 1945 von der SA gesprengt. 1967–71 erfolgte ein völliger Neubau durch Eckart Thürmer, Rolf Berger und Michael Franke. Diese heutige Brücke galt zu ihrer Zeit als modernste und eleganteste der DDR. Als damals längste Spannbetonkonstruktion der DDR mit einer Weite von 120 m über dem

Strom und einer Gesamtlänge von 375 m führt sie mit zwei leicht geschwungenen, voneinander unabhängigen, zweibahnigen Spuren über die Elbe. Gestützt von nur einem schlanken Flusspfeiler überzeugen noch heute Leichtigkeit, Eleganz und auch die originale Beleuchtungskonzeption des Baus.

Marienbrücken: Die erste Marienbrücke wurde 1850–52 von Karl Theodor Kunz Johann und Wasserbaudirektor Gottlieb Lohse als kombinierte Brücke für Straßen- und Bahnverkehr errichtet. Mit einer Länge von 433 m und 13 Pfeilern ist sie heute die älteste original erhaltene Brücke Dresdens. 1898–1901 ergänzte man die zweite Marienbrücke 50 m flussabwärts mit 461 m Länge in einer Stahlgitterkonstruktion als reine Eisenbahnbrücke. Die Schäden infolge der Luftangriffe im Februar hielten sich an beiden Brücken in Grenzen und wurden nach 1945 beseitigt.

Die **Prager Straße** (I D5–6, 1963–70) war seit 1851 die wichtigste Geschäftsstraße Dresdens. Sie verband den Böhmischen Bahnhof (später Hauptbahnhof) mit der Altstadt. Hier befanden sich die großen Warenhäuser, Hotels und Bankgebäude. Nach ihrer Zerstörung in den Bombardements des Februar 1945 entschloss man sich, den gesamten Bereich – darunter auch durchaus wieder herstellbare Gebäude – abzuräumen und den alten Straßenverlauf erheblich zu verbreitern. Die Vision des locker bebauten und verkehrsgerechten Stadtzentrums wurde durch einen nationalen Wettbewerb mit 38 teilnehmenden Architekten bzw. Kollektiven vorbereitet. Zur Ausführung kam ein Konzept (Kurt W. Leucht, Peter Sniegon, Kurt Röthig, Hans Konrad u. a.), das sich stark an dem Vorbild der Rotterdamer »Lijnbaan« (Bakema & van den Broek; 1952–54) und damit an der neuen »internationalen Moderne« orientierte. Die 1963–70 als Fußgängerzone ausgeführte neue Prager Straße stellt eines der bedeutendsten städtebaulichen Ensembles der deutschen Nachkriegszeit dar – mit großzügigen Ladenflächen und Restaurants, Hotels und Wohnungen sowie einer ungemein qualitätvollen Grün- und Freiraumgestaltung (Joseph Pietsch und Siegmar Kaßberg) mit ornamentalem Pflaster, aufwendigen Brunnenanlagen (Leonie Wirth, Karl Bergemann), Skulpturen und Lichtdesign.

Nordwestlich und nordöstlich des Wiener Platzes am Hauptbahnhof sind zunächst je zwei Punkthochhäuser (je 240 Wohneinheiten) angeordnet. Der 1968–70 nach Plänen von C. Kayser, H. Klötze und B. Tellmann gegenüber errichtete 14geschossige Hotelbau »**Interhotel Newa**« nordöstlich des Platzes – an der Stelle des ehemaligen Nobelhotels »Europäischer Hof« – bildet den eigentlichen Auftakt zur platzartig aufgeweiteten Nordsüdachse, die im Osten durch die 240 m lange, zwölfgeschossige **Wohnzeile** (»Wohnmaschine«, M. Arlt) flankiert und zur St. Petersburger Straße abgeriegelt wird. Vor diesem waren flache pavillonartige, durch Pergolen verbundene Geschäftsbauten errichtet, die inzwischen modernen Bauten weichen mussten, z. B. das Restaurant »International« (1995 abgerissen). Auf der gegenüberliegenden Westseite befindet sich ein Hotelkomplex aus drei, durch Laubengänge und Flachbauten verbundenen Hotelbauten (heute: Ibis Hotel): Bastei, Lilienstein, Königsstein. 1967–72 wurde der dazwischen liegende, großzügige Fußgängerbereich mit Wasserbecken – z. B. mit der legendären **Brunnenanlage der *Pusteblumen*** von Leonie Wirth (2004 teilweise abgebaut, 2009 auf dem Albert-Wolf-Platz wieder aufgestellt) gestaltet. Als weitere Bauten aus dem nicht vollendeten Gesamtentwurf wurden 1970–72 das →Rundkino und weiter nördlich 1973–78 das →Centrumwarenhaus errichtet.

Das Ensemble musste allerdings nach 1990 im Zuge der einsetzenden Sanierung erhebliche Eingriffe hinnehmen. Die Pavillonbauten wurden abgerissen bzw. stark überformt, die Pergolen mit Leuchtbändern versehen, das Centrumwarenhaus 2007 abgerissen. Insbesondere die differenzierte Freiraumgestaltung wurde 2004 stark vereinfacht, als man die Schäden der Flut von 2002 behob. Ursprünglich als Räume des Verweilens u. a. mit Wasserspielen, Grünflächen und Beeten als Gegenpool zur dominanten Nordsüdausrichtung angelegt, steigert die neue, streng geometrische Freiraumkonzeption (Siegbert Langner von Hertzfeldt) diese nun. Nur wenige der ursprünglichen Elemente wurden erhalten (z. B. die Metallskulptur *Völkerfreundschaft* von 1986, einige der o. g. »Pusteblumen«). Die Beet- und Gartenanlagen sowie die Pflasterung sind inzwischen leider verschwunden.

Der **Wiener Platz** (I D6) an der Nordseite des Hauptbahnhofs war seit Errichtung des Böhmischen Bahnhofs 1851 ein wichtiger Verkehrsknotenpunkt und bildete das Entree zur Stadt. Hier trafen Prager, Wiener, St. Petersburger Straße und Ammonstraße zusammen. Nach den Zerstörungen der alliierten Luftangriffe im Februar 1945 wurde der Platz geräumt und nicht wieder bebaut. In den 1990er Jahren eine der größten Baustellen Europas, ist er auch heute noch nur zum Teil bebaut. Die Straßenbahnhaltestelle wurde entlang der 230 m langen Nordseite des Hauptbahnhofes installiert. Darunter kreuzt die B 170 in Ostwestrichtung in einem großzügigen Tunnelprojekt mit Tiefgarage und Geschäften, so dass der Platz heute als Fußgängerbereich mit Wasserbecken und Baumpflanzungen Aufenthaltsqualitäten gewonnen hat (Gestaltung: Heinle, Wischer & Partner; Hatzfeldt). An der Nordwestseite entlang der historischen Platzkante wurde 2005 das sog. **»Neue Kugelhaus«** (Hatzfeldt, wmb-Architekten) als moderne Reminiszenz an das zerstörte Original errichtet. Der gläserne, kugelförmige Bau bildet das (Erschließungs-)Zentrum eines dreiteiligen, dreigeschossigen Geschäftskomplexes, das von zwei flankierenden, viergeschossigen Glasquadern quasi eingeschlossen wird. (Das historische, freistehende →Kugelhaus von 1928 auf dem ehemaligen Ausstellungsgelände am Großen Garten war

1936 unter den Nationalsozialisten als »undeutsch« abgerissen worden.) Nach Westen wurden hier bis 2007 drei weitere Würfelbauten ergänzt. Entlang der Ostseite bildet seit 2006 das 130 m lange, fünfgeschossige **Oelschlägerhaus** (Prager Str. 2) in Gestalt eines gläsernen »Tortenstücks« mit abgerundeter Spitze den Auftakt zur Prager Straße. Der große Bereich auf der Westseite harrt nach wie vor seiner Entwicklung.

Der etwas großspurig **World Trade Centre** (I C5, Freiberger Straße; Netz, Prasch, Sigl & Partner) genannte Büro- und Geschäftshauskomplex wurde 1994–96 am östlichen Rand der äußeren Altstadt errichtet. Er besteht aus einem 16geschossigen Glastower mit achtgeschossigem, rechteckigem Anbau auf zweigeschossigem Sockelbereich, der eine mit einem segmentbogigen Glasdach bedeckte Plaza umschließt. Darin befinden sich heute die Dresdner Stadtbibliothek, Restaurants, Supermärkte, ein Boulevardtheater sowie zahlreiche Büroräume.

Südvorstadt

In der Südvorstadt existiert mit dem Zelleschen Weg einer der ältesten Wirtschaftswege des Dresdner Südens, der nach dem Kloster Altzella in Nossen benannt und von den Mönchen bis zur Reformation für Fahrten zwischen dem Kloster und seinem Leubnitzer Gut genutzt wurde. Doch die Urbanisierung der Südvorstadt erfolgte erst in der zweiten Hälfte des 19. Jh.s. Südwestlich des 1848–52 errichteten Böhmischen Bahnhofs – später zum →Hauptbahnhof umgebaut – entwickelte sich zunächst das sogenannte Schweizer Viertel mit noblen Villen in offener Bebauung, die nach dem Vorbild der →Villa Rosa besonders in der Tradition der Semper-Nicolai-Schule errichtet wurden. Südöstlich des Bahnhofs bis zur Reichenbachstraße erfolgte eine urbane, geschlossene Blockrandbebauung. An der alten Reichsstraße (heute Fritz-Löffler-Straße) wurde 1875 das neue Polytechnikum (1945 zerstört) errichtet, was zur Entwicklung der Südvorstadt als Dresdner Hochschulstandort führte. Im Amerikanischen Viertel südöstlich des Hauptbahnhofs siedelten sich viele Ausländer an. Aufgrund des starken Bevölkerungszustroms wurden Kirchen für die Angehörigen verschiedener Konfessionen errichtet: 1872 die →Russisch-orthodoxe Kirche, 1883 die Amerikanische Kirche (1945 zerstört; 1959 gesprengt) am Reichsplatz sowie ab 1889 die →Lukaskirche noch auf der grünen Wiese. Vom den Bombardements im Februar 1945 waren insbesondere das Schweizer und das amerikanische Viertel stark betroffen.

Sakralbauten

Die **Lukaskirche** (IV D7, Lukasplatz) ist eine der Kirchen, die gegen Ende des 19. Jh.s in den neuen Dresdner Stadtteilen errichtet wurden, denn die Gemeinde der evangelischen Hauptpfarre, der →Kreuzkirche, war durch die Eingemeindungen und Industrialisierung stark angewachsen. Die Lukasgemeinde wurde 1889 selbständig und wuchs bis 1939 auf 25000 Mitglieder an. 1899–1903 erbaute man die Kirche und das zugehörige Gemeindehaus noch auf freiem Feld, nach den Plänen des Leipziger Architekten Georg Weidenbach (1853–1928) im Stil der Neorenaissance mit einem 83 m hohen, von niedrigeren Treppentürmchen flankierten Turm. Der annähernde Zentralbau auf kreuzförmigem Grundriss, der im Innern im Jugendstil ausgestaltet war, bot rund 1500 Gläubigen Platz. Nach erheblichen Schäden am Turm und Altar durch die Bombardierung vom Februar 1945 konnte die Kirche zunächst nicht genutzt werden. Sie wurde 1964–72 zu einem Tonstudio umgebaut und so zu einem renommierten Dresdner Konzertort. Seit dieser Zeit werden dort auch wieder Gottesdienste gefeiert. Eine Rekonstruktion des Turms wird derzeit durch einen Förderverein vorbereitet.

Die **Russisch-orthodoxe Kirche** (IV D7, Fritz-Löffler-Straße 19) ist eines der markantesten und reizvollsten Bauwerke der Südvorstadt. Auf einer Anhöhe östlich der Straße errichtet, überragt sie – glücklicherweise überstand sie den Krieg relativ unbeschadet – noch heute ihre Umgebung, trotz der etwas östlich davon errichteten Plattenbauten. Der nach der Mitte des 19. Jh.s wachsenden, russischen Gemeinde, die sich vornehmlich in der Südvorstadt ansiedelte, gehörten zeitweilig Nikolaj Gogol, Ivan Turgenev, Fedor Dostojewskij (1869–71), Michail Bakunin sowie Sergej Rachmaninow an. Der Kirchenbau wurde aus Spenden finanziert, an denen sich auch der russische Zar beteiligte: Das Grundstück stellte der aus Petersburg

Russisch-orthodoxe Kirche in der Südvorstadt (1872–74)

stammende Rentier Alexander Wollner zur Verfügung, die Mittel für den als Stiftung 1872–74 errichteten Bau stammten zum Großteil vom russischen Staatsrat Semen Wikulin. Zum Dank wurde die Kirche 1874 nach dessen Namenspatron, dem hl. Simeon, geweiht. Den unentgeltlichen Entwurf lieferte der Petersburger Hofarchitekt Harald Julius von Bosse (1812–1894), die Bauleitung hatte der Dresdner Baumeister Karl Robert Weißbach (1841–1905).

Die Kirche ist als traditionelle Kreuzkuppelkirche mit oktogonalem, offenem Glockenturm über der Vorhalle mit Freitreppe zur Fritz-Löffler-Straße errichtet. Der nach dem Vorbild Moskauer Kirchen des 17. Jh.s gegliederte Ziegelbau wurde außen mit Cottaer Sandstein verblendet. Fünf blaue Zwiebelkuppeln bekrönen den Hauptbau, eine kleine goldene Kuppel schließt das hohe Faltdach des Turms. Der Innenraum zeigt das für die orthodoxe Liturgie typische Raumschema und Dekorationsprogramm, die dreitürige Ikonostase aus weißem Marmor trennt Altarraum, Protesis und Diakonikon vom eigentlichen Kirchenraum der Gläubigen, der üblicherweise ohne Gestühl ist, ab. Die Ikonen der Bilderwand wurden nach 1870 von James Marshall angefertigt. Die Schäden durch die Bombardierungen vom Februar 1945 wurden 1948–52 repariert, dabei wurde die ursprüngliche Fassung der Innenausstattung beibehalten, so dass sich der stimmungsvolle Kirchenraum heute noch authentisch präsentiert.

Profanbauten

HTW-Bibliothek (IV D7, Friedrich-List-Platz 1): Der 2006 errichtete Neubau (Reimar Herbst, Angelika Kunkel) für die 1992 gegründete Hochschule für Technik und Wirtschaft komplettiert das stadträumlich gelungene, orthogonale Ensemble aus Hörsaalgebäude und Erweiterungsneubau. Es entstand ein zentraler, geschlossener, zum Teil begrünter Campus für die zweitgrößte Hochschule Dresdens. Architektonisch verweisen die sandgestrahlten Betonfassaden mit ihren schlanken, stehenden Fenstern, die Buchrücken in Regalen gleichen, auf die Funktion des transparenten Baus, der um das zentrale, nach oben offene Atrium konzipiert ist. Das Eingangfoyer erhält so von drei Seiten Tageslicht, im darüber liegenden, zweigeschossigen, hellen Lesesaal herrscht eine freundliche, einladende Arbeitsatmosphäre. Der Bau wurde 2007 mit dem deutschen Architekturpreis BDA Sachsen ausgezeichnet.

Die **Lingner Villa** (IV D7, Leubnitzer Str. 30) wurde um 1900 von Wilhelm Kreis (1873–1955) für den Unternehmer Karl August Lingner umgebaut, durch einen Anbau erweitert und neu ausgestattet. Kreis errichtete später auch das →Hygiene-Museum für Lingner (vgl. auch →Villa Stockhausen). Es ist eine der wenigen Villen im Schweizer Viertel, die 1945 unbeschadet überstanden; sie wurde nach dem Krieg als Stadtbüro des Flughafens Klotzsche genutzt. Derzeit ist sie Sitz der Dresdner Filiale der Deutschen Osteuropa Gesellschaft und des 2002 gegründeten Dresdner Osteuropa Instituts.

Die 2001–03 errichtete **Wohnanlage »Lukas Areal«** (IV D7, Reichenbachstraße/Andreas-Schubert-Straße) stellt ein gelungenes Modell für modernes innerstädtisches und familiengerechtes Wohnen in der Südvorstadt dar (Thomas Müller und Ivan Reimann). Die um einen zentralen Platz angeordnete Siedlung umfasst 39 Einfamilien-Reihenhäuser (Schubert-, Schnorr-, Uhlandstraße) in sieben Einheiten sowie ein Wohn- und Geschäftshaus entlang der Reichenbachstraße. Die viergeschossigen Reihenhäuser besitzen einen im Vergleich zum Straßenniveau erhöhten Garten und eine Dachterrasse. Das Geschäftshaus besteht aus vier Würfeln auf einem durchlaufenden, verglasten Sockel mit Ladeneinheiten. Die darüber liegenden Wohnungen sind durch Brücken untereinander verbunden. Die starke Begrünung der privaten und gemeinschaftlichen Freiflächen, die Fassadengestaltung mit weißen Putzoberflächen und klaren Holzschiebeläden vor den Fenstern und Türen und eine gewisse Abgrenzung zur Straße durch sparsam durchfensterte Mauern im Parterre schaffen eine freundliche, helle, zugleich aber auch private Atmosphäre.

Sächsische Landes- und Universitätsbibliothek SLUB (IV E8, Zellescher Weg 18): 1999–2003 wurde ein strenger, konzentrierter Neubau (Ortner & Ortner) für die Zusammenlegung von Landesbibliothek (vormals →Albertstadt) und Universitätsbibliothek geschaffen. Auf dem Gelände eines ehemaligen Sportplatzes wurden zwei gegenüberliegende, fünfgeschossige Kuben errichtet, in denen Magazine, Cafeteria, Buchmuseum (→Museen) und Verwaltungsräume untergebracht sind. Ihre Fassaden mit schmalen, unregelmäßigen Fensterschlitzen und unterschiedlich schmal gestalteter Oberfläche der Natursteinverkleidung erinnern entfernt an Buchrücken oder Strichcodes. Das eigentliche Innenleben der Bibliothek entwickelt sich nicht in der Höhe sondern unterirdisch in der Tiefe. In das begrünte, parkähnliche Freigelände zwischen den Hochbauten wurden die Oberlichter für den großen zentralen und die übrigen Lesesäle eingelassen. Die Freihand- und Arbeitsbereiche für die Nutzer liegen ebenfalls unterirdisch und werden überwiegend künstlich beleuchtet. Der Zugang erfolgt über das auf der Nordseite im Untergeschoss des nördlichen Kubus untergebrachte Eingangsfoyer, das durch einen Erdwall von der Straße abgeschirmt wird. Das Innere ist mit poliertem Sichtbeton und warmen, rotbraunen Kunstholzoberflächen gestaltet.

Georg-Schumann-Bau und die **Gedenkstätte am Münchner Platz** (IV C8, Münchner Platz 3): Der trutzige, monumentale, an der Dresdner Reformbaukunst orientierte Komplex wurde 1902–07 als Königlich-Sächsisches Landgericht von Oskar Kramer (1871–1946) errichtet. Während des Nationalsozialismus, der sowjetischen

Besatzung und noch bis 1956 diente der Komplex als Gericht, Gefängnis und Hinrichtungsstätte. Im Hof wurden etwa 1300 vor allem politische Häftlinge hingerichtet (u. a. die kommunistischen Politiker Georg Schumann, Otto Engert). Die Todeszellen und der Hof mit der Guillotine sind seit 1999 Teil der Gedenkstätte am Münchner Platz für die Opfer des Nationalsozialismus und des Stalinismus. Im Flügel zum Münchner Platz ist eine Dauerausstellung in Vorbereitung. Zu diesem Komplex gehört der viergeschossige Gefängnisbau (heute: **Hülsebau**, Helmholtzstr. 10), dessen vier Zellentrakte kreuzförmig von dem zentralen, offenen Treppenhaus abgehen. Die Gebäude wurden 1957 der TU übergeben und umgestaltet.

Technische Universität (TU): Die heutige TU nahm ihren Ursprung in der 1828 im Brühlschen Gartensaal (→ Brühlsche Terrasse) gegründeten Technischen Bildungsanstalt. Zwischenzeitlich am Antonsplatz (1846–68) untergebracht, erhielt das damalige Polytechnikum (ab 1890 Technische Hochschule [TH]) 1875 einen großzügigen Neubau (für rund 500 Studenten) am unlängst angelegten Bismarckplatz in direkter Nachbarschaft zum Schweitzer Viertel. Damals wurde die Abteilung für Hochbau begründet, an der u. a. Karl Weißbach, Ernst Giese, Fritz Schumacher, German Bestelmeyer und Martin Dülfer lehrten, die etliche der Universitätsbauten errichteten. Das Hauptgebäude wurde 1945 zerstört und nicht wieder aufgebaut. Stattdessen entwickelte sich der heutige Campus etwa 1 km weiter südlich bei Räcknitz zwischen George-Bähr-Straße, Berg- und Mommsenstraße. Hier wurden bereits seit etwa 1900, als die Studentenzahl die 1000 überschritten hatte, zahlreiche großzügige Erweiterungsgebäude errichtet. Insbesondere der Architekturprofessor der TH Karl Weißbach und sein Nachfolger, der zuvor in München tätige Architekt Martin Dülfer, entwickelten für das neue, etwa 12 ha große Areal ein umfassendes architektonisches Konzept (1906–10), das durch den Ersten Weltkrieg und die folgende Wirtschaftkrise nur zum Teil umgesetzt werden konnte. In den 1950er Jahren wurden zahlreiche Studentenwohnheime (z. B. Reichenbachstraße) und Hochschulgebäude (z. B. die Ingenieursschule für Verkehrstechnik am Strehlener Platz von Richard Paulick und Friedrich W. Wurm) im traditionellen Stil des sozialistischen Klassizismus hinzugefügt. Seit 1961 im Rang einer Universität, gibt es heute bei rund 35 000 Studenten noch weitere Standorte, insbesondere entlang des Zelleschen Wegs, der August-Bebel-Straße oder in der Johannstadt (Leichtbau-Innovationszentrum, Carl-Carus-Universitätsklinikum).

1925 wurde die **Alte Mensa** (IV D8, Mommsenstr. 13) als erste Mensa in Deutschland eröffnet. Das damalige Studentenhaus hatte eine Kapazität von täglich 1200 Mittagessen. Mehrfach erweitert, das Eingangsgebäude 1950/53 von K. W. Ochs errichtet – erfolgte 1959 der Umbau zur jetzigen Größe. 2004–07 wurde der Bau behutsam saniert. Die heutige Kapazität beträgt an Spitzentagen mehr als 6000 Essen. Der lichte und helle Charakter der Fünfzigerjahre-Architektur insbesondere im studentischen Café – der sogenannten Zebradiele – hat sich bewahrt. Im Zuge des Umbaus wurde das zentrale Atrium mit einem 470 m² großen Glasdach überdeckt und dient nun der Essensausgabe. Das neue Dach, dessen Flächen und Tragelemente aus UV-Schutzglas bestehen, wurde 2009 mit dem 2. »Innovationspreis Architektur und Glas« ausgezeichnet.

Der **Beyerbau** (IV D8, George-Bähr-Straße 1) am heutigen Försterplatz wurde 1913 als hochmoderner Bau von Martin Dülfer für die Abteilungen Bauingenieurwesen, Geodäsie und geodätischen Astronomie fertiggestellt. Erstere war aus der Ingenieursakademie von 1742 hervorgegangen und ist die älteste der Dresdner Fakultäten. In dem 40 m hohen Turm, dessen Obergeschosse in Sichtbeton ausgeführt sind, ist das Lohrmann-Observatorium untergebracht. Dülfer – wie bereits Karl Weißbach – nahm die damals aktuelle Tendenz des Bauens mit Ziegelmauerwerk auf, bei dem die ästhetischen, strukturierenden Möglichkeiten des Materials ausgelotet wurden (→Fritz-Förster-Bau, →Kraftwerk Mitte). Der Bau mit seiner einerseits funktionalen, materialgerechten, andererseits noch ornamentalen Gestaltung ist ein Beispiel für die sich damals in Dresden entwickelnde Reformbaukunst.

Der **Fritz-Förster-Bau** (IV D8, Mommsenstr. 6) wurde 1917–26 von Martin Dülfer (1859–1942) für die Fakultät Chemie auf U-förmigem Grundriss errichtet. Dülfer kombinierte hier moderne Stahlbetonbauweise mit traditioneller, handwerklich verarbeiteter Ziegel- und Natursteinverkleidung. Der Hauptbau zur Mommsenstraße mit seinem vertikal gegliederten Giebel und den niedrigeren Seitenflügeln mag formal vom →Hellerauer Festspielhaus Heinrich Tessenows inspiriert sein. Je ein Flügel war für die Organische und die Anorganische Chemie bestimmt. Beide Teilwissenschaften trafen sich im Kopfbau, in dem Haupteingang, Halle und großer Hörsaal untergebracht sind. Die Gesamtanlage, insbesondere die differenzierte Gestaltung der Außenanlagen (Brücken, Treppen, Pflasterungen, Pflanzungen) und die großzügige, aber zugleich intime Hofsituation erinnern atmosphärisch an angelsächsische College-Architektur. Noch ist die außerordentlich qualitätsvolle, originale Innenausstattung der Bauzeit mit keramischen Wandbrunnen, Fliesen, bleiverglasten Fenstern, Türen, Lampen erhalten. Bei der derzeit durchgeführten Sanierung zur weiteren Nutzung durch die Architekturfakultät steht zu befürchten, dass all diese Elemente und das historische Raumschema einem überholten amerikanischen Hochschulkonzept der 1970er Jahre geopfert werden, bei dem Großraumbüros und anonyme Arbeitsbereiche vorherrschten. Dies würde für den denkmalgeschützten Försterbau eine weitreichende Entkernung bedeuten.

Der Große Garten

Das Gebiet der Pirnaischen Vorstadt liegt südöstlich der Dresdner Altstadt und war von dieser seit dem ausgehenden 16. Jh. bis 1813 durch eine starke Festungsanlage getrennt. Bis 1736 war das unmittelbar vor der Festung liegende Glacis zur Sicherung des freien Schussfelds von jeder Bebauung freizuhalten. Die Pirnaische Vorstadt und der kurfürstliche Große Garten wurden in einem Abstand von etwa 400 Schritt errichtet. Seit dem ausgehenden 17. Jh. entstanden hier verschiedene Parkanlagen: 1682 der Kleine Lustgarten (der spätere →Blüherpark), ab 1676 der →Große Garten mit dem →Palais; bereits seit dem Mittelalter diente die sog. →Bürgerwiese als öffentliche Weidefläche; 1893 wurde hier auch der →Botanische Garten eröffnet. 1859 lieferte Joseph Peter Lenné den Entwurf für die Umgestaltung der Bürgerwiese und den →Zoologischen Garten. Ab 1872 entwickelte sich in dessen direkter Nachbarschaft das noble Villenviertel an der Tiergartenstraße. Nach der Aufhebung des Bauverbots siedelte man nordwestlich des Großen Gartens am Stübelplatz (jetzt Straßburger Platz) das Ausstellungsgelände mit zahlreichen temporären Gebäuden an, darunter auch 1928 im Rahmen der 7. Dresdner Jahresschau »Die technische Stadt« das legendäre Kugelhaus von Peter Birkenholz. Damals entstanden das →Hygienemuseum zwischen Großem Garten und Altstadt, das →Rudolf-Harbig-Stadion sowie 1926 das von Geheimrat Georg Arnold gestiftete Arnoldbad. Unmittelbar nach der Machtergreifung der Nationalsozialisten begann man mit der Planung eines gigantischen Gauforums zwischen Altstadt und Großem Garten, dessen Architekt Wilhelm Kreis von Hitler persönlich eingesetzt war. Glücklicherweise wurde es nicht ausgeführt. Bereits 1933 wurden allerdings im Vorfeld die temporären Messebauten sowie

1936 auch das Kugelhaus als »undeutsches« Bauwerk abgerissen. Die Luftangriffe im Februar 1945 verwüsteten das Gebiet, dem Feuersturm entkamen auch der Große Garten und das dortige Palais nicht. Nach dem Zweiten Weltkrieg wurden zunächst nur das Stadion und das Hygienemuseum instandgesetzt.

Grünanlagen

Die Reste des **Blüherparks** (I, IV E6) erstrecken sich zwischen →Hygienemuseum und →Bürgerwiese. An dieser Stelle befand sich seit 1682 der »Kleine Lustgarten«. 1764 erwarb Johann Georg Chevalier de Saxe, illegitimer Sohn Augusts des Starken, das Gelände und ließ durch Friedrich August Krubsacius (1718–1789) bis 1770 ein Palais und eine französische Parkanlage errichten. 1781 wurde diese Anlage als erste in Dresden im englischen Stil umgestaltet. Der nördliche Teil des Geländes wurde 1888 zur Anlage der Johann-Georgen-Allee abgeteilt (heute St. Petersburger Straße), der südöstliche Teil 1927 zur Errichtung des Hygienemuseums aufgegeben. Bei den Luftangriffen 1945 wurden Palais und Kleinbauten zerstört. Von den ursprünglichen Sandsteinskulpturen des 18. Jh.s haben sich u. a. *Herkules und Megara* im Heilpflanzengarten des Hygienemuseums sowie einige großformatige Henkelvasen im →Großen Garten erhalten.

Der **Botanische Garten** (IV F5, Stübelallee 2) war ursprünglich 1815–20 an der Rückseite des Kurländer Palais (→Altstadt) vom dortigen Königlichen Chirurgischen Institut angelegt worden und hatte sich in wenigen Jahren zu einer bedeutenden Einrichtung entwickelt. Seit 1879 gehörte er zum Botanischen Institut des damaligen Polytechnicums, 1890–93 wurde er an seinen heutigen Standort an die Nordwestseite des Großen Gartens verlegt und als erster Botanischer Garten Mitteleuropas vorwiegend nach pflanzengeographischen Gesichtspunkten gegliedert. Damals umfasste er etwa 5750 Arten, davon etwa 850 Gehölze. Bei den Luftangriffen 1945 verwüsteten 18 Sprengbomben das kleine, nur etwa 3,25 ha große Gelände mit Botanischem Institut, Palmenhaus und übrigen Gewächshäusern. Der heutige Baubestand geht auf die Nachkriegsjahre zurück. Seit 1949 gehört er zur Technischen Hochschule (→Technische Universität Dresden). Heute beherbergen das Freigelände und drei Schaugewächshäuser mit Flora tropischer und subtropischer Klimazonen etwa 10 000 Pflanzenarten aus allen Regionen der Erde.

Die **Bürgerwiese** (I, IV E6, zwischen Lenné- und St. Petersburger Str.) erstreckte sich ursprünglich entlang der Ufer des Kaitzbaches, der u. a. die Gräben der Stadtbefestigung bewässerte. Sie wurde seit dem späten 14. Jh. als öffentliche Viehweide genutzt und trägt ihren Namen seit der Mitte des 15. Jh.s. Sie war durch die Stadtmauer in eine innere und eine äußere Bürgerwiese geteilt. Nach der Entfestigung ab 1813 wurde das Gelände in eine öffentliche Parkanlage umgewandelt. Zunächst wurde 1843–50 nach den Plänen des Hofgärtners Karl Adolf Terschek (1782–1869) eine erste Anlage im Bereich der Inneren Bürgerwiese im Stile des Biedermeiers errichtet mit geschwungenen Wegen und von Gehölzen umstandenen Rasenflächen. 1859 zog man den preußischen Gartenbaudirektor Peter Joseph Lenné (1789–1866) hinzu, der eine Gesamtkonzeption für einen Park und einen →Zoologischen Garten bis zum Großen Garten mit detaillierten Bepflanzungs- und Höhenangaben entwarf, die durch den »Promenadengärtner« Friedrich Gröpke in den folgenden Jahren umgesetzt wurde. 1865 wurde der Kaitzbach verlegt und ein Teich angelegt. Die langgestrecke Parkanlage im englischen Stil stellt die Verbindung zwischen Großem Garten, Zoologischem Garten und der Innenstadt dar. Die Bürgerwiese zeigt eine reiche Skulpturenausstattung: vier Skulpturen antiker Helden von Thaddäus Ignatius Wisgotschill von 1785 und eine Sandsteinvase aus dem Marcolini-Palais (→Friedrichstadt); ein Mozartdenkmal von Hermann Hosaeus (1907, 1945 zerstört, 1991 neu errichtet); den Nymphenbrunnen von Bruno Fischer und Wilhelm Kreis (1908); die Bronzegruppe *Zwei Mütter* von Heinrich Epler (1902).

Der **Große Garten** (I, IV F–H 6) ist bis heute Dresdens bedeutendste innerstädtische Parkanlage (149 ha). Ausgangspunkt zu seiner Anlage mit zunächst quadratischem Grundriss ab 1676 war die Errichtung des →Palais im Großen Garten durch Landbaumeister Johann Georg Starcke im Auftrage des zukünftigen Kurfürsten Johann Georg III. Nach der Fertigstellung des Palais 1683 erfolgte die längsrechteckige Erweiterung der barocken Parkanlage in streng geometrischem, formal französischem Stil durch Obergärtner Johann Friedrich Karcher (1650–1726) mit Maillebahn (Herkulesallee) und Coursallee (Südallee). 1715 wurde der Teich des Palais angelegt, 1718 die Torhäuser errichtet und die Fasanerie (bis 1813) hierher verlegt. 1722 wurden die in Venedig von Antonio Corradini angefertigten monumentalen Marmorvasen aufgestellt. 1729–47 stellte man die aus der Sammlung Chigi in Rom erworbenen antiken Marmorstatuen im Park aus (ab 1786 im Japanischen Palais). Trotz starker Zerstörungen 1760 während des Siebenjährigen Krieges, 1813 in den Napoleonischen Kriegen und insbesondere am Ende des Zweiten Weltkriegs hat der Große Garten viel von seinem ursprünglichen Charakter bewahrt: die aus der Stadt nach Südosten führende Hauptachse (heute Lingner Allee) und die rechtwinklig dazu verlaufende Querachse unterteilen die 1900 × 900 m große Gesamtfläche symmetrisch in vier Hauptzonen. Im Schnittpunkt der Achsen im Zentrum liegt das ursprünglich von acht Pavillons (1693–94) eingefasste Palais, das im Nordwesten durch Schmuck- und Rasenparterres und im Südosten durch ein großes rechteckiges Wasserbecken (1715) inszeniert wird. Ursprünglich wurde ein innerer Bereich um das Palais durch einen quadratisch verlaufenden Kanal abgeteilt, den man zu Teilen im Plan noch erkennen kann. Seit 1813 ist der Park öffentlich zugänglich. 1814 begann die gemäßigte Umgestaltung im Stile englischer Landschaftsparks. Seit damals flankieren zwei klassizistische Torhäuser den Zugang im Nordwesten der Lingner Allee (1945 zerstört; Ruinen 1969 abgerissen; 1998–2000 rekonstruiert).

Ab 1873 erfolgten Umgestaltung und eine zweite Erweiterung nach Südosten unter Carl Friedrich Bouché, bei der die barocke Anlage des inneren Großen Gartens erhalten und zahlreiche exotische Gehölze angepflanzt wurden. 1882–86 wurde der vom Kaitzbach gespeiste Carolasee angelegt, 1895 das Ausflugslokal »Carolaschlösschen« errichtet – beides benannt nach der damaligen sächsischen Königin. In den 1890er Jahren wurde der Große Garten nach Südosten in Richtung Gruna erweitert. Im Nordwestlichen Geviert befindet sich der Mosaikbrunnen, den Hans Poelzig, 1916–20 Dresdner Stadtbaurat, gemeinsam mit seiner Frau Marlene anlässlich der letzten Dresdner Internationalen Kunstausstellung 1926 gestaltete.

Bei den Luftangriffen im Februar 1945 wurden der Große Garten und seine Bauwerke erheblich zerstört. Im Feuersturm kamen hier viele Dresdner um, die im Park Zuflucht gesucht hatten. Der Großteil der Gehölze verbrannte, einige Bäume erholten sich und tragen noch heute die Spuren des Feuers. Nach dem Ende des Krieges wurden sechs der acht Kavaliershäuschen wieder errichtet. 1950 wurde der Park der Öffentlichkeit wieder zur Verfügung gestellt und um zahlreiche Elemente eines Volksparks ergänzt: seit 1950 fährt sommers die von Kindern betriebene Parkeisenbahn; 1954–57 wurde die Freilichtbühne »Junge Garde« im südöstlichen Teil des Parks errichtet, 1955 folgte das Puppentheater »Sonnenhäusl«.

Zu den bedeutendsten Werken der zum Teil erhaltenen Skulpturenausstattung zählen u. a. vier der ursprünglich zwölf Herkulesgruppen von Balthasar Permoser bzw. seiner Werkstatt (1690–95) entlang der Herkulesallee, Antonio Corradinis monumentale Vasen (1722), seine beiden Kentaurengruppen (vor 1717) sowie seine Figurengruppe aus Carrara-Marmor *Chronos enthüllt die Wahrheit* (Nähe Carolaschlösschen), Pietro Balestras stark bewegte Marmorgruppe *Chronos entführt die Schönheit* bzw. *Boreas entführt die Nymphe Oreithya* (vor 1717) und vier Henkelvasen am Palaisteich (ursprünglich Johann-Georg-Garten, um 1750).

Das **Palais im Großen Garten** (IV G6) wurde 1676–83 im Auftrage des späteren Kurfürsten Johann Georg III. (1680–91) durch den Landbaumeister Johann Gottfried Starcke (1630–1695) als erster repräsentativer Festbau Sachsens nach dem Dreißigjährigen Kriege errichtet und gilt heute als Hauptwerk des sächsischen Hochbarock. Der Komplex mit zwei Hauptgeschossen und einem Mezzaningeschoss auf H-förmigem Grundriss vereint Elemente der französischen Schlossarchitektur und der italienischen Spätrenaissance. Der Bau zeigt auf allen vier aus sächsischen Elbsandstein errichteten Fronten ein überaus reiches skulpturales Dekorationssystem. Das Programm ist der antiken Mythologie entnommen und huldigt den Wettinern als sächsischem Herrschergeschlecht, insbesondere dem Auftraggeber Johann Georg III. Üppige vegetabile Formen – Ranken, Fruchtgehänge, Girlanden, Panköpfe – ebenso wie vier Figuren des Parisurteils (Juno, Minverva, Venus, Paris; George Heermann zugeschrieben) an der Nord- und Südfassade verweisen auf die Funktion des Palais im Garten als Ort höfischer Feste. 16 Büsten mit römischen Kaisern und Kaiserinnen (wohl Jeremias Süßner) in den Giebelfeldern der West- und Ostseite bringen im Verbund mit stadtseitig angebrachtem, sächsischem Wappen, Kurhut (wohl Conrad Max Süßner) und dem Monogramm Johann Georgs den politischen Machtanspruch der sächsischen Kurfürsten zum Ausdruck.

Palais im Großen Garten (J. G. Starcke, 1676–83) mit Skulptur *Chronos raubt die Schönheit* (Pietro Balestra, vor 1717)

Der eineinhalbgeschossige Große Festsaal im Obergeschoss ist auf der West- und Ostseite des Palais direkt über die zweiarmigen, dreiläufigen Freitreppen zugänglich, so dass Park und Palais unmittelbar in die höfischen Festlichkeiten eingebunden waren. Zahlreiche zeitgenössische Stiche überliefern den Prunk und die großartige Illumination der Festlichkeiten im und um das Palais. Der Große Festsaal, der sich über die gesamte Länge des Bauwerks erstreckt, war von einer überaus kunstvollen architektonischen Dekoration. Erstmals in Sachsen wurde sie von italienischen Künstlern in Stuckmarmor ausgeführt. Spiegelglatt polierte Partien wechselten mit mattierten oder vergoldeten Oberflächen ab, was eine faszinierende Wirkung gerade im Schein zahlloser Kerzen hervorrief, die man anlässlich der Hoffeste dort zu entzünden pflegte. Die Deckengemälde schuf Samuel Bottschildt: das große stellte die Apotheose Johann Georgs III. dar, die kleineren in den Nebenräumen Merkur und Flora sowie Diana mit Gefolge.

Die Blütezeit des Palais lag in den ersten beiden Jahrzehnten des 18. Jh.s. Ab 1729 stellte August der Starke darin seine Antikensammlung aus. Seit den 1840er Jahren nutzte es der Sächsische Altertumsverein zur Ausstellung mittelalterlicher Kunstwerke.

Das Palais wurde durch die Bombardierungen im Februar 1945 stark beschädigt, der Große Saal brannte aus und die Deckengewölbe im Obergeschoss stürzten ein. Nach dem Krieg erfolgte zunächst eine Notsicherung, 1953 begann die Wiederherstellung des beschädigten Außenbaus; 1964 erhielt der Bau eine Stahlbedachung als Interimslösung; wohl bei dieser Gelegenheit zog man die neue – leider zu niedrig ausgeführte – Betondecke im Festsaal ein; danach folgte die Sicherung der erhaltenen Stuckreste: 1968–74 die Rekonstruktion einer Probeachse im Festsaal. 1983–92 restaurierte man die besser erhaltenen Stuckdekorationen im Erdgeschoss. 1993 wurde das Dach fertiggestellt. Von der Dekoration des Großen Saals sind heute noch eine Stucksäule – die älteste Sachsens – sowie zahlreiche Fragmente und Putzoberflächen und der originale Bodenbelag erhalten. Sie wurden sorgfältig untersucht und liefern unschätzbare Zeugnisse der damaligen Kunstfertigkeit und Technik. Doch gerade der Große Festsaal in seinem heutigen Zustand mit den »Verwundungen« ist auch ein einzigartiges Zeugnis der wechselvollen Geschichte Dresdens. Der Raum ist heute als Ort für Konzerte, Theateraufführungen, Ausstellungen usw. hervorragend angenommen und einer der eindrücklichsten und authentischsten Orte der Stadt.

Der **Zoologische Garten** (IV F6, Tiergartenstraße 1) wurde 1861 als viertältester Zoo Deutschlands – nach Berlin (1844), Frankfurt a. M. (1858) und Köln (1860) – gegründet. 1859 entwarf Peter Joseph Lenné die Anlage im Südwesten des Großen Gartens zusammen mit der →Bürgerwiese. Als natürliche Grenze zum Großen Garten nutzte Lenné den Kaitzbach, der ursprünglich die Gräben der Stadtbefestigung mit Wasser versorgte. Die Bauten errichtete der Architekt Carl Adolph Canzler (1818–1903). Teile der Anlage (zentraler Kanal; Kartenhäuschen an der Querallee) gehen noch auf das ursprüngliche Konzept Lennés zurück; 1945 im Feuersturm stark beschädigt, wurden sie in den 1950er Jahren wiederhergestellt. Seit 1993 erfolgten Sanierung und Neubau der Gehege. Architektonisch herausragend sind das Afrikahaus (Mayer & Koelsch, 1998) und die mit vertikalen Holzlamellen errichtete Giraffen- und Zebra-Anlage (Heinle, Wischer und Partner, 2008). Im Juli 2010 wurde das Prof.-Brandes-Haus (Mikolajczyk-Kessler-Kirsten) zur artgerechten Unterbringung der Affen, Krokodile und Koalas eröffnet.

Profanbauten

Die Errichtung der **Gläsernen Manufaktur** (I, IV F5, Strausberger Platz) als Montagestandort der VW-Nobelmarke »Phaeton« im Jahre 2005 (Büro Henn) an der Stelle des alten Messegeländes löste heftige Diskussionen aus. Der ästhetisch unaufregende Bau besteht aus drei Trakten, einem gläsernen Kubus zur Stübelallee mit der von außen einsehbaren Montagestrecke und einem gläsernen Schauturm im Westen, in dem die fertigen Nobelkarossen ausgestellt sind. Dem dazwischen liegenden Mitteltrakt ist ein aufgestelzter unregelmäßiger, metallverkleideter Rundbau vorgesetzt. Hier befinden sich Restaurant und Empfangsbereich. Bau und Produktion können in Führungen besichtigt werden.

Das **Hygienemuseum** (I, IV E5, Lingnerplatz 1) stellt in architektonischer wie kulturhistorischer Hinsicht ein

Hygienemuseum, errichtet 1928–30 von Wilhelm Kreis für den Odol-Produzenten Karl August Lingner

Dresdner Unikat dar. 1928–30 ließ der durch die Produktion des Mundwassers Odol zu Reichtum gelangte Industrielle Karl August Lingner den Bau durch den Architekten Wilhelm Kreis errichten. Letzterer hatte bereits →Lingners Villa in der Südvorstadt umgebaut. Lingner hatte auch die beiden ersten Deutschen Hygieneausstellungen (1903 und 1930) in Dresden organisiert und stiftete mit der Errichtung des Baus das erste deutsche Museum, das sich gesundheitlicher Aufklärung und hygienischer Erziehung breiter Bevölkerungsschichten widmete. Das zerlegbare Ausstellungsstück des »Gläsernen Menschen«, in welchem Organe, Blut- und Nervensystem des Menschen modellhaft nachgebildet und zu betrachten sind, gelangte zu Berühmtheit. Im Nationalsozialismus wurde das ursprüngliche Lingnersche Konzept missbraucht und im Sinne der nationalsozialistischen Rassenlehre pervertiert.

Der monumentale, neoklassizistische Bau wurde östlich der Altstadt in der historischen Parkanlage des Chevalier de Saxe ausgeführt. Die streng symmetrische, um einen

Innenhof angeordnete Vierflügelanlage mit seitlich vorgezogenen, zweigeschossigen Pavillons (2001–05 von Peter Kulka saniert) liegt genau in der Blickachse zum Palais im Großen Garten und gehört zu den bedeutendsten deutschen Museumsbauten der Moderne. Der hohe Hauptbau mit dem großen Vestibül liegt auf der Südostseite, der Haupteingang erfolgt durch einen schmucklosen, monumentalen Pfeilerportikus. Die hell geputzten Wandflächen kontrastieren mit dem dunkelgrauen Sandstein der Fenstergewände und Pfeiler. Zwischen den Seitenflügeln mit den dunklen Fensterbändern im Obergeschoss liegt der Vorplatz mit dem rechteckigen Wasserbecken. Dort ist seit 1983 die monumentale Bronzeskulptur des Ballwerfers von Richard Wilhelm D. Fabricius von 1907 aufgestellt. Die Statue der Hygieia von Karl Albiker (1929/30) steht seit 2006 wieder im Innenhof.

Westlich des →Hygienemuseums entstand 1968–74 das **Robotrongelände** (I E5, Pirnaischer Platz) unter der Leitung von Axel Magdeburg und Werner Schmidt, der Vorzeigebetrieb der DDR zur Entwicklung elektronischer Datenverarbeitung. In dem weitläufigen Komplex aus mehreren Atriumhäusern haben sich zahlreiche Schmuckwände aus Betonformsteinen von Friedrich Kracht und Karl-Heinz Adler erhalten.

Das **Neue Rudolf-Harbig-Stadion** (I, IV E6, Lennéstr. 12) wurde 2009 an der Stelle der alten, nach dem Zweiten Weltkrieg wieder instandgesetzten Trainings- und Spielstätte des 1950 gegründeten Fußballvereins »Dynamo Dresden« erbaut. Dabei mussten schließlich auch die einzigartigen, im Volksmund »Giraffen« genannten Flutlichtmasten des Vorgängerbaus weichen. Sie waren 1969 durch den Architekten Günther Schöneberg ergänzt worden und prägten seither das Stadtbild. Die Entscheidung, das neue Stadion nicht am Sportstättenstandort Ostra-Gehege, sondern am alten Standort in unmittelbarer Nähe des Großen Gartens zu errichten, bedeutet für diesen eine große Belastung durch undisziplinierte Fußballfans. Der angesichts des sensiblen Umfelds überdimensioniert erscheinende Neubau (Beyer + Partner Architekten) orientiert sich an dem durch den Investor HBM bereits in Rostock errichteten Stadion. Die Kapazität des Neubaus beträgt 32000 Besucher.

Innere Neustadt

Auf dem nördlichen Elbufer gegenüber von Altstadt, Schloss und Augustusbrücke liegt in einem Elbbogen die Innere Neustadt. Die seit dem Mittelalter besiedelte Vorstadt »Altendresden« wurde nach der Eingemeindung 1549 in das innerstädtische Festungssystem integriert – daher rührt die heutige Bezeichnung »Innere« Neustadt. Heute gehören auch die Gebiete auf und vor den ehemaligen Befestigungsanlagen dazu: die Antonstraße im Westen und Norden sowie die Gebiete südlich der Bautzner Straße bis zur Elbe.

Der verheerende Stadtbrand von 1685 gab Gelegenheit zur grundlegenden Neuplanung durch Wolf Caspar Klengel, der eine repräsentative, barocke Stadtanlage entwarf. Bei dem von August dem Starken initiierten Ausbau des rechtselbischen Teils der Residenz 1714–32 griff Matthäus Daniel Pöppelmann den Entwurf Klengels auf: Vom erweiterten →Neustädter Markt gingen strahlenförmig drei Straßen ab, deren mittlere als repräsentative Promenade (→Hauptstraße) nach Norden bis zum Schwarzen Tor (heute →Albertplatz) führte. Eine zweite Achse legte Pöppelmann mit der →Königstraße zwischen Holländischem Palais (→Japanisches Palais) und Schwarzem Tor an. Während der Ostteil der Neustadt einer militärischen Nutzung (Palais Wackerbarth, später Ritterakademie 1723–28, Kasernen, →Jägerhof) vorbehalten war, entwickelte sich der Westen als bürgerliches Wohnviertel. 1732 erhielt Altendresden auf persönliche Anordnung Augusts des Starken seinen heutigen Namen »Neue Stadt bei Dresden«. Im Siebenjährigen Krieg blieb es von Zerstörungen verschont. In der zweiten Hälfte des 18. Jh.s wurden etliche Häuser umgestaltet, erhöht und erweitert. Ab 1809 kam es nach der Entfestigung unter Leitung von Gottlob Friedrich Thormeyer zur Bebauung der Gebiete im Bereich der ehemaligen Festungsanlagen. Im Jahre 1816 lieferten Thormeyer und Johann Gottlob Hauptmann einen romantisch-klassizistischen Städtebauentwurf für das Gebiet um den Bautzner Platz (→Albertplatz) mit neuen Straßenzügen und Grünanlagen.

Bei den Luftangriffen im Februar und gezielt am 2. März 1945 wurden Hauptstraße und westlich angrenzende Gebiete getroffen. Auch hier wurden in den folgenden Jahrzehnten die Relikte der kleinteiligen, bürgerlichen Architektur abgerissen. Bereits gesicherte Ruinen (Neustädter Rathaus, Narrenhäusel, Alberttheater und die barocke Häuserzeile auf der Südseite der Großen Meißner Straße) wurden bis 1955 entgegen der Denkmalausweisung des Landesdenkmalamtes abgetragen. Lediglich →Jägerhof, →Blockhaus, →Japanisches Palais, Ministerialgebäude und die →Dreikönigskirche wurden wiederhergestellt. 1975–79 gestaltete man die →Hauptstraße zu einer modernen Einkaufs- und Flaniermeile, flankiert von fünfgeschossigen Zeilenbauten in Plattenbauweise. Ab 1979 sanierte man schließlich die noch erhaltenen, historischen Bürgerhäuser zwischen Obergraben und Dreikönigskirche. Seit 1990 wurden große Teile der barocken Straßenzüge →Königstraße und Rähnitzgasse, die spätbiedermeierliche Nieritzstraße sowie viele der meist aus der Mitte und zweiten Hälfte des 19. Jh.s stammenden Häuser der Theresienstraße und einige der Villen am Albertplatz wiederhergestellt.

Sakralbau

Dreikönigskirche (II E3, Hauptstr. 23 a): Die alte Neustädter Pfarrkirche, 1421 erstmals urkundlich erwähnt, lag unmittelbar nördlich des Marktplatzes (→Neustädter Markt). Dieser mehrfach veränderte Bau wurde 1685 beim großen

Brand vernichtet. Bis 1688 wurde sie an ihrem alten Platz neu errichtet. Da sie jedoch die Hauptachse der barocken Idealplanung versperrte, wurde sie 1730 nach langen Diskussionen auf Befehl Augusts des Starken abgerissen. Den etwa 200 m nach Nordwesten versetzten Neubau (1732–1739) auf dem Gelände des ehemaligen Altendresdner Friedhofs finanzierte die Staatskasse. Die sich zwischen Haupt- und Königstraße erstreckende Kirche erhielt zwei giebelbekrönte Hauptfassaden. Aus städtebaulichen Gründen musste die Kirche auf der Ostseite zur Hauptstraße eine klare Front haben. Daher liegen Turm und Altar im Westen. Die Entwürfe der Hallenkirche gehen auf Matthäus Daniel Pöppelmann (1662–1736) und George Bähr (1666–1738) zurück. Letzterer entwarf den annähernd ovalen, zentralen Innenraum mit umlaufenden Emporen. Da beide vor der Vollendung des Baus verstarben, oblag die Ausführung dem Ratsmaurermeister Gottfried Fehre (um 1685–1753). 1854–57 wurde der Turm ausgebaut, 1891 und 1933/34 erfolgten Restaurierungen. Infolge der alliierten Luftangriffe im Februar und März 1945 brannte die Kirche bis auf die Umfassungsmauern ab. Bei dem erst 1984–94 erfolgten Wiederaufbau wurde der ursprünglich einheitliche Innenraum zweigeteilt: Der westliche Kirchenraum dient heute dem Gottesdienst und der östliche, mehrgeschossige Abschnitt nimmt Gemeinderäume auf.

Der horizontal gewichtete, rechteckige Bau mit hohem Mansardwalmdach zeigt eine klare architektonische Gliederung. Über einem massiven Sockelgeschoss mit Rustikaputzquaderung und niedrigen Segmentbogenfenstern erhebt sich das hohe, glatt geputzte Hauptgeschoss mit hohen Fenstern. Beide Geschosse sind durch ein umlaufendes Kranzgesims deutlich voneinander abgesetzt. Auf der Westseite bilden sie, optisch durch eine Balustrade abgeschlossen, den Unterbau für den Turm. Auf der Westseite wurde ein Portal aus dem Vorgängerbau von 1688 integriert. Von der ursprünglichen Ausstattung hat sich der durch den Brand infolge der Bombenangriffe stark beschädigte barocke Hochaltar Benjamin Thomaes von 1741 erhalten, der – bewusst nur konserviert – mit seinen Schäden an den Krieg gemahnt. Seit 1990 ist an der östlichen Kirchenwand unter der Orgelempore der Figurenfries des Dresdner Totentanzes (12,5 m lang, 1,2 m hoch) angebracht, den der Bildhauer Christoph Walter I. 1534–36 für die Nordfassade des Georgentors am Dresdner Schloss fertigte. August der Starke schenkte ihn nach der Zerstörung des Tors durch den Schlossbrand von 1701 der Dreikönigsgemeinde, die das Relief ab 1721 auf dem Inneren Neustädter Friedhof ausstellte. Der Fries zeigt als *Memento Mori* in vier Reigen, wie Vertreter aller Stände ungeachtet von Rang und Reichtum dem Tode letztlich Folge leisten müssen. Auf dem Platz westlich der Kirche ist der Marktbrunnen von 1858 aufgestellt.

Profanbauten

Blockhaus (II E3, Neustädter Markt 19; Sitz der Sächsischen Akademie der Künste): Nach der Renovierung der Elbbrücke sah die Neugestaltung des Neustädter Brückenkopfes zwischen 1728–1732 zwei flankierende Bauten westlich und östlich der Brücke vor. Der Entwurf von Zacharias Longuelune umfasste kompakte, eingeschossige Bauten über quadratischem Grundriss mit Umgang und pyramidenförmigem Dachaufbau, die von einer monumentalen Skulptur der Minerva und dem Reiterstandbild Augusts des Starken bekrönt werden sollten. Allerdings kam ab 1732 nur das westliche – als *Point de vue* in die Achse der Hauptstraße gerückt – zur Ausführung. Das ursprünglich auf dem pyramidenförmigen Dachaufbau vorgesehene Reiterstandbild Augusts des Starken wurde stattdessen 1736 auf dem →Neustädter Markt aufgestellt. 1739 wurde das Blockhaus ohne Pyramide zunächst mit einem vorläufigen

Neustädter Markt mit Reiterstandbild Augusts des Starken und Blick auf das Blockhaus

Dach gedeckt, 1749 um ein Mezzaningeschoss erhöht und schließlich 1755 mit abgewalmtem Dach als Neustädter Wache in Betrieb genommen. Die 1892 durch Karl Weissbach ergänzten Dachaufbauten wurden bei dem Wiederaufbau nach der Zerstörung im Februar 1945 nicht wieder hergestellt. Das Blockhaus ist heute der einzige Bau, der – abgesehen von den späteren Veränderungen – von den zahlreichen Projekten Zacharias Longuelunes in Dresden erhalten geblieben ist.

Das **Hauptstaatsarchiv** (II E3, Archivstr. 14) wurde 1911–15 von den Architekten Ottomar Reichelt und Heinrich Koch als einer der frühen Stahlbetonbauten in Dresden errichtet, weshalb es die Zerstörungen des 13. Februar 1945 verhältnismäßig gut überstand. Der geschlossene achtgeschossige Komplex – das doppelte Mansardgeschoss nicht eingerechnet – wurde um einen pentagonalen Hof angelegt und besteht aus dem leicht vorgezogenen Eingangsgebäude mit Empfangsräumen, Bibliothek, Lesesaal und Verwaltungsräumen sowie vier weiteren, um den Binnenhof angeordneten Magazinflügeln mit großen, sich über die gesamten Geschosse erstreckenden Sälen zur Lagerung der Archivalien. Die verhältnismäßig schlichte Architektur zeigt mit dem hohen, rustizierten Sockelgeschoss, den kolossalen Pilastern und dem Mansardwalmdach nur noch Anklänge an den Historismus und weist mit ihren dem Industriebau entlehnten, prismatisch hervortretenden vertikalen Stahlfensterbändern auf die Dresdner Reformbaukunst. Die erhaltene originale Ausstattung des Treppenhauses und der Besucherräume ist von eindrucksvoller Qualität.

Hotel Bellevue (II D3, Große Meißner Str. 15): In den frühen 1980er Jahren sollte auch das letzte erhaltene, historisch mit Braurecht ausgestattete Wohnhaus der 1950 gesprengten, barocken Bürgerhauszeile an der Südseite der Meißnischen Straße einem Hotelneubau weichen. Dies führte allerdings zu heftigen auch internationalen Protesten, so dass man dem japanischen Bauträger den Erhalt des 1724 von George Bähr konzipierten Gebäudes auferlegte. Daraufhin wurden die historischen Teile in den 1982–85 errichteten Hotelkomplex (mit Restaurants, Wellnessbereich, Kongressbereich und Tiefgarage) vom Architekten Takeshi Inoue integriert. Die Proportionen, Fassadengliederung und Dachgestaltung der neuen Trakte im Nordwesten und Südosten richten sich nach dem Altbau. 2004 wurde der kleine barocke Innenhof mit einer Glasbedachung geschlossen. Die Namensgebung des Hotels Bellevue geht sowohl auf das dortige Elbpanorama als auch auf ein verlorenes, am gegenüberliegenden Elbufer gelegenes Hotel zurück. Anstelle der dichten, historischen Hinterhofbebauung komplettiert eine Gartenanlage die Parkanlagen am Elbufer.

Die ausführende Kajima Corporation aus Tokio errichtete danach in Ostberlin das Grandhotel (heute: Hilton, Ecke Unter den Linden / Friedrichstraße). Interhotelbauten als staatlich initiierte Kooperationsprojekte mit ausgewählten westlichen Firmen wurden seit den frühen 1980er Jahren in vielen Staaten des Warschauer Paktes zur Devisengewinnung errichtet.

Jägerhof (II E3, Museum für Volkskunst, Köpckestr. 1): An der Stelle des 1404 gegründeten und bereits 1546 abgerissenen Augustinerklosters wurde zwischen 1568 und 1617 der kurfürstlich-sächsische Jägerhof errichtet. Dies war eine weitläufige, um einen großen rechteckigen Hof angelegte, zweigeschossige Hofanlage mit Bärenfang, Kampfplatz und Löwenhaus. Der westliche und östliche Flügel waren zur Elbe hin mit vorgelagertem Altan und repräsentativen Volutengiebeln ausgestattet. Im 18. Jh. kamen weitere Anbauten hinzu. Nach der Auflösung des Jägerhofes 1830 wurde der Bau bis 1877 als Kaserne der Kavallerie genutzt. Dabei wurden große Teile abgetragen. Von der ursprünglichen Hofanlage hatte sich bis 1945 nur der Westflügel mit seinen drei markanten Wendelsteinen und dem aufwendig dekorierten Renaissancegiebel an der Südfassade erhalten. Seit 1913 ist hier das Museum für Volkskunst untergebracht. Das infolge der Bombardierung im Februar 1945 ausgebrannte Gebäude wurde bis 1950 restauriert und das Museum wieder eröffnet. →Museen

Japanisches Palais (II D3, Palaisplatz 11; Senckenberg Naturhistorische Sammlungen Dresden, Museum für Völkerkunde Dresden, bis etwa 2011 Sitz des Landesmuseums für Vorgeschichte →Museen): 1715–16 errichtete Johann Rudolph Faesch für den Grafen Jakob Heinrich von Flemming den Vorgängerbau – das sogenannte Holländische Palais – an der Meißnischen Straße unweit des Weißen Tores. Benannt wurde es nach dem ersten Mieter, dem damaligen holländischen Gesandten. Der zweigeschossige,

17achsige Corps de Logis wurde nach Norden hin von zwei schmalen, eingeschossigen Nebenflügeln flankiert. Den Ehrenhof schloss ein schmiedeeisernes Prunkgitter zur Meißnischen Straße. Zur Elbe war eine aufwendige Parkanlage in französischem Stil angelegt. 1717 erwarb August der Starke vom preußischen König eine exquisite Sammlung chinesischer Porzellanvasen. Im selben Jahr übernahm er das Palais wohl bereits in der Absicht, dort seine einzigartige Sammlung ostasiatischer und heimischer Porzellane unterzubringen. 1719 wurde die repräsentative Anlage für die Hochzeitsfeierlichkeiten seines Sohn Friedrich August mit Maria-Josepha, Tochter des habsburgischen Kaisers, hergerichtet. Anlässlich der Hochzeit dekorierte man das Palais mit Stücken der königlichen Porzellansammlung. Ab 1720 ist eine quasi museale Präsentation der königlichen Sammlung dort nachweisbar. Dies gab wohl den Anstoß, die Anlage 1728–37 im Stil der damals in ganz Europa populären »Orientmode« (worunter man ganz Asien und insbesondere China verstand) grundlegend umzugestalten und sukzessiv zur heutigen Vierflügelanlage zu erweitern, wobei der ursprüngliche Hauptbau als Südflügel integriert und aufgestockt wurde. Hier hat sich die ursprüngliche Treppenanlage des Vorgängerbaus erhalten.

Die Idee für die damals bereits traditionelle Vierflügelanlage mit einem kuppelbekrönten Mittelrisalit im Hauptbau und vier markanten Eckpavillons geht vermutlich auf August den Starken selbst zurück (Löffler). An diesem prominenten Projekt waren fast alle damals bedeutenden Architekten des Sächsischen Hofes beteiligt: Die architektonische Formensprache verweist auf den bis 1728 in Berlin tätigen Jean de Bodt; Pöppelmann hatte die Oberbauleitung inne; Zacharias Longuelune lieferte den Großteil der Entwürfe für die Innenausstattung und auch der sächsische Architekt Johann Christoph Knöffel war beteiligt. Insbesondere die Dachformen der dreiachsigen Eckpavillons mit konvex geschwungenen Walmdächern zeigen Reminiszenzen an ostasiatische Pagodendächer.

Im Hof und in der Eingangshalle des Nordflügels hat sich der äußerst reizvolle Bauschmuck erhalten: 24 ausdrucksvolle, chinesische Hermenpilaster tragen die Balustrade des von Pöppelmann entworfenen, dreiseitigen Umgangs. Die Korbbögen an den Zugängen zu den Treppenanlagen der nördlichen Eingangshalle schultern zwei mächtige chinoise, nach den Entwürfen Longuelunes von Johann Matthäus Oberschall um 1734 ausgeführte Atlanten.

Dem Japanischen Palais kam eine große städtebauliche Bedeutung für die barocke Anlage der Inneren Neustadt zu. Es bildete und bildet den *Point de Vue* der 1722 angelegten →Königstraße, die vom Schwarzen Tor (heute →Albertplatz) im Norden zum Weißen Tor im Südwesten führte. Zudem war es bis zur Schleifung der Festung auch das erste Gebäude, das der aus Westen kommende, durch das Weiße Tor die Stadt betretende Besucher erblickte. Pöppelmann inszenierte das Palais 1723/24 durch eine quadratische Platzanlage mit zentralem Wasserbecken und entwarf für die Bauten der repräsentativen Königstraße ein darauf abgestimmtes Baureglement.

Im Siebenjährigen Krieg beschädigt, wurde das Palais 1766 mit leichten Veränderungen wiederhergestellt; 1782–86 gestalteten Johann Daniel Schade und J. G. Kuntsch das Innere zur Aufnahme der Antikensammlung, Münzen und Bibliothek um. 1835 konzipierte Gottfried Semper, der ein Jahr zuvor als Architekturprofessor an die Dresdner Kunstakademie berufen worden war, die Ausstellung der antiken Skulpturen im Japanischen Palais. Semper entwarf für zehn Säle im Südflügel farbige, an pompejanischen Wandmalereien des 3. und 4. Stils orientierte Wandfassungen, um die Skulpturen in einem antikisierten Ambiente zu präsentieren.

Die 1945 beschädigte Anlage wurde ab 1952 wieder aufgebaut, um dort das Landesmuseum für Vorgeschichte und seit 1954 das Museum für Volkskunde unterzubringen. 1985 wurde ein Saal der Semperschen Raumfolge rekonstruiert. Die zukünftige Nutzung dieses authentischen Baus des Dresdner Barock ist noch ungeklärt. s. o.

Kügelgen-Haus (II E3, Hauptstr. 13; Museum zur Dresdner Frühromantik): Zu den wenigen wieder aufgebauten Bürgerhäusern des 18. Jh.s der Hauptstraße gehört das Haus, in dem der Dresdner Maler Gerhard von Kügelgen 1808–30 lebte und arbeitete. Seine Wohnung beherbergt seit 1981 das Museum der Dresdner Frühromantik (→Museen). In zwei Räumen finden sich bemalte frühbarocke Balkendecken. Das ursprünglich um 1712 errichtete Gebäude wurde in der 2. Hälfte des 18. Jh.s umgestaltet. Das Erdgeschoss des schlichten viergeschossigen, siebenachsigen Baus zeigt eine nur durch Malerei angedeutete Rustikagliederung. Der dreiachsige Mittelteil, der die segmentbogige Toreinfahrt aufnimmt, ist im ersten und zweiten Obergeschoss durch alternierende segmentbogige und dreieckige Fensterverdachungen architektonisch hervorgehoben. In dem Fries unter dem Kranzgesims ist mit goldenen Lettern auf blauem Grund der Wahlspruch »An Gottes Segen ist alles gelegen« angebracht.

Leipziger Torhaus (II D3, Palaisplatz 2): Das kleine Leipziger Torhaus ist eines der wenigen erhaltenen Zeugnisse des Dresdner Klassizismus. Es stammt aus der Zeit unmittelbar nach der Schleifung der Neustädter Stadtbefestigung. Ursprünglich wurden 1817–29 nach den Entwürfen Gottlieb Friedrich Thormeyers, der den Abriss der Dresdner Festungsanlagen nach 1809 leitete, zwei Zollhäuser an der Stadtgrenze zur Leipziger Straße errichtet, die die Funktion des Stadttors übernahmen und sich städtebaulich auf das Japanische Palais bezogen. Im März 1945 hatte das südliche der beiden erheblichen Schaden genommen, wäre aber mit geringen Mitteln – so der sächsische Denkmalpfleger Hans Nadler 1951 in seinem

Schreiben an das Stadtplanungsamt – zu sichern und damit eines der letzten klassizistischen Ensemble mit wichtiger städtebaulicher Bedeutung für die Dresdner Neustadt zu bewahren gewesen. Das südliche Gegenstück musste jedoch 1969 der neuen Verkehrsführung der verbreiterten Köpckestraße (heute: Meißner Straße) weichen. Das strenge, eineinhalbgeschossige Gebäude war lange Jahre Sitz des Dresdner Standesamtes. Infolge des starken Verkehrsaufkommens ist bisher keine neue Nutzung in Sicht.

Markthalle (II E3, Metzer Str. 1): Der Komplex der Neustädter Markthalle mit dem zugehörigen Kopfbau zur Hauptstraße, in dem ursprünglich die Verwaltung untergebracht war und das heute als Wohn- und Geschäftshaus genutzt wird, nimmt das Carrée zwischen Hauptstraße, Ritter- und Metzer Straße ein. Er wurde 1899 von Stadtbaurat Edmund Bräter (1855–1925), der auch die heute verlorenen Markthallen am Antonsplatz und an der Weißeritzstraße errichtete, auf dem Gelände der drei Jahre zuvor abgerissenen Infanteriekaserne als Stahlkonstruktion mit vorgeblendetem Sandsteinmauerwerk ausgeführt. Aufgrund der soliden Konstruktion wurden 1945 nur die östlichen Teile beschädigt und in den 1980er Jahren vereinfacht wiederaufgebaut. Nach 1999 wurde das ursprüngliche Tonnengewölbe rekonstruiert und das Kellergeschoss in die Verkaufsfläche integriert.

Ministerium für Wissenschaft und Kunst (ehemalige Dreikönigsschule; II E3, Wigardstr. 17): Das heutige Ministerium für Wissenschaft und Kunst ist seit 1994 im Gebäude der ehemaligen Dreikönigsschule untergebracht. Diese ist seit 1465 als Schule der Altendresdner Dreikönigspfarrei nachweisbar und nach der Kreuzschule die zweitälteste Schule Dresdens. Das Schulgebäude wurde 1890–92 durch den Architekten Bruno Adam errichtet. Das im Februar 1945 stark zerstörte Gebäude wurde 1951 für die Pädagogische Hochschule in vereinfachten Formen wiedererrichtet.

Kleines Palais Hoym (II E3, Hauptstr. 11): Das ursprünglich zweigeschossige barocke Bürgerhaus (errichtet 1698 als »Lynarsches Palais«) wurde zwischen 1800 und 1820 in spätklassizistischem Stil umgestaltet und aufgestockt. Erhalten blieben dabei der Mittelrisalit und wohl das die ehemalige Traufhöhe markierende Gesims zwischen erstem und zweitem Obergeschoss in der Fassade. Der den Risalit bekrönende Dreiecksgiebel stammt aus der Zeit der klassizistischen Umgestaltung. Das 1945 teilzerstörte Haus wurde 1979 im Zuge der Rekonstruktion der Bürgerhäuser zwischen Obergraben und Dreikönigskirche wiederaufgebaut.

Parkhaus (II E 3, Metzer Str.): Gegenüber der Markthalle liegt das 2004 in Betrieb genommene, im europäischen Raum bisher größte vollautomatische, öffentliche Parkhaus. Es wurde 2003 im Auftrage der Immobiliengesellschaft WOBA als Zusammenarbeit von IPRO Dresden Planungs- und Ingenieur-AG und Ingenieur-AG Direct Park ausgeführt, bringt auf sechs Etagen 192 Pkw platzsparend unter und entlastet die umliegenden Straßenzüge vom ruhenden Verkehr. Es wurde 2004 vom Bundesinstitut für Bau-, Stadt- und Raumforschung als innovatives Städtebauprojekt ausgezeichnet.

Villa Eschebach (II E3, Georgenstr. 6): Die großzügige historistische Villa mit separatem Palmenhaus und Gemäldegalerie wurde 1901/03 als Wohnhaus für den Fabrikanten Karl August Eschebach errichtet – vermutlich von einem Architekten aus dem Umfeld des Hofbaumeisters Gustav Fröhlich. Die Villa nahm architektonisch Bezug auf das benachbarte Alberttheater (→Albertplatz). Nach dem Zweiten Weltkrieg wurde das schwer beschädigte und ausgebrannte Gebäude nur notdürftig instandgesetzt. Erst 1995 erfolgte der Wiederaufbau (Kaplan, Matzke, Schöler und Schrader). Dabei wurden die historischen, neobarocken Fassaden erhalten. Anstelle der verlorenen Innenräume erhielt das Gebäude eine moderne, der neuen

Funktion als Hauptsitz der Dresdner Volksbank gemäße Innenstruktur. Im Bereich der ehemaligen Gemäldegalerie und des Palmenhauses sind der lichte Kunden- und Servicebereich untergebracht, Büro- und Beratungsräume im viergeschossigen Hauptgebäude (inkl. Dachgeschoss).

Plätze, Straßen

Albertplatz (II E3; ab 1829: Bautzner Platz; ab 1871: Albertplatz; 1945–90: Platz der Einheit): Die Idee, anlässlich der 1809 einsetzenden Niederlegung der Festungsanlagen anstelle des nördlichen Stadttores, des sogenannten Schwarzen Tores, einen Rundplatz mit zwölf sternförmig ausstrahlenden Straßen anzulegen, geht auf Planungen von Oberlandbaumeister Johann Gottlob Hauptmann von 1811 zurück. Damit griff er die Idealplanungen von Wolf Caspar von Klengel und Matthäus Daniel Pöppelmann erweiternd auf. Repräsentative Sternplätze spielten seit dem Barock insbesondere im Städtebau des 19. Jh.s eine große Rolle. 1817 wurde der Albertplatz von Gottlob Friedrich Thormeyer (1775–1842), dem letzten Vertreter des Dresdner Klassizismus und Leiter der »Demolitionsarbeiten« der Festung, angelegt. Er plante und überwachte auch die anschließende Bebauung der gewonnenen Freiflächen in offener, zweigeschossiger Bebauung mit Berücksichtigung von großen Grünflächen. Die umliegenden Grundstücke wurden im Laufe des Jahrhunderts mit Villen bebaut, von denen einige noch heute der Sanierung harren (→Villa Eschebach, →Kästnermuseum, →Antonstr. 1). Die beiden runden Brunnenanlagen »Stürmische Wogen« im Westen und »Stilles Wasser« im Osten von Robert Diez wurden 1893 aufgestellt und 1994 restauriert. Der Albertplatz entwickelte sich im Laufe des 19. Jh.s auch wegen seiner Nähe zum Leipziger und Görlitzer Bahnhof zum wichtigsten Verkehrsknotenpunkt des nördlichen Elbufers. Mit der Einführung der Pferdebahn seit 1873 und deren Elektrifizierung ab 1893 verstärkte sich dies noch. Erich Kästner, der in der Neustadt aufwuchs, schildert in seinen Kindheitserinnerungen »Als ich ein kleiner Junge war« die geschäftige Atmosphäre des Platzes vor dem Ersten Weltkrieg.

1871–73 wurde an der Ostseite des Platzes das Alberttheater als Neustädter Spielstätte des Hoftheaters errichtet, das eine wichtige städtebauliche Position einnahm. Infolge der Luftangriffe im Februar und März 1945 schwer beschädigt, wurde es trotz öffentlicher Proteste und denkmalpflegerischer Empfehlung 1949/50 abgerissen.

Albertplatz: Nordseite → Äußere Neustadt

Jorge-Gomondai-Platz (II E3): Am Rande des von Grünanlagen umgebenen Platzes nördlich der Hauptstraße erinnert eine Tafel an den 1991 hier durch einen fremdenfeindlichen Überfall zu Tode gekommenen Studenten aus Mosambik, dessen Namen der Platz seit 2007 trägt. Hier liegt auf der Westseite versteckt in einem kleinen Ehrenhain das 1913/14 vom Dresdner Bildhauer Selmar Werner geschaffene Schiller-Denkmal. Die kleine runde Anlage zeigt den jugendlichen Friedrich Schiller in antiker Gewandung, umgeben von einer hüfthohen Mauer, auf deren Innenseiten seine Werke dargestellt sind.

Glacisstraße (II E – F3): Die Mitte des 18. Jh.s angelegte Straße führt als Verbindung zwischen Bautzner und Wasserstraße (heute Wigardstraße) entlang des ehemaligen Glacis – so nannte man das freie Gelände im Vorfeld der eigentlichen Festungsanlagen zur Sicherung der Sicht- und Schussfreiheit. Nach der Schleifung der Festungsanlagen 1809–18 wurde die Straße ausgebaut und eine Reihe reizvoller, spätklassizistischer Gebäude in geschlossener sowie Villen in offener Bauweise errichtet. Auf der Ostseite der Glacisstraße hat sich eine eindrucksvolle spätklassizistische Häuserzeile erhalten (2004–09 instandgesetzt). In der Nr. 30/32 ist seit 1996 das aus der Fusion von Städtischer Musikschule und der Landesmusikschule hervorgegangene Heinrich-Schütz-Konservatorium e.V. untergebracht, seit Februar 2009 in sanierten Räumen. Der Gebäudekomplex Nr. 28 beherbergt nach grundlegender Sanierung und teilweisem Neubau das »Kleine Haus« des Dresdner Staatsschauspiels. Aus dem 17. Jh. stammend, wurde 1816 an den damals als Villa genutzten älteren Kernbau ein Saal (heute: Zuschauersaal) angebaut, um eine Gastronomie mit Tonhalle zu betreiben. 1930–45 durch eine freie Kirchengemeinde genutzt, konnte in dem unversehrten Gebäude im Juli 1945 der Theaterbetrieb des damaligen Dresdner Staatstheaters mit *Nathan der Weise* wieder aufgenommen werden. Trotz mehrfacher Umbauten musste es 1998 wegen statischer Mängel geschlossen werden. 2003–04 wurden Teile des Bühnenhauses neu errichtet und der Gebäudekomplex grundlegend saniert. Im Januar 2005 fand die Wiedereröffnung als Kleines Haus des Staatsschauspiels statt.

Neustädter Markt, »Goldener Reiter« (II E3): Der Neustädter Markt (ursprünglich ›Ring‹ genannt) liegt unmittelbar nördlich des Brückenkopfes der Augustusbrücke und war seit dem frühen 13. Jh. der wichtigste Stadtplatz Altendresdens, auf dem bis zur Eingemeindung 1549 auch der freitägliche Wochenmarkt abgehalten wurde. Hier befanden sich das Altendresdner Rathaus, die Fleisch- und Brotbänke. Unmittelbar nördlich davon lag die alte Pfarrkirche. In den Planungen Klengels (1686) und Pöppelmanns (1730) blieb der Platz Ausgangpunkt der barocken Stadtbaukonzepte. 1730 wurde er trapezförmig angelegt, stark erweitert und zum repräsentativen Ausgangspunkt einer dreistrahligen Straßenanlage, deren mittlere die neue Hauptachse (→Hauptstraße) der Inneren Neustadt bildete. 1893 anlässlich des Besuches des deutschen Kaisers Wilhelm I. wurden die von Heinrich Epler gestalteten Fahnenmasten auf der Nordseite des Platzes errichtet. Die beiden Brunnen, deren liegende Nymphen die Flüsse Elbe und Weichsel symbolisieren, wurden

1739–41 von Hofbildhauer Benjamin Thomae für das Neustädter Rathaus geschaffen. Nach der Zerstörung des Rathauses 1945 wurden sie geborgen, 1957 restauriert und auf dem Markt aufgestellt. 1977–79 wurden Neustädter Markt und Hauptstraße als zusammenhängende Fußgängerzone umgestaltet. Brückenkopf und Blockhaus wurden durch den Ausbau der Großen Meißner Straße vom Platz separiert. Die ehemaligen Straßeneinmündungen auf der Nordwest- und Nordostseite wurden im Zuge der Errichtung der dortigen Plattenbauten überbaut und geschlossen. 2004 wurde zur Gewinnung einer barrierefreien Veranstaltungszone das Bodenniveau im inneren Bereich des Platzes angehoben, so dass Teile der historischen Platzeinfassung im Boden »versunken« und die Konturen verunklärt sind.

Das vergoldete **Reiterstandbild Augusts des Starken** dominiert die Anlage. Es wurde wohl von August selbst bei seinem aus Paris stammenden Bildhauer Jean-Joseph Vinache in Auftrag gegeben. Ein kleinformatiges Modell des Standbilds im Grünen Gewölbe geht auf ihn zurück. Es zeigt August als Feldherrn in antiker Rüstung auf seinem Ross in Levade. Zwischen 1732 und 1734 hatte es der Augsburger Kunstschmied Ludwig Wiedemann in seiner Werkstatt in Friedrichstadt in Kupfer getrieben und feuervergoldet. Ursprünglich sollte es den Dachaufbau des westlichen →Blockhauses am Neustädter Brückenkopf bekrönen. Infolge eines Konzeptionswechsels wurde es 1736 nach dem Tode Augusts auf dem Neustädter Markt an seinem heutigen Standort enthüllt. Das damals vom Hofbaumeister Zacharias Longuelune entworfene Postament wurde erst 1884 von Constantin Lipsius vollendet. 1944 war es vor drohender Zerstörung geborgen worden und konnte so 1956 wiederaufgestellt werden. 2003 wurde es einer gründlichen Restaurierung unterzogen, bei der auch die ursprüngliche Feuervergoldung erneuert wurde.

Hauptstraße (II E3): Die Anlage der repräsentativen Achse zwischen dem Bautzner Tor (heute →Albertplatz) im Norden und dem Neustädter Markt im Süden geht auf die Neuplanungen von Oberlandbaumeister Wolf Caspar von Klengel zurück, der nach dem Brand von 1685 eine großzügige, barocke Stadtanlage entwarf. Ausgehend vom Neustädter Markt, der sich nördlich des Brückenkopfes erstreckte, plante Klengel ab 1687 eine breite und 540 m lange Straßenachse bis zum Schwarzen Tor (Albertplatz) im Norden.

Matthäus Daniel Pöppelmann nahm das Klengelsche Konzept auf und ließ ab 1714 auf Befehl Augusts des Starken die spätere Hauptstraße als 57 m breite, 500 m lange Promenade neu anlegen. Pöppelmann überspitzte die optische Wirkung der Zentralperspektive, indem er die Straße nach Norden um 20 m verjüngend zum heutigen Albertplatz führte. Dies erzeugte eine optische Verlängerung der Achse. Diesem Konzept musste auch die bis 1688 wieder an ihrem alten Standort errichtete →Dreikönigskirche weichen. Die Bebauung mit Bürgerhäusern geht auf die Jahrzehnte nach 1714 zurück, als Bauwilligen in der Neustadt erstmals langjährige Steuerbefreiungen gewährt wurden. Im Laufe der 1730er Jahre wurde die Promenade durch eine doppelreihige Lindenbepflanzung, Rabatten und Ruhebänke vollendet. 1750 erhielt sie eine zweireihige Straßenbeleuchtung mit roten Laternen. Im Zuge von Entfestigung und Neuanlage des Bautzener Platzes (Albertplatz) kam es nach 1809 um den nördlichen Teil zu Veränderungen.

Die alliierten Luftangriffe im Februar und insbesondere die am 2. März 1945 zerstörten große Teile der Hauptstraße. Der Wiederaufbau nach dem Zweiten Weltkrieg war politisch nicht gewollt und verzögerte sich, weil Altstadt und die Schaffung von neuem Wohnraum Vorrang hatten. Erst 1971 begann die Sanierung der Hauptstraße. Zuvor war der Großteil der stark beschädigten, allerdings durchaus wieder herstellbaren, barocken Bebauung abgetragen und die Grundstücke in Volkseigentum umgewandelt worden. Lediglich einige bedeutende Barockhäuser (Hauptstr. 9, 11, 13, 15, 17, 19) an der nördlichen Westseite und die Dreikönigskirche wurden wiederaufgebaut. Bis 1979 errichtete man, entlang der Ostseite und der südlichen Westseite der Hauptstraße zusammenhängende Wohnzeilen in Plattenbauweise (Typ WBS 70). Die fünfgeschossigen Zeilenbauten mit Balkonen und überdachter Ladenzone im Erdgeschoss rahmen die belebte Promenade. Die erhaltenen historischen Kellergewölbe wurden bei der Neubebauung zerstört. Nur die Hauptstr. 1 wurde über den Kellergewölben des abgetragenen Neustädter Rathauses errichtet, die bis 2002 eine Weinstube beherbergten. Die verbrannte, historische Lindenallee wurde durch Platanen ersetzt; je vier barocke, ursprünglich aus dem Zwinger stammende Skulpturen kamen auf zwei Platzanlagen zur Aufstellung. Die Verkehrsführung wurde entscheidend verändert, historische Straßengrundrisse zum großen Teil aufgegeben. Im Oktober 1979 wurde anlässlich des 30. Jahrestages der DDR die nun »Straße der Befreiung« genannte Hauptstraße als Fußgängerzone der Öffentlichkeit übergeben. Die abschließende Bebauung der Südseite des Albertplatzes erfolgte erst ab 1986.

1996 begann die Sanierung der Ladenzonen und Plattenbauten, die allerdings durch den Verkauf der städtischen Wohnungsgesellschaft bis heute nicht abgeschlossen ist. Dabei baute man auf der Westseite die Bereiche über den ursprünglichen Straßeneinmündungen zurück. Im Zuge der stimmigen Modernisierung (Knerer und Lang, Dresden) wurden die Blöcke jeweils unterschiedlich aufwendig in architektonischen und farblichen Varianten gestaltet. Besonders bemerkenswert ist das 2004 fertiggestellte Gebäude Hauptstr. 1, aus dessen glatten dunklen Fassaden die Balkone nun als kubenartige, verglaste Loggien vortreten.

Hauptstr. 17 (II E3; mit kleiner Parkanlage): Auch das ehemalige Wohnhaus der Hofbildhauer Johann Benjamin

Thomae und Gottfried Knöffler gehört zu den wenigen wiederhergestellten Barockbauten an der Hauptstraße zwischen Obergraben und Dreikönigskirche. Viele davon sind sogenannte Durchhäuser. Diese barocken Vorläufer der modernen Passagen sind durch schmale, tiefe Grundstücke gekennzeichnet, bei denen eine teilweise überbaute Tordurchfahrt oder ein breiter Durchgang das gesamte Gebäude durchzieht und mit der auf der Rückseite befindlichen Straße verbindet. Zwischen Vorder- und Hinterhaus und den Seitenflügeln liegt ein kleiner Lichthof, durch den die Belichtung der rückwärtigen Räume erfolgt. Besonders reizvoll an der Nr. 17 ist die zugehörige, kleine spätbarocke Parkanlage im Garten (2002 rekonstruiert). An ihrer rückwärtigen Seite befindet sich ein hübscher sechseckiger Pavillon mit einer wohl von Benjamin Thomae gefertigten Marmorbüste. Der Park liegt in unmittelbarer Nachbarschaft zum → Societätstheater.

Hauptstr. 19 (II E3) **/ Societätstheater** (Hintergebäude): Das älteste erhaltene Dresdner Theater wurde 1740 als Hintergebäude der Hauptstr. 19 errichtet. 1776 gründete sich der Freundeskreis »Societaetstheater«, der sich aus Dresdner Theaterliebhabern des aufgeklärten Bürgertums zusammensetzte. Dieser begann mit einem provisorischen, von Laien durchgeführten Spielbetrieb zunächst in der Friedrichstadt. Im Hintergebäude des Hauses Hauptstraße 19, das damals dem Regierungskanzlisten Johann Christoph Hoffmann gehörte, fand man eine geeignete Spielstätte. Im Dezember 1779 begann der Theaterbetrieb im umgebauten, rund 250 Zuschauer fassenden Haus. 1832 wurde der Bau für den regelmäßigen Spielbetrieb geschlossen. Nach dem Zweiten Weltkrieg blieb das Gebäude lange Jahre unsaniert. Ab 1992 wiederaufgebaut und 1999 als städtisches Theater wiedereröffnet, wird es heute von einem Förderverein mit zahlreichen Partnern und Förderern unterstützt.

Königstraße (II E3; 1946–91: Friedrich-Engels-Straße):

1722 wurde die Königstraße von Matthäus Daniel Pöppelmann als zweite Hauptachse der Inneren Neustadt zwischen dem Holländischen Palais (→Japanisches Palais) und dem Schwarzen Tor (→Albertplatz) als etwa 340 m lange und 26 m breite, mit Linden bepflanzte Allee angelegt. Nach dem »Baureglement« von 1731 waren die bürgerlichen Neubauten auf das Palais auszurichten und ihm unterzuordnen. Die geschlossene Bauweise, die Trauf-, First- und Gesimshöhen, maximal drei Geschosse, ein Mansardwalmdach sowie eine schlichte Fassadengestaltung mit zentralem Segment- oder Korbbogenportal waren vorgeschrieben. Der Oberlandbaumeister hatte die Baupläne zu begutachten und die Fassaden selbst zu zeichnen. Während der zum Palaisplatz liegende Teil der Königstraße in den 1730er und 1740er Jahren bebaut wurde, folgte die Errichtung der Bauten zum Bautzner Platz hin später, zum Teil erst nach der Mitte des 19. Jh.s in historistischem Stil. Die Zerstörungen im Februar und März 1945 betrafen den nordöstlichen Bereich der Königstraße. Dort wurden 1986 postmoderne Plattenbauwohnzeilen errichtet, die sich in der Geschosszahl und der Firsthöhe an der gründerzeitlichen Umgebung orientierten. Die übrigen Gebäude der Königstraße sind Zerstörung und Abriss in der DDR entgangen und wurden nach 1990 zum großen Teil wiederhergestellt.

Zu den frühen Bauten zählen: die Nr. 1, eine ursprünglich U-förmige Anlage, im späten 19. Jh. zur Wallgasse hin mit einem Hintergebäude geschlossen und mit um 1900 überdachtem Binnenhof. Hier sind Stuckdecken des Barock und der Gründerzeit erhalten. Nrn. 3, 5 und 5a wurden in den 30er Jahren des 18. Jh.s als geschlossener Block errichtet. Das Bürgerhaus Nr. 3 wurde ab 1732 von George Bähr und dem Maurermeister Johann Schob aufgeführt. 1737 erwarb es der Lackmaler und Vergolder Carl Christian Reinow. Die Nr. 5 wird 1737 erstmals erwähnt und ist ab 1742 im Besitz des Landbauschreibers Johann

Christian Simon nachweisbar. Im 19. Jh. nur leicht verändert, haben sich in beiden Stiegen, Stuckdecken und Türen aus der Erbauungszeit erhalten. Das sogenannte Lippertsche Haus (Nr. 5a) wurde 1730–44 errichtet, ab 1776 in Besitz des Hofrates Philip Daniel Lippert, des damaligen Direktors der Antikensammlung der Akademie. Auf diese Zeit geht wohl die antikisierende Ausmalung einiger Räume zurück. Ende des 19. Jh.s wurde der westliche Seitenflügel ergänzt, 1992–95 saniert.

Die Königstraße 8 stellt einen Sonderfall dar. Hier wurde 1996/97 auf Wunsch der Denkmalpflege ein erhaltener Gründerzeitbau abgerissen, um das barocke Straßenbild zu rekonstruieren. Der Neubau des Vorderhauses der Nr. 8 fügt sich in das ursprüngliche Blockkonzept ein, zeigt im Bauschmuck am Portalgewände eigenständige künstlerische Qualitäten. Im stimmigen, verzweigten Passagensystem (Weise & Treuner), das die historischen Hofhäuser zwischen Rähnitzgasse und Königstraße sowie dem Obergraben verbindet, setzt ein moderner Glasanbau im südlichen Hof gelungene zeitgenössische Akzente. Die Bürgerhäuser Nr. 13 und 15 (heute Kulturrathaus) sind der späteren Bauphase zuzuordnen: Die Nr. 13 wurde um 1746 für den damaligen Hofbildhauer Johann Joseph Hackl errichtet, im Jahre 1824 um ein drittes Obergeschoss aufgestockt und das ausgebaute Walmdach durch ein flaches Satteldach mit Mansarden ersetzt. Das benachbarte Gebäude, die Nr. 15, wurde damals neu aufgeführt – viergeschossig mit Satteldach. 1860 wurde auf dem rückwärtigen Grundstück das Saalgebäude, die sogenannten Bachschen Säle, errichtet. Der zweigeschossige Saal mit offenem Dachstuhl dient heute dem dort untergebrachten Kulturrathaus als Veranstaltungsraum.

2008/09 wurde schließlich anstelle des 1945 zerstörten und abgetragenen Blocks (Königstraße 14/16) ein Hotelneubau errichtet. Damit ist das geschlossene Straßenbild der Königstraße zwar wieder vollständig, doch fehlt dem

Neubau die eigenständige architektonische Qualität. Im Wallgässchen 5 hingegen entstand 2002 ein gelungenes Ensemble aus Alt und Neu auf dem Grundstück des eindrucksvollen Torhauses aus dem 19. Jh., die nach dem Bauherren benannte Prisco-Passage. Das historische Vorderhaus und der südliche Remisenflügel wurden denkmalgerecht saniert und durch einen modernen Kubus in Glas und Stahl auf der nördlichen Hofseite ergänzt.

Äußere Neustadt mit Albertstadt

Äußere Neustadt

Der seit 1945 gebräuchliche Name »Äußere Neustadt« für die ehemalige Antonstadt rührt von ihrer Lage außerhalb der alten Festungsmauern her. Sie beginnt auf der Nordseite des heutigen Albertplatzes (früher Schwarzes oder Bautzner Tor). Das Kerngebiet erstreckt sich zwischen Königsbrücker Straße im Westen, Alaunplatz im Norden und Priesnitztal im Osten. Heute gehören zur äußeren Neustadt auch das östlich gelegene →Preußische Viertel (oder Radeberger Vorstadt), im Westen die industriell geprägte Leipziger Vorstadt mit →Neustädter Bahnhof, altem Gaswerk und →Neustädter Friedhof sowie das →Hechtviertel im Nordwesten. Nördlich des Alaunplatzes schließt sich die ehemalige Militärstadt, die →Albertstadt an.

Die Äußere Neustadt wurde zur Gründungszeit um 1745 »Neuer Anbau auf dem Sande« genannt – nach dem sandigen Untergrund. Im 18. Jh. war sie nur spärlich besiedelt. Mit der Entfestigung ab 1809 legte Gottlob Friedrich Thormeyer den Bautzner Platz (heute: Albertplatz) an (→Innere Neustadt). Um 1818 folgten einige Straßenzüge nördlich des Platzes. Gemäß Thormeyers »Bauregulativ« von 1829 waren zwei- bis dreigeschossige Villen in offener Bauweise in den Straßen um den Platz geplant. Für das eigentliche Kerngebiet war eine geschlossene, drei- bis fünfgeschossige Bebauung in spätklassizistischem Stil vorgesehen. Nach der Eingemeindung der Antonstadt 1835 und nach einsetzender Industrialisierung – insbesondere in den Gründerjahren nach 1871 – entwickelte sich der neue Stadtteil rasch. So entstand im Kerngebiet und im Hechtviertel in geschlossener, zunächst zwei, dann drei- und viergeschossiger Bebauung eine lebendige

Mischnutzung aus Wohnen, Kleingewerbe und Handwerk mit wenigen größeren Manufakturen. Seit 1872 erfolgte die Bebauung von Hoyerswerder, Tieck- und Melanchthonstraße sowie des Martin-Luther-Platzes (1879–83) für finanziell besser gestellte Familien mit großzügigen Wohnungsgrundrissen und reicheren Fassaden. Seit den 1890er Jahren ergab sich eine weitere Verdichtung der Äußeren Neustadt durch die Errichtung von Hinterhäusern. Unter Stadtbaurat Hans Erlwein erhielt die Neustadt weitere Schulbauten, eine moderne →Feuerwache, →Brunnen, Wasser- und Elektrizitätswerk. In den 1920er und 30er Jahren kamen Wohnanlagen hinzu: z. B. in der Paulstraße, Timäusstraße und in der Leipziger Vorstadt die Großsiedlung zwischen Hansa- und Großenhainer Straße von Curt Herfurth.

Die Gebiete der Äußeren Neustadt blieben von der Zerstörung durch die Luftangriffe im Februar und März 1945 weitgehend verschont. In der DDR-Zeit wurden die soweit intakten Altbauviertel vernachlässigt, aber großflächige Abbruchmaßnahmen unterblieben. Die Viertel gerieten allmählich in Verruf, denn nur Alte, sozial Schwache, Alternative und »politisch Unzuverlässige« blieben in den verfallenden, ofenbeheizten Wohnungen ohne Bäder wohnen. So entwickelte sich hier eine alternative Kulturszene. Nach der Wende wurde die Äußere Neustadt 1991 zum Sanierungsgebiet erklärt. Die staatlichen Förderprogramme setzten eine Sanierungswelle und damit auch die langsame »Gentrifikation« in Gang. Die traditionelle Mischung aus Wohnen und Arbeiten hat sich erhalten. Hier trifft sich auch weiterhin die alternative Szene Dresdens, die letzten besetzten Häuser Dresdens liegen in der Neustadt und im Hechtviertel. Künstler, Kunsthandwerker und junge Architekten finden hier bezahlbare Arbeitsräume und Werkstätten. Kleine, individuelle Geschäfte, Galerien, Straßencafés und Restaurants prägen das Viertel. An den Abenden in den Sommermonaten pulsiert das Leben in den Straßen und Kneipen. Der Altersdurchschnitt liegt bei etwa 30 Jahren. Die Geburtenrate liegt weit über dem Dresdner Durchschnitt. Und so bilden diese Stadtteile heute die lebendigsten und buntesten Viertel der Stadt.

Sakralbauten

Martin-Luther-Kirche und Platz (II F2)**:** 1883–87 wurde zunächst die evangelische Martin-Luther-Kirche in spätromanischen und frühgotischen Formen auf dem gleichnamigen Platz errichtet. Ab 1888 begann dann die Bebauung der umliegenden Grundstücke mit großbürgerlich ausgestatteten Wohnhäusern. Durch die Entstehung der →Albertstadt im Norden nahm die Neustadt einen verstärkten wirtschaftlichen Aufschwung. Höhere Offiziere und Beamten fragten bessere Wohnungen in der Umgebung, insbesondere im Preußischen Viertel nach.

Die Architekten Ernst Giese (1832–1903) und Bernhard P. Weidner (1843–1899) konzipierten die Pfarrkirche als einschiffigen Sandsteinbau auf kreuzförmigen Grundriss, mit dreiseitiger Empore und einem 87 m hohen Westturm und steilem Turmhelm. Treppentürmchen flankieren den halbrund geschlossenen Chor und den Turm. Die Martin-Luther-Kirche überstand den Zweiten Weltkrieg völlig unbeschadet und zeigt bis heute ihre intakte neoromanische Ausstattung (Kanzel, Ambo, Taufstein, Glasmalerei). Im Verbund mit dem zentralen Kirchenbau stellt die gesamte Platzanlage mit den umgebenden und fast komplett erhaltenen, geschlossenen gründerzeitlichen Wohnbauten ein reizvolles Ensemble des späthistoristischen Städtebaus dar.

Profanbauten

Artesischer Brunnen (II E2): Auf der Nordseite des Albertplatzes befindet sich der Artesische Brunnen. Der 240 m tiefe Brunnenschacht wurde 1832–36 durch Freiberger Bergleute zur Bereitstellung von sauberem Trinkwasser in der Neustadt gebohrt. Die eigentliche Quelle befindet sich in der Antonstraße in dem kleinen, schiefergedeckten Brunnenhäuschen von Paul Siemen neben dem ehemaligen DVB-Hochhaus. Das Wasser tritt durch natürlichen Druck an die Oberfläche. Am Hochhaus auf der Nordseite des Albertplatzes ist der dazugehörige Trinkbrunnen angebracht. Auch wenn er nicht der aktuellen Trinkwasserqualität entspricht, holen sich hier viele Dresdner Wasser. Das Brunnenwasser speist auch die dortige kleine Brunnenanlage, die 1906 vom Stadtbaurat Hans Erlwein als kleiner Rundtempel entworfen und nach ihrer Zerstörung im Februar 1945 bis 1989 rekonstruiert wurde. Aufgrund der konstanten Temperatur von 13 Grad wird die Anlage als einzige in Dresden sommers wie winters betrieben.

Das **ehem. DVB-Hochhaus** (II E2, Königsbrücker Str. 1) wurde 1929 auf der Nordwestseite des Albertplatzes im Auftrage der Sächsischen Staatsbank von Hermann Paulick und dem Betonfachmann Benno Löser als zweites Dresdner »Hochhaus« (nach den →Ernemannwerken in Striesen) als Stahlbeton-Skelettbau errichtet (11 Geschosse, 37 m Höhe). Löser verwandte hierbei einen neuen, schnell abbindenden Beton, so dass pro Woche ein Stockwerk fertig gestellt werden konnte – damals eine bautechnische Meisterleistung. Im Zweiten Weltkrieg unversehrt, diente es später als Sitz der Dresdner Verkehrsbetriebe. Seit 1980 steht es unter Denkmalschutz und seit 1997 leer. Der eigentliche Turmbau betont die Ecksituation. Die flankierenden, deutlich niedrigeren Anbauten mit Mansarddächern im Norden und Westen vermittelten zur anschließenden, heute verlorenen Bebauung. Die Vertikalwirkung des Gebäudes wird durch horizontale, durchlaufende Bänder unterhalb der Fenster und im Bereich der Traufen stark zurückgenommen.

Ensemble Martin-Luther-Platz (→Martin-Luther-Kirche)

Die **Feuerwache Neustadt** (II E2, Louisenstr. 14–18) zwischen Louisen- und Katharinenstraße geht zurück auf den Stadtbaurat Hans Erlwein, der in nur einem Jahrzehnt von 1904 bis zu seinem frühen Tode 1914 die Entwicklung Dresdens zur modernen Großstadt ganz entscheidend voranbrachte. Zahlreiche seiner über 70 Bauwerke prägen bis heute nachhaltig das Stadtbild. Die Neustädter ist die dritte Feuerwache, die Erlwein in Dresden errichtete (Striesen, Schlüterstr. 19, 1906/7; Johannstadt, Dürerstraße, 1913). 1913 begonnen, wurde der Bau erst 1916 nach seinem Tode vollendet. Er ist jedoch typisch für die klare und rhythmisch gliedernde Architektursprache Erlweins. Die 55 m lange, viergeschossige Hauptfassade mit den paarweise gekuppelten Fenstern zur Louisenstraße integriert sich in die umgebende geschlossene Bebauung. Die Arkadenzone im Erdgeschoss nimmt die Ausfahrten für die Löschzüge auf, dem leicht zurückspringenden dritten Obergeschoss ist ein durchlaufender Balkon vorgelagert. Zwei seitliche Risalite mit flachem Dreiecksgiebel setzen vertikale Akzente. Als zentraler Dachreiter ist der Uhrenturm zur Trocknung der Schläuche ausgeführt.

Ehem. Freimaurerloge (II E2, Bautzner Str. 19): Die Neustädter Freimaurerloge »Zu den drei ehernen Säulen« wurde um 1863 gegründet. Das Logenhaus wurde um 1868 wohl durch den Architekten Bernhard Schreiber (1833–1894) errichtet. Ein weiterer Umbau erfolgte 1894, 1936 erhielt es seine heutige Gestalt. Als die Nationalsozialisten 1935 im Zuge der Gleichschaltung alle Logen schlossen, wurde das Gebäude durch den privaten Ankauf durch einen Logenbruder gerettet. Danach diente es lange Zeit als Verwaltungsgebäude für die dahinter liegende

»Aktiengesellschaft für Leder- und Maschinenriemen«. Der dreiflügelige, zweigeschossige Bau, in dessen Seitenflügel die Säle untergebracht sind, liegt weit zurückgesetzt und ist von der Bautzner Straße durch einen Weg mit säulenflankiertem Tor zugänglich. 1996 erfolgte eine grundlegende Sanierung, bei der die historische Wandfassung im großen Saal im Obergeschoss wiederhergestellt wurde.

Grützner Villa (II E2–3, Bautzner Str. 17): Die zweigeschossige Villa mit hohem Walmdach wurde 1835 in klassizistischem Stile errichtet. 1887 erwarb der Bautzner Unternehmer Emil Grützner den Bau, ließ ihn erweitern und im Stile des Neobarock neu ausstatten. 1913 erfolgte ein weiterer Umbau. 1939, 1993 und zuletzt 2004 wurde die Villa saniert. Die historische Innenausstattung ist weitgehend erhalten. Das Vestibül ist mit kannelierten Pilastern, Kassettendecke und Wandbrunnen ausgestattet. Zur Villa gehört eine kleine Gartenanlage.

Das **Hauptpostamt** (II E2, Königsbrücker Straße 21) mit dem zweigeschossigen Anbau für die Schalterhalle (EG) und den Kantinenbau (OG) wurde 1962–64 von den Architekten Wolfram Starke, Kurt Nowotny und Günter Biermann entworfen und ausgeführt. Der qualitätvolle, bisher unsanierte Bau der Dresdner »Ostmoderne« ist als Stahlbetonskelett in Fertigbauweise realisiert worden. Dem Haupteingang zur Königsbrücker Straße ist ein über vier Stufen erschlossener Vorplatz vorgelagert, den auf der Nordseite eine niedrige offene Vorhalle abschließt. Die Eingangszone ist mit farbigen Keramikfliesen gestaltet – ein für Architektur der 1960er Jahre typisches Merkmal (s. ehemaliges Arbeitsamt, Strehlen).

Kunsthofpassage (II F2, Alaunstraße 70, Görlitzer 21–25): Sehr erfolgreich ist die Revitalisierung von fünf Höfen zwischen der Alaun- und der Görlitzer Straße verlaufen. Man verzichtete auf Neubauten innerhalb der drei zusammengefassten Parzellen und beschränkte sich auf gestaltende Eingriffe. Junge Absolventen der Dresdner

Kunsthochschule gestalteten die einzelnen Höfe. So entstand ein ›Hof der Fabelwesen‹ (Viola Schöpe), auf dessen farbigen Wänden sich die aus mit bunten Fliesen gefertigten, mosaikartig in den Grund eingelassenen, grotesken Figuren ausbreiten. Der ›Hof der Elemente‹ (Annette Paul, Christoph Roßner, André Tempel) besitzt eine bemerkenswerte Installation aus verzinkten Regenrinnen, Fallrohren und Trichtern vor einer in unterschiedlichen Türkistönen gestalteten Fassade, durch die der Regen und jede Stunde auch Wasser aus der Zisterne des ökologischen Brauchwassersystems rauscht. Im ›Hof der Metamorphosen‹ kann man allmähliche Korrosionsprozesse an Stahltafeln und, hinter Glas, an Papieren von Arend Zwicker verfolgen. Im zuletzt 2001 ausgeführten ›Hof der Tiere‹ dominieren Holz und Sandstein. Um das dortige, vor einer Kulisse aus Sandsteinfelsen gesetzte Wasserbecken mit einem ruhenden Büffel aus Granit tummeln sich zahlreiche Sandsteintiere. An der grasgrünen Fassade des Vorderhauses sind lebensgroße Giraffen, Affen und fliegende Störche zu entdecken. Den Fuß der Holzstützen der Balkone, deren Brüstungen aus Weidenflechtwerk gestaltet sind, bevölkern Schweine. Die »Kunsthofpassage« stellt ein kreatives Beispiel für die Integration angewandter Künste in die Architektur dar. Passend zum Programm besteht eine Mischnutzung aus Wohnen und Gewerbe; Galerien, Kneipen, Kunsthandwerk, Buchläden und Kultur haben sich hier angesiedelt.

Neustädter Bahnhof (II D / E2): Am 7. April 1839 ging als erste Fernbahnlinie im deutschen Raum die Strecke Leipzig – Dresden (120 km) in Betrieb. 1837–39 wurde zunächst der **Leipziger Bahnhof** nordwestlich der Inneren Neustadt errichtet. Die ursprünglich halbkreisförmige Pfeilerkolonnade mit Zentralhalle und klassizistischen Flügeln wurde 1857–69 zur Dreiflügelanlage umgestaltet. Nach Beschädigungen 1945 wurde die Anlage zum Güterbahnhof (Antonstr. 29–37) umgebaut, so dass heute nurmehr der Mittelbau und der nördliche Seitenflügel des Empfangsgebäudes erhalten sind.

Am 1. September 1847 eröffnete man die Strecke Dresden – Görlitz: Diese bediente zunächst der 1845 östlich davon errichtete **Schlesische Bahnhof**. Nachdem die Strecke Berlin – Dresden hinzu kam, sollten alle Strecken auf der Neustädter Elbseite nur noch von einem Bahnhof ausgehen, so dass man 1898–1902 den Schlesischen Bahnhof nach Plänen Oskar Dürichs zum heutigen **Neustädter Bahnhof** umbaute. Im Dritten Reich verband eine Expressverbindung Dresden und Berlin, die durch den speziell eingesetzten Henschel-Wegmann-Zug in 100 Minuten bewältigt wurde. Während des Zweiten Weltkriegs wurde die Deportation der sächsischen Juden in das Konzentrations- und Vernichtungslager Auschwitz-Birkenau vom benachbarten Neustädter Güterbahnhof abgewickelt.

Nordbad (II F2, Louisenstr. 48): Das 1894–96 in spätklassizistischem Stil errichtete Germaniabad liegt im Hofbereich zwischen Rothenburger, Louisen- und Böhmischer Straße. Nach der 1950 auf Initiative der Anwohner erfolgten Sanierung wurde es in Nordbad umbenannt. 1976 musste es infolge der hohen Frequentierung schließen. Die Jugendstilausstattung der kleinen Schwimmhalle mit umlaufender Galerie wurde bei der grundlegenden Sanierung 1996 erhalten und um einen Saunabereich erweitert. Von der Eingangshalle können auch Besucher einen Blick auf die historische Schwimmhalle werfen.

»Nudelturm« (II E2): Plattenbauten nördlich des Albertplatzes, dessen Bebauung an der Nordseite erst 1989 anlässlich des 40. Jahrestages der DDR-Gründung abgeschlossen wurde. Die sechsgeschossige Zeile mit Ladenzone im Erdgeschoss schließt den Albertplatz nach Norden und erstreckt sich zwischen Alaunstraße und der südlichen Königsbrücker Straße. Sie wurde postmodern gestaltet und besitzt einen dreiteiligen risalitartigen Turmvorbau, der städtebaulich mit dem gegenüber liegenden

DVB-Hochhaus korrespondiert. Das auskragende Obergeschoss des Turmvorbaus zeichnet sich durch goldfarben bedampfte Scheiben und eine giebelartige Bekrönung aus Messing aus. Der illuminierte Schriftzug »Nudelturm« verweist auf das dortige, bis 2008 genutzte Aussichtsrestaurant.

Pfunds Molkerei (II F2, Bautzner Straße 73–81, Prießnitzstr. 6–16): 1880 eröffnete der Landwirt Paul Pfund in der Görlitzer Straße einen Milchladen. Dort waren sechs Kühe hinter einer Glasscheibe ausgestellt und die Kunden konnten wählen, von welcher sie die Milch erwerben wollten. Daraus ging der größte sächsische Molkereibetrieb der Brüder Pfund hervor, der sukzessive 1891–1930 auf dem Gelände am östlichen Ende der Äußeren Neustadt zwischen Bautzner Straße und Priesnitzstraße bis zur Einmündung der Louisenstraße errichtet wurde. Friedrich Hermann Richter zeichnete verantwortlich für den Großteil der umfangreichen Produktionsanlagen, Wohn- und Verwaltungsgebäude. Der Pfundsche Betrieb, dessen Produktionsanlagen von Paul Pfund selbst mitentwickelt wurden, gehörte in der Milchwirtschaft zu den modernsten im Deutschen Reich. Die Produktion reichte von frischer Milch, den üblichen Milchprodukten sowie der ersten Kondensmilch bis zu Babynahrung und Milchseife. Zum Betrieb gehörten Tierzuchtanlagen, eine Kartonagefabrik, eine Druckerei für Etiketten und Reklame, Stellmacherei und Ställe für etwa 100 Pferde der Milchwagen, eine weitere Fabrik in Böhmen sowie eine Spedition in Hamburg, die den Export der Produkte nach Übersee abwickelte.

Die Fabrik wurde 1979 abgerissen, etliche Nebengebäude blieben erhalten und sind inzwischen denkmalgerecht saniert. Die einmalige Innenausstattung des Milchgeschäfts in der Bautzner Straße von 1891/92 blieb bestehen. Es ist komplett mit handbemalten Fliesen der Firma Villeroy & Boch im Stil der Neorenaissance ausgestattet, auf denen die verschiedenen Stationen der Milch- und Käseproduktion dargestellt sind. Der Laden war bis 1978 in Betrieb, wurde nach der Wende restauriert und als Käsefachgeschäft wieder eröffnet. Auch die erhaltenen, ehemaligen Produktionsgebäude entlang des Priesnitzufers wurden inzwischen saniert: Hier sind u. a. ein Hotel und ein Varietétheater untergebracht.

Rädlersche Schule (II F2, Louisenstraße 59): Die Rädlersche Armenschule vermittelt als eines der ältesten Gebäude der Äußeren Neustadt einen anschaulichen Eindruck von der ursprünglichen Gestalt der Neustadt. Der zweigeschossige Bau mit Mansarddach und spätbarocken Gauben wurde 1789 mit massivem Erdgeschoss aus Sandstein und Obergeschoss aus überputztem Fachwerk errichtet. Das Sandsteinrelief über der Tordurchfahrt zeigt das Motto der Stiftung: »Bete und Arbeite«. Während die Fassade zur Straße umgestaltet wurde, besitzt die Hofseite noch einige originale, achtteilige Fensteröffnungen und einen heute vermauerten Bogengang. Das Seitengebäude wurde 1823 angefügt. Hier lernten und arbeiteten bis 1849 ca. 5 Klassen mit rund 100 Kindern aus der Neu- und der Friedrichstadt, deren Eltern das Schulgeld für die regulären Schulen nicht aufbringen konnten.

Plätze, Friedhöfe/Grünanlagen

Alaunplatz (II F1): Der Alaunplatz, der heute als Park gestaltet am Ende der Alaunstraße zwischen der Äußeren Neustadt und der Albertstadt liegt, existierte bereits zu Beginn des 18. Jh.s als Rodung am Rande der Dresdner Heide. Der Name geht zurück auf eine seit 1765 am Bischofsweg ansässige Alaunsiederei. Hier befand sich bis 1847 auch die Neustädter Richtstätte »Auf dem Sande«. Seit etwa 1830 diente er als Exerzierplatz militärischen Zwecken. Mit dem Ausbau der Albertstadt wurde der Alaunplatz auf 8,5 ha erweitert und zum wichtigsten Paradeplatz der sächsischen Armee. Als erstes Kasernengebäude wurde 1868–71 die Kaserne des Schützenregiments unmittelbar nördlich des Alaunplatzes palastartig auf der Anhöhe errichtet. Sie wurde als einziger Bau der Albertstadt 1945 zerstört und abgerissen, so dass heute der Blick frei zur Garnisonskirche reicht.

Der **Alte Jüdische Friedhof** (II F2, Pulsnitzer Str. 12) wurde 1751 mit Genehmigung des sächsischen Kurfürsten Friedrich August II. als erste jüdische Begräbnisstätte in Sachsen am Rande der Dresdner Heide angelegt. Bis 1869 wurden hier 1250 Grabstätten eingerichtet. Heute ist der Friedhof zwischen Pulsnitzer und Priesnitzstraße von Häusern umringt. Der in der NS-Zeit nicht beschädigte Friedhof besitzt zahlreiche eindrucksvolle Sandsteingrab-

Jüdische Grabsteine auf dem Alten Jüdischen Friedhof in der Neustadt

male. 1869 wurde der →Neue Jüdische Friedhof in der Johannstadt eröffnet und der alte Friedhof stillgelegt.

Der **Innere Neustädter Friedhof** (II E1, Friedensstr. 2) wurde 1731 außerhalb der damaligen Festungsmauern geplant, als der Neubau der Neustädter Pfarrkirche (→Dreikönigskirche) auf dem Gelände des alten Neustädter Kirchhofs (= Friedhof) an der Hauptstraße in Angriff genommen wurde. Der Friedhof besaß zunächst eine quadratische Grundfläche von 200 × 200 Ellen (1 sächsische Elle = etwa 56 cm). Bereits 1759 während des Siebenjährigen Kriegs (1756–63) musste er im Osten um das als »2. Land« bezeichnete Areal erweitert werden. Dieses ist nur über einen schmalen Mauerdurchbruch mit dem fortan »1. Land« genannten, alten Abschnitt verbunden. 1846 war eine erneute Erweiterung notwendig. Der Friedhof umfasst heute drei »Länder« mit einer Gesamtfläche von 4 ha. Durch die strikte bauliche Trennung der Abschnitte und die sukzessive Belegung spiegeln diese relativ deutlich die unterschiedlichen historischen Schichten. Im ersten Land finden sich zahlreiche barocke Grabsteine, Grufthäuser und Wandgrabanlagen. Nur ausnahmsweise sind auch ältere Grabmale zu sehen, die vom älteren Friedhof hierher transloziert wurden.

Im zweiten Land dominieren Grabmale aus dem späten 18. und frühen 19. Jh., während im dritten Land besonders die Grabstätten des späten 19. und der ersten Hälfte des 20. Jh.s bemerkenswert sind. Die Feierhalle gegenüber dem zentralen Eingang wurde ab 1799 nach Plänen von Christian Traugott Weinlig zunächst als Kirchengruft errichtet. Neben dem Verwaltungsgebäude war bis 1974 in der Friedhofsmauer das Totentanzrelief eingelassen, das Herzog Georg ursprünglich für das Georgentor hatte anfertigen lassen, welches seit 1990 in der Dreikönigskirche angebracht ist.

Albertstadt

Ab 1873 wurde nördlich der Äußeren Neustadt die **Albertstadt** als neuer Hauptstandort für das sächsische Heer errichtet. Durch die siegreiche Teilnahme der sächsischen Armee als sogenannte Maasarmee an der Schlacht von Sedan, die den Ausgang des Deutsch-Französischen Krieges 1870/71 entscheidend beeinflusste, profitierte auch Sachsen von den immensen Reparationszahlungen, die das besiegte Frankreich an das neu gegründete Deutsche Reich zu leisten hatte. Aus diesen Mitteln wurde auch die Errichtung der neuen Garnisonsstadt finanziert, die nach dem sächsischen Kronprinzen Albert – dem Befehlshaber der sächsischen Truppen – benannt wurde. Das 7,5 km^2 umfassende Areal zieht sich vom Nordwesten über 3,5 km entlang des Höhenzugs der Hellerberge und der Dresdner Heide bis zur Radeberger Straße. Das Gebiet ist um zwei Straßenachsen angeordnet: die Königsbrücker Landstraße und die heutige Stauffenbergallee (früher Carola-Allee und Prinz-Georg-Allee), die sich am Olbrichtplatz (früher Königsplatz) kreuzen. Durch die verkehrstechnische Anbindung an die Sächsisch-Schlesische Eisenbahn konnten die Truppen schnell zu den großen Truppenübungsgeländen bei Königsbrück und der Lausitz verlegt werden.

Die Albertstadt war als autarke Militärstadt angelegt mit eigenen Truppenteilen zur Versorgung, mit Bäckerei, Wäscherei und Schlachthof, Garnisonslazarett, Kadettenhäusern, Werkstätten, Bautruppen, Militärgericht und Garnisonskirche. Nördlich des Kasernengeländes siedelte sich ein Industriegebiet mit eigenem Wasser- und Kohlekraftwerk für die Albertstadt und den entsprechenden Munitions- und Waffenfabriken an. In der Albertstadt war eine ganze sächsische Division mit Stab, Divisionstruppen und einigen Brigaden untergebracht (insgesamt rund 20000 Soldaten).

Für das nach dem Ersten Weltkrieg auf 100000 Mann

reduzierte deutsche Heer war die Albertstadt zu groß. Daher wurde ein Teil des Areals umgenutzt: Eine Offizierschule wurde eingerichtet, 1928 in der Nähe des Bahnanschlusses ein kleiner Militärflugplatz angelegt und das Industriegelände durch zivile Betriebe genutzt. Im Zweiten Weltkrieg fand in den Anlagen Ausbildung statt. Von den alliierten Luftangriffen auf Dresden im Februar und März war die Albertstadt bis auf die Schützenkaserne nördlich des Alaunplatzes nicht betroffen.

Nach dem Zweiten Weltkrieg übernahm die Nationale Volksarmee (NVA) der DDR die zentralen Bereiche, den westlichen Teil der Stauffenbergallee die Bereitschaftspolizei und die Volkspolizei der DDR. Die Sowjetische Armee zog in Teile der Kasernen am östlichen Ende der Stauffenbergallee. Das Ende des 19. Jh.s errichtete neue Militärgerichtsgebäude an der Fabrice-Straße wurde bis 1992 als Gefängnis- und Gerichtsgebäude genutzt (heute: Bundesanstalt für Arbeitsschutz und Arbeitsmedizin).

Mit der Wende übernahm die Bundeswehr das Gelände der NVA, nach dem Abzug der sowjetischen Armee 1992 das gesamte Gebiet. Im zentralen Arsenalstrakt nördlich des Olbrichtplatzes ist heute die Bundeswehrakademie untergebracht. Auch das ehemalige Garnisonslazarett und das Kadettenhaus östlich der Priesnitz untersteht der Bundeswehr. Bis 1990 war die Albertstadt zwar stark vernachlässigt, aber als Anlage komplett erhalten. In dieser Gesamtheit ist sie ein einzigartiges Zeugnis der sächsischen und deutschen Militärgeschichte. Erst mit der zivilen Nutzung konnten große Teile der Albertstadt unter Denkmalschutz gestellt werden. Die Größe des Areals macht eine sinnvolle denkmalgerechte Nachnutzung schwierig, so dass leider wichtige Teile bereits aufgegeben wurden.

Sakralbau

Garnisonskirche (II F1, Stauffenbergallee): Die Garnisonskirche an der Stauffenbergallee (heute katholische Pfarrkirche St. Martin) wurde 1893–1900 von den Dresdner Architekten William Lossow & Hermann Viehweger – eines der damals führenden Dresdner Architekturbüros – weithin sichtbar auf dem Höhenzug nördlich des Alaunplatzes errichtet. Der monumentale, in neoromanischen und frühgotischen Formen ausgeführte Sandsteinbau wurde als simultanes Gotteshaus konzipiert und setzt sich aus zwei, nach Süden ausgerichteten Kirchenräumen zusammen. Der größere, mit polygonalem Chor und Kapellenkranz aufwendig ausgestattete Raum war den protestantischen Soldaten vorbehalten und der kleinere mit Chorumgang den katholischen Soldaten der sächsischen Armee. Auf der Nordseite zur Stauffenbergallee überragt der über 90 m hohe Turm den breit gelagerten Komplex, der nach Süden mit polygonalen Chorschlüssen und zahlreichen kleinen Anräumen und Kapellen ein abwechslungsreiches Bild bietet. Der im Zweiten Weltkrieg unversehrte Bau dient heute als Pfarrkirche der katholischen St. Martinsgemeinde der Neustadt.

Profanbauten

Das 1873–77 im neoklassizistischen Stil errichtete **Arsenal** (heute: Militärhistorisches Museum) ist mit dem monumentalen säulenflankierten Mittelrisalit auf den Königsplatz (heute Olbrichtplatz) ausgerichtet. Das zweigeschossige, dreiflügelige Gebäude wurde 1918 in ein Militärmuseum umgewandelt. Heute ist hier das Militärhistorische Museum der Bundeswehr untergebracht und wird bis 2011 von Daniel Libeskind umgestaltet: Ein monumentaler, schimmernder Metallkeil durchschneidet das historische Gebäude, quasi als Ausdruck der historischen Zäsuren –

ein spannungsreiches Durchdringen von Alt und Neu, ohne die Authentizität oder den Charakter des Altbaus preiszugeben.

Die **Heeresbäckerei** lag zwischen Königsbrücker Straße und Bahnstrecke, so dass sie zum einen direkt an die Eisenbahn angebunden war und zum anderen die Proviantmagazine im Gebäudekomplex des Arsenals in unmittelbarer Nähe lagen. Die Heeresbäckerei versorgte nicht nur die Albertstadt, sondern die gesamte Sächsische Armee mit Backwaren. Zum Komplex gehörten ein Brotmagazin, das Kornsilo, eine Mühle und das Mehlmagazin. Die Anlage wurde 2000 zu einem Einkaufszentrum umgestaltet und das Dresdner Stadtarchiv angesiedelt. In der Mitte steht das historische, zum Restaurant umgenutzte Backhaus mit hohem Schornstein. Von den historischen Korn- und Getreidesilos entlang der Bahnlinie wurde eines trotz Denkmalstatus abgerissen. In den gegenüberliegenden **Magazingebäuden** entlang der Königsbrücker Straße wird behutsam saniert, Gewerbe und Dienstleistungen werden angesiedelt.

Kasernen (Stauffenbergallee 2, 2b): Entlang der westlichen Stauffenbergallee erstrecken sich die ausgedehnten Kasernengebäude: östlich der Priesnitz für die Infanterieregimenter (1874–76, Stauffenbergstr. 2) mit Hauptwache (1875, Stauffenbergallee 2b), westlich der Königsbrücker die Kavallerie- und Artillerieeinheiten mit ausgedehnten Ställen, Reitanlage und Exerzierplatz. Letztere werden heute von der Polizei genutzt. Ein weiterer Teil wird zu Wohnraum umgebaut. Die erst 1900/01 errichteten neogotischen Trakte am westlichen Ende der Stauffenbergallee harren noch ihrer Sanierung. Die ehemalige Infanteriekaserne an der östlichen Stauffenbergallee wurde in den 1990er Jahren saniert. Hier haben die Landesdirektion Dresden und das Landesamt für Finanzen ihren Sitz.

Neustädter Ufer und Elbschlösser (»Albrechtschlösser«)

Zwischen Augustusbrücke und Blauem Wunder erstreckt sich, auf knapp 6 km Länge, das malerische rechte Elbufer Dresdens. Zunächst flach und weitläufig, steigt es, eine sanfte Kurve beschreibend, bald kräftig an, um schließlich eine Höhe von etwa 100 m über dem Fluss zu erreichen. An seinen Hängen wechseln Auen und Parkanlagen, Weinberge, Villen und Paläste; vor allem letztere haben mit ihrer pittoresken Architektur zur Unverwechselbarkeit des Landstriches beigetragen. Die einzigartige Verbindung von Landschaft und Kultur trug dem Dresdner Elbtal 2004 den Titel eines Weltkulturerbes ein, der dem Bau der umstrittenen Waldschlösschenbrücke 2008 geopfert wurde.

Der erste Flussabschnitt bis hin zum Waldschlösschen ist Teil des Königsufers, das die rechte innerstädtische Elbfront bis hin zur Marienbrücke umfasst und in den 1930er Jahren als Flaniermeile gestaltet wurde. Es berührt die Stadtteile →Innere und →Äußere Neustadt, denen eigene Kapitel gewidmet sind.

Das Elbufer zwischen der Äußeren Neustadt und dem Blauem Wunder (→Loschwitz) wird von den anmutigen Elbschlössern (»Albrechtschlössern«) geprägt; ihre malerische Silhouette krönt die Hanglandschaft mit ihren lieblichen Weinbergen und idyllischen Gärten.

Das östliche Königsufer zwischen Augustusbrücke und Waldschlösschen

Wo einst Hausfrauen ihre Wäsche bleichten und die Holzpontons der Elbebäder zum Schwimmen luden, erstreckt sich heute der östliche Teil des Königsufers mit seinen Promenaden und Gärten, den Regierungspalästen und den herrschaftlichen Villen des 19. Jh.s. Gebadet wird nur noch am Zufluss der Prießnitz, doch nutzen Biergärten und Restaurants die pompösen historistischen Bauten für kulinarische Vergnügen. In den Sommermonaten ziehen die »Filmnächte am Elbufer« mit ihrer grandiosen Kulisse Tausende von Besuchern an.

Bis ins 20. Jh. hinein war das rechte Elbufer ein auf Zufälligkeiten basierendes Konglomerat von Häusern, Höfen und Gärten. Erst die Anlage der Regierungsbauten ließ den Wunsch nach einer ansehnlichen Promenade wachsen. Erste Planungen (u. a. Hans Erlwein, 1910/12) wollten die historistischen Palastbauten und Villen mittels einer befestigten Uferstraße verbinden, der Erste Weltkrieg verhinderte jedoch die Ausführung. Paul Wolf ist es zu verdanken, dass man in den 1930er Jahren endgültig von dieser Planung Abstand nahm und eine einheitliche Uferpromenade anlegte, in die auch die Gärten der Villen und des →Japanischen Palais miteinbezogen wurden. Der →Brühlschen Terrasse und der barocken Silhouette der Altstadt sollte ein wirkungsvolles Pendant gegenübergesetzt werden.

Dass das rechte Elbufer einen völlig anderen Charakter hat als das linke, ist jedoch auch auf geologische Gegebenheiten zurückzuführen: Die Elbschleifen, die den Raum Dresdens prägen, hatten schon früh einen Prall- und einen Gleithang geformt, der ein relativ steiles, für die Schifffahrt nutzbares, und ein flaches, mit Sandstränden versehenes Ufer ausbildeten. Bis heute ist dieser ständige Wechsel im gesamten Flussverlauf zu erfahren.

Bauten und Gärten

Barocke Monumentalität prägt das **Sächsische Finanzministerium** (II E4, Carolaplatz 1), das zwischen 1890 und 1896 nach Plänen von Otto Wanckel und Ottomar Reichelt errichtet wurde. Die dreigeschossige Anlage organisiert sich um zwei symmetrische Höfe, ihre Mittelachse nimmt ein breiter Längstrakt ein, der von einem kuppelartigen Dach überhöht ist. In der Fassade tritt er als Risalit mit Tempelfront hervor. Im Tympanon prangt ein Fliesenbild von Anton Dietrich, das Saxonia beim Verwalten des Staatshaushalts zeigt; zu ihren Ausgaben zählten auch die Kosten des benachbarten Gesamtministeriums, das in einem Modell abgebildet ist. Das Ministerium wurde im Zweiten Weltkrieg stark beschädigt, 1945 frei rekonstruiert und 1994 im Außenbau auf den Originalzustand zurückrestauriert.

Die **Sächsische Staatskanzlei** (»Gesamtministerium«; II E4, Archivstr. 1) ist wie ihr Pendant, das Finanzministerium, auf die Elbe und auf den Blick vom Terrassenufer ausgerichtet. Den langgestreckten neobarocken Bau von Edmund Waldow und Heinrich Tscharmann (1900–04) dominiert ein monumentaler Mitteltrakt, dessen mächtige Halle das Treppenhaus aufnimmt. Turmartige Risalite betonen die Ecken des im Kern dreigeschossigen Verwaltungspalastes; er erstreckt sich gleichfalls um zwei, wenn auch deutlich schmalere Höfe. In der Dachzone werden Anklänge an den Jugendstil erkennbar; geschmückt wird der wuchtige Bau von einem Turm mit goldener Krone, was immer wieder zu Spekulationen über die sächsische Verfassung verleitet. Zu Zeiten der DDR war der Bau Sitz des Rates des Bezirks Dresdens, damals zierte eine Friedenstaube den Turm.

Staudengarten und Rosengarten (II F3): An die Ostseite der Staatskanzlei, den Rosa-Luxemburg-Platz flankierend, schließen sich die Grünanlagen des Staudengartens und des Rosengartens an. Sie wurden in den 1930er

Jahren unter Leitung des Stadtgartendirektors Heinrich Balke angelegt. Nach Kriegseinwirkungen, Wildwuchs und Flutschäden werden die originalen Gärten seit einigen Jahren mit ihrer zeittypischen Bepflanzung und den Sichtachsen zur Altstadt rekonstruiert; unwiederbringlich verloren sind jedoch etliche Skulpturen, die den Park zierten: Sie wurden im Zuge der »Edelmetallspenden« für den Zweiten Weltkrieg eingeschmolzen. An ihrer Stelle hat man andere Werke zusammengetragen, die teils auf den Sockeln der verlorenen Arbeiten aufgestellt wurden. Es sind dies: der *Bogenschütze* von Ernst Moritz Geyger (1902), die *Genesung* von Felix Pfeifer (1937), die *Große Kniende* von Otto Rost, die Skulptur *ani-mal* von Steffen Bachmann (1999).

Folgt man dem Ufer stromaufwärts, so passiert man eindrucksvolle Villen des 19. Jh.s. Von der Bautzner Str. her erschlossen, öffnen sie sich mit weiträumigen, an den Hang geschmiegten Gärten zur Elbe. Es dominiert der Stil der Neorenaissance im Sinne Gottfried Sempers und seines Schülers Georg Hermann Nicolai (Bautzner Str. 74, 86, 88, 94, 96, 104, 120), doch malerischer wirken die neogotischen oder im Tudor-Stil mit Türmchen und Zinnen ausgestatteten Villen (Bautzner Str. 80 und 82). Eine Ausnahmestellung nimmt das **Marcolinische Vorwerk** in der Bautzner Str. 96 (II G2) ein: An seiner Stelle hatte sich im 18. Jh. die Dresdner Eisengießerei befunden, bis Graf Camillo von Marcolini, Direktor der Porzellanmanufaktur und enger Vertrauter des Kurfürsten Friedrich-August III., das Areal 1785 erwarb und zum landwirtschaftlichen Mustergut ausbauen ließ. Kern der Anlage war die Meierei, das sogenannte Vorwerk, das aus einem parallel zur Bautzner Str. verlaufenden Wirtschaftstrakt und zwei senkrecht dazu gelegenen Torbauten bestand. Reliefs an den Giebeln der Torbauten (Franz Pettrich, heute z. T. Kopien) verweisen auf Ackerbau und Viehzucht. Der Haupttrakt wurde 1856 durch Georg Hermann Nicolai zu einer Villa im Stil der Neorenaissance umgestaltet, wobei dem Bau ein dreiachsiger Mittelrisalit vorgelegt wurde. Heute beherbergt das Marcolinische Vorwerk ein Restaurant und eine Klinik.

Zum Besitz des Grafen Marcolini gehörte auch das →Waldschlösschen (Radeberger Str. 60), das dieser für seine irische Frau wohl von Johann Daniel Schade hatte errichten lassen. Aufgrund seiner Entstehungszeit 1785/90 zählt der Bau zu den frühesten Manifestationen der Neugotik in Dresden.

Zwischen Waldschlösschen und Blauem Wunder

Dinglingers Weinberg (III J/K3, Schevenstr. 59): Johann Melchior Dinglinger war einer der begabtesten Goldschmiede des Barockzeitalters. 1698 wurde der gebürtige Schwabe zum Hofjuwelier Augusts des Starken berufen und schuf für diesen – zusammen mit seinen beiden Brüdern Georg Friedrich und Georg Christoph – die Prunkstücke des Grünen Gewölbes, darunter den *Hofstaat des Großmoguls*. Dinglinger kam zu Reichtum und konnte neben seiner Dresdner Stadtwohnung in der Frauengasse 9 ein Weingut in der heutigen Schevenstr. erwerben. Hier befand sich bereits ein Landhaus des 17. Jh.s, das der Juwelier um einen neuen Flügel erweitern ließ. In seinem Obergeschoss ließ er einen Festsaal einrichten, der mit Allegorien der Jahreszeiten und der Tierkreiszeichen geschmückt war. An der Decke prangt eine barocke Windrose, die mit einer Wetterfahne auf dem Dach verbunden war (Konstruktion von Andreas Gärtner). Dinglinger ließ ebenfalls einen Barockgarten mit Brunnen, Belvedere und überdachter Kegelbahn anlegen, die älteste ihrer Art in Dresden. Im späten 19. Jh. wurde der Besitz veräußert, konnte aber als Ensemble erhalten werden.

Ehem. Ministerium für Staatssicherheit (III I2, Bautzner Str. 112): Nach dem Ende des Zweiten Weltkriegs usurpierte die Rote Armee den Schotengrund zwischen Loschwitz und der Äußeren Neustadt. Ihr folgte 1952 das Ministerium für Staatssicherheit, das das Gelände zwischen der Bautzner Str. und der Elbe zum Bau ihrer Untersuchungshaftanstalt nutzte. Elbhangvillen, historische Parkanlagen, Gärten und Waldflächen fielen den Maßnahmen zum Opfer. Stattdessen entstand die von Betonmauern, Stacheldraht und Hundestaffeln gesicherte Stasi-Veste mit ihren grauen Gefängnistrakten, Verhör- und Freiganggzellen. Tausende von Menschen wurden hier qualvoll festgehalten, fast 150 verschwanden spurlos. Am 5. Dezember 1989 wurde der Gebäudekomplex gestürmt. Heute befindet sich in den seit 1996 unter Denkmalschutz stehenden Räumen eine Gedenkstätte, die an den Terror des DDR-Regimes erinnert.

Saloppe (III I2, Brockhausstr./Körnerweg): Die Saloppe, das historische Wasserwerk Dresdens, verdankt seinen Namen einer in der Nähe einer Elbfähre gelegenen Schänke, die bei den russischen Soldaten der Befreiungskriege beliebt war. Sie nannten das Wirtshaus *chalupka*, zu Deutsch etwa *Hütte*, eine Bezeichnung, die später in den Dresdner Sprachschatz einging. 1864 erwarb die Stadt das Gelände an der Einmündung des Eisenbornbaches, um dort das erste Dresdner Trinkwasserwerk zu errichten. Die Gaststätte wurde abgerissen, der Name jedoch blieb und wurde auf den Werksbau übertragen. Theodor Friedrich und Bernhard Salbach waren die Architekten des langgestreckten, in historistischen Formen errichteten Gebäudes aus gelbem Klinker. Ein kräftiger bossierter Sockel und vier Ecktürme geben ihm einen mittelalterlich-trutzigen Charakter. 1945 wurde die Saloppe zum Teil zerstört; die erhaltene Hälfte wurde 1980 rekonstruiert. In ihrer Nähe hat sich wieder ein Biergarten gleichen Namens etabliert.

Die drei Elbschlösser

Die Vorgeschichte der Schlösser liest sich wie ein moderner Immobilienskandal: Zu Beginn des 19. Jh.s hatte der reiche schottische Lord und Fabrikbesitzer Jakob von Findlater ein Auge auf das von Weinbergen und kleinen Palais durchzogene Gelände geworfen und ließ es – teils gegen den Widerstand seiner Besitzer, wohl aber mit Duldung des Königs – durch seinen Sekretär und Geliebten Georg Christian Fischer komplett erwerben. Bald darauf entstand nach Plänen von Johann August Giesel ein klassizistisches Landhaus, das seinerzeit als das schönste und modernste Palais Dresdens galt. Nach dem Tod des Lords verkaufte Fischer das Anwesen an den Hotelier Johann Gabriel Krebs, der aus dem »Findlaters« eine beliebte Gaststätte machte. Literaten, Musiker und Künstler, unter ihnen Jean Paul, E. T. A. Hoffmann und Richard Wagner, kehrten hier ein.

Schloss Albrechtsberg (III I2, Bautzner Str. 130): 1849 begann, nach manchen Wirren, ein neues Kapitel in der Geschichte des Elbhanges: Im Namen des Prinzen Albrecht von Preußen, der in unstandesgemäßer Liaison mit einer Hofdame lebte und einen neuen, repräsentativen Wohnsitz suchte, erwarb die Baronin Ernestine von Stockhausen einen großen Teil des Findlaterschen Besitzes. 1850 begann der Umbau des alten Palais nach Plänen des Schinkelschülers Adolf Lohse (1807–1867). Er plante einen gewaltigen, sich über fünf Terrassen erstreckenden Schlosskomplex im »italienischen Stil« mit Kolonnaden, Treppen, Gärten und Wasserspielen. Obwohl wegen des instabilen Hanges nur ein Bruchteil des Projekts realisiert werden konnte, erscheint das 1854 fertig gestellte Schloss Albrechtsberg als überaus anspruchsvolle Anlage, die sich dominierend über der Elbe erhebt. Preußische Repräsentanz verbindet sich mit sächsischer Lieblichkeit.

Das Schloss selbst ist ein von schlanken Türmen gerahmter dreigeschossiger Sandsteinbau im Stil des Spätklassizismus; es präsentiert sich mit 13 Fensterachsen und umlaufender, von Figuren bekrönter Balustrade. Seine Innenräume ordnen sich axialsymmetrisch um die in die Tiefe gestreckte Folge von Vestibül, Treppe und Gartensaal bzw. den darüber liegenden zweigeschossigen Festsaal. Den Zugang von der Landseite flankieren zwei imposante Kavaliershäuser mit »Wilden Männern« in den Giebelfeldern – sie trugen einst das preußische Wappen des Hausherrn. Hat man diese passiert, so steigt das Terrain zum Schloss hin an; ausladende Rampen für die Kutschen und eine Freitreppe führen die Besucher zu dem erhöht gelegenen Schloss, dessen Fassade in den drei mittleren Achsen als giebelbekrönter Portikus ausgebildet ist. Die eigentliche Schauseite liegt jedoch zum Fluss; ihre Mitte betont eine von niedrigeren Zwillingsfenstern mit Dreiecksgiebeln flankierte doppelgeschossige polygonale Exedra. Die Innenräume sind äußerst aufwendig und abwechslungsreich ausgestattet. Im Gartensaal entrücken illusionistische Veduten den Betrachter bis nach Südtirol, Neapel, Konstantinopel und Ägypten (August Wilhelm Ferdinand Schirmer), das Geländer der marmornen Wendeltreppe, die den Zugang zur Beletage bildet, zieren die vergoldeten Insignien des preußischen Adlerordens, in der reich dekorierten Kuppel darüber prangen Medaillons mit den Vorfahren Prinz Albrechts. Im festlichen Kronensaal im Obergeschoss dominiert der Stuckmarmor; die Wände sind gelblich gehalten, die üppigen spätklassizistischen Türrahmen und Spiegelfassungen sowie die Kassettendecke weiß. Die Genreszenen in den Lünetten stammen von Ernst Hartmann, der auch die Semperoper ausgestaltete. Beleuchtet wurde der Saal mit sechs prunkvollen venezianischen Leuchtern, deren Kerzen mit Gasflammen betrieben wurden.

Hauptattraktion ist jedoch das Türkische Bad im linken Flügel des Erdgeschosses: Karl von Diebitsch schuf den mit Stuckfliesen verkleideten, überaus stimmungsvollen

Raum; seine Mitte nimmt das rechteckige, von sechs Marmorsäulen umstellte Becken ein, das von einem zweijochigen Stalaktitengewölbe überfangen wird.

Unterhalb des Schlossbaus, bis hin zum Elbufer, erstrecken sich die malerischen Garten- und Terrassenanlagen, die nur in bescheidener Form ausgeführt werden konnten: Selbst für den Bau der drei (statt fünf) Terrassen mussten mehrere hundert Freiberger Bergleute herangezogen werden, die den sandigen Hang durch Stollen und Stützmauern sicherten. Die Staffelung der Säulengänge, Treppen und Tempelfronten erinnert an die Szenographie hellenistischer Heiligtümer; im Halbrund der Kolonnaden um das »römische Bad« der mittleren Terrasse wird das Vorbild der Villa d'Este in Tivoli spürbar. Die Parkanlagen, die das Gelände der benachbarten Villa Stockhausen miteinbezogen, basieren auf dem Entwurf des Königlich-Preußischen Obergärtners Eduard Neide, wurden aber von dem jungen Herrmann Sigismund Neumann 1852–63 ausgeführt, der später zum Hofgartendirektor wurde. Auch hier mussten erhebliche Zugeständnisse an die Bodenverhältnisse gemacht werden. Dennoch entstand ein überaus malerischer Landschaftsgarten »im englischen Stil«, der mit künstlichen Felsen, Viadukten, Brunnen und Teichen ausstaffiert ist. Kavaliershaus und Belvedere im westlichen Teil des Gartens werden derzeit restauriert.

Schloss Albrechtsberg wurde 1925 an die Stadt Dresden verkauft, 1927 der zwischenzeitlich verwahrloste Park rekonstruiert und 1930 öffentlich zugänglich gemacht. 1944 diente das Schloss als Quartier des »Volkssturms«, danach als Sitz der russischen Militäradministration. Zwischen 1949 und 1951 Eigentum des sowjetischen Reiseunternehmens Intourist, wurde es 1951 den »Jungen Pionieren« überantwortet und als »Pionierpalast Walter Ulbricht« zur Erholungs- und Bildungsstätte der (DDR-)Jugend ausgebaut. Nach der Wende wurde die bereits in den späten 1970er Jahren begonnene Restaurierung der Innenräume und des Parks (Wiederherstellung des Originalzustandes von 1854) intensiviert. Heute bildet Schloss Albrechtsberg den festlichen Rahmen von Konzerten und anderen kulturellen Veranstaltungen.

Villa Stockhausen, »Lingnerschloss« (III J2, Bautzner Str. 132): Villa Stockhausen, das mittlere der drei Elbschlösser, wirkt wie die kleinere Ausführung von Schloss Albrechtsberg. Tatsächlich stehen beide Bauten in engster Beziehung: Villa Stockhausen wurde als Wohnsitz des oben erwähnten Kammerherren Albrechts von Preußen errichtet, von demselben Architekten, Adolf Lohse, entworfen und parallel zu seinem größeren Pendant 1850–53 ausgeführt. Wie das Schloss präsentiert sich die Villa als spätklassizistischer Bau mit Sandsteinfassaden, auch die seitlichen Türme (hier allerdings oktogonal) und die Balustradenbekrönung sind übernommen. Bescheidener in ihren Dimensionen, ist die Villa Stockhausen über annähernd quadratischem Grundriss aufgeführt; an die Stelle der drei Geschosse traten nurmehr zwei und ein Mezzanin, dem Mittelrisalit der Elbseite ist eine verglaste, doppelstöckige Veranda vorgelegt. Säulengalerien mit Eckpavillons flankieren den kompakten Bau, dem eine weite Terrasse vorgelagert ist. Diese ruht auf einer mächtigen Stützmauer, in deren unteren Teil eine Grotte eingelassen ist. Über Treppen erreicht man den akkurat angelegten Weinberg. Zur Straßenseite erstreckt sich ein weitläufiger Park mit Nebengebäuden, darunter ein Wirtschaftsgebäude im Schweizerstil.

1891 verkaufte die Familie Stockhausen das Anwesen an den Schreib- und Nähmaschinenfabrikanten Bruno Naumann. Nach dessen Tod 1903 erwarb 1906 der Mundwasserproduzent (»Odol«) und Begründer des Hygienemuseums, Karl August Lingner, das Anwesen und ließ das Haus in seinem Inneren grundlegend umgestalten. Lingners bevorzugter Architekt war Wilhelm Kreis, der die Innenräume im Stil seiner Zeit gediegen ausgestaltete. Villa

Villa Stockhausen »Lingner-Schloss« am Dresdner Elbhang, errichtet von Adolf Lohse 1850–53, ab 1906 im Besitz v. Karl August Lingner

Stockhausen wurde dank des Hausherren zum Treffpunkt von Gelehrten und Künstlern. Der in die Technik vernarrte kranke, visionäre Mann ließ sich neben einer Telefonanlage eine eigene Standseilbahn einrichten, die ihn und sieben weitere Personen von der Schlossterrasse in den Weinberg befördern konnte (1916 stillgelegt und verrottet). Die Kreis'sche Innenausstattung der Villa ist nicht erhalten, zumindest kann aber ein achteckiger Pavillon des Architekten im Park besichtigt werden.

Lingner starb 1916; wenige Jahre später entstand das kleine ovale, mit Halbsäulen gegliederte Mausoleum am Fuße des Hangs. Seinen Entwurf lieferte der damalige Stadtbaudirektor Hans Poelzig, die Reliefs mit den trauernden Frauengestalten schuf Georg Kolbe.

Lingner vermachte die Villa und den Park der Stadt Dresden »zum Besten der Bevölkerung«; Streitigkeiten um die Eingemeindung des Loschwitzer Besitzes in die Landeshauptstadt verhinderten jedoch eine angemessene Nutzung. 1957 gründete der Wissenschaftler Manfred von Ardenne den »Dresdner Club«, der sich in den Räumen der Villa traf, jedoch die verbliebene Innenausstattung vollkommen entfernte; nach der Wende wurde dem Club gekündigt. Nach einer neuen Bestimmung des Anwesens im Sinne Lingners wird noch gesucht.

Schloss Eckberg, »Villa Souchay« (III J2, Bautzner Str. 134): Der östliche Teil des Findlaterschen Weinbergs, der Eckberg mit dem Haus des Oberlandbaumeisters Wolf Caspar von Klengel und dem Mordgrund, ging, nachdem er mehrfach den Besitzer gewechselt hatte, 1858 in den Besitz des Großkaufmanns John Daniel Souchay über. Bereits im folgenden Jahr ließ dieser das barocke Landhaus abreißen und nach den Entwürfen des Semperschülers Christian Friedrich Arnold (1823–1890) ein neogotisches Schloss errichten. Vielleicht standen dem Baumeister englische Burgen der Tudorzeit vor Augen – in jedem Fall hebt sich der asymmetrische Komplex mit seinen drei schlanken Türmen, dem trutzigen Zinnenkranz und der lebhaften Gliederung durch Erker, Balkone und Balustraden unübersehbar von seinen neoklassizistischen Nachbarn ab.

Auch die Innenausstattung des Schlosses erfolgte im gotischen Stil: Arnold entwarf Säle mit Kreuzrippengewölbe, Galerien mit Kielbögen, Türen mit Vorhangbögen und weiteren Dekorationsmotiven (spät-)mittelalterlicher Herkunft. Teure Materialien, darunter exotische Hölzer und geschliffenes Spiegelglas, wurden in dem repräsentativen Bau verwandt, für den Souchay etwa 400000 Goldmark ausgab. 1860 konnte er weitere Weinberge, darunter den Dinglingerschen, erwerben und auf dem nunmehr weitläufigen Gelände Wirtschaftsgebäude und Erschließungsstraßen anlegen. Auch die Nebengebäude, so die Gewächshäuser, der Stall- und Remisenbau und das Pförtnerhäuschen an der Bautzner Str., wurden in gotisierenden Formen errichtet.

Als Souchay 1877 starb, konnte oder mochte seine Witwe Thekla den Besitz nicht lange halten. Bereits 1878 wurde er veräußert und gelangte in zahlreiche andere Hände. 1925 erwarb der Pharmazeut und Botaniker Ottomar Heinsius von Mayenburg das Anwesen und verlieh ihm neuen Glanz. Mayenburg, der die Zahnpasta erfunden hatte und mit der Dresdner Chlorodont-Fabrik zu erheblichem Reichtum gekommen war, schuf sich in Schloss Eckberg sein irdisches Paradies: Er ließ mithilfe von bis zu 42 Gärtnern die für seine Zeit einzigartigen Garten- und Parkanlagen gestalten; eine botanische Sensation war das *Alpinum* mit seinen Steingärten und Bergpflanzen.

Mayenburg starb 1932. 1945 wurden das Chlorodontwerk wie Schloss Eckberg enteignet, die Familie übersiedelte nach Westdeutschland. In den folgenden Jahrzehnten unter DDR-Herrschaft residierten verschiedene Firmen in dem langsam verfallenden Elbschloss. Anfang der 1980er Jahre wurde es restauriert und diente als internationales Jugendhotel. Nach der Wende wurde das Anwesen 1991 an die Erben der von Mayenburg zurückgegeben; sie verkauften es 1994 an eine Münchener Unternehmensgruppe, die seitdem in Schloss und Park ein Nobelhotel mit Restaurant betreibt.

Villenviertel

Blasewitz

Der linkselbische Stadtteil Blasewitz ist durch die Architektur des späten 19. Jh.s geprägt; sein Ensemble historistischer Villen ist einzigartig. Die Wurzeln des Stadtteils reichen allerdings bis ins 14. Jh. zurück: Als Vorwerk Blasenwicz 1349 erwähnt, ist ein Dorf gleichen Namens ab 1384 nachweisbar. Im 17. Jh. dienten seine Gefilde als Jagdgelände und Truppenaufmarschplatz.

Als sich im 19. Jh. Offiziere, Fabrikanten und Künstler vor den Toren Dresdens niederließen, begann die goldene Zeit von Blasewitz. Keimzelle des schnell wachsenden Villenviertels war der »natürliche« Waldpark, den der Regierungsrat Arthur Willibald Königsheim 1869 im Blasewitzer Tännicht anlegen ließ (Pläne von Hermann Sigismund Neumann). Um seinen schattigen Hain, im Gebiet der heutigen Wägnerstr., Loschwitzer Str., Goetheallee, Käthe-Kollwitz-Ufer, Vogesenweg, Mendelssohn- und Händelallee, gruppierten sich prachtvolle Villenbauten, mit deren Errichtung namhafte Architekten betraut wurden, so Karl Emil Scherz, Rudolf Schilling & Julius Gräbner, Christian Friedrich Arnold, Max Georg Poscharsky, Martin Pietzsch, Konstantin Lipsius u. a. Eine strikte Ordnung verbot geschlossene Häuserreihen und legte den Mindestabstand der Bauten zur Straße fest. Auch für die Anbindung an die Residenz wurde gesorgt: 1872 fuhr die erste Straßenbahn vom Schillerplatz zum Pirnaischen Platz.

Die meisten der Blasewitzer Villen entstanden zwischen 1870 und 1910 und spiegeln die ganze Spannbreite historistischer Formen wider: Von den frühen mediterran-klassizistischen Bauten – Reflex auf Sempers paradigmatische

Villa Rosa von 1839 – reicht sie über die Neorenaissance und den Neobarock bis hin zum Jugendstil. Die Neugotik blieb, bis auf wenige Ausnahmen, der Sakralarchitektur vorbehalten. Populärster Stil, vor allem um die Wende vom 19. zum 20. Jh., war die zwischen Spätgotik und Manierismus changierende »deutsche Renaissance«, die einer Vielzahl malerischer Bauten zum Vorbild diente. 1921 wurde Blasewitz gegen heftigen Widerstand seiner wohlhabenden Bevölkerung nach Dresden eingemeindet.

Der Zweite Weltkrieg, vor allem aber die Ignoranz des DDR-Regimes hinterließen deutliche Spuren in der historischen Bausubstanz des Stadtteils; nach der Wende wurden viele Villen saniert.

Profanbauten

Schillerplatz und Ortsamt Blasewitz (III J/K4): Zentrum von Blasewitz ist der Schillerplatz, der einstige Dorfplatz, der mit dem Bau des →Blauen Wunders endgültig zum Knotenpunkt östlich Dresdens wurde. Seinen Namen verdankt er den Aufenthalten Friedrich Schillers in →Loschwitz, während derer der Dichter die Fährschänke am südlichen Ufer der Elbe zu besuchen pflegte. Hier lernte er die Wirtstochter Gustel von Blasewitz kennen, eigentlich Johanne Justine Renner, geb. Segedin. In *Wallensteins Lager* setzte er ihr ein literarisches Denkmal: »Was? Der Blitz! Das ist ja die Gustel aus Blasewitz!« Die Gaststätte **Schillergarten** wurde in ihrer heutigen Gestalt ab 1891 von Karl Emil Scherz gestaltet. Das gegenüberliegende **Café Toscana** öffnete 1906 seine Pforten.

Gustel von Blasewitz prangt seit 1905 als anrührende Standfigur von Martin Engelke am **Blasewitzer Rathaus** (III J4). Das heutige Ortsamt (Naumannstr. 5) wuchs aus drei Gebäuden bzw. Erweiterungstrakten zusammen: Ältester Teil ist das zur Linken gelegene einstige Schulhaus, das 1851 nach einem zehn Jahre älteren Entwurf von Gottfried Semper vollendet wurde. Der zierliche neugotische Bau mit seinen Staffelgiebeln und der üppigen spätgotischen Portalrahmung wurde 1890 von Emil Wägner erweitert. Er steht in spannungsreichem Kontrast zu dem eingeschossigen Flügel im Stil der deutschen Renaissance und dem dreigeschossigen Eckbau, den Karl Emil Scherz 1904 aufführte. Der Blasewitzer Architekt hatte zuvor, 1891–93, die neugotische **Heilig-Geist-Kirche** (III K4) an der heutigen Sebastian-Bach-Str. / Berggartenstr. 22a errichtet.

Ab 1880 wurde die Gestaltung des Schillerplatzes als südlicher Brückenkopf des **Blauen Wunders** geplant. Die Konzeption sah den Abriss der alten Dorfhäuser zugunsten einer geschlossenen Bebauung vor. Die mehrstöckigen Häuser sollten einheitliche Fassaden aus Ziegel und Sandstein erhalten. Prägender Architekt war erneut Karl Emil Scherz, der die Mehrzahl der Häuser an Schillerplatz und Körnerplatz verantwortete. Dem Geschmack der Zeit entsprechend orientierten sich seine Entwürfe an der deutschen Baukunst zwischen Spätgotik und Renaissance. Pittoreske Türme, Giebel, Zwerchhäuser und Erker sowie reicher Fassadendekor sorgen für abwechslungsreiche Fronten, die sich dennoch dem Ensemble unterordnen.

Schulen: Blasewitz besitzt zwei interessante Schulbauten vom Beginn des 20. Jh.s. 1907/08 entstand das in neobarocken Formen gehaltene Gymnasium (früher Martin-Andersen-Nexö-Gymnasium, seit 2007 Sächsisches Landesgymnasium für Musik **Carl-Maria-von-Weber**; III K4, Kretschmerstr. 27). Seine Gründung erfolgte als Reaktion auf die Weigerung Dresdens, Blasewitzer Schüler aufzunehmen – eine Maßnahme, die die Eingemeindung des reichen Vororts erzwingen sollte. Fast gleichzeitig erbaute Hans Erlwein die **32. Mittelschule** in der Hofmannstr. 32–34 (III K5), deren massige Baukörper eine deutlich modernere Sprache sprechen. An der Ausgestaltung des

Gebäudes war unter anderen Georg Wrba beteiligt, der zwischen 1907 und 1930 als Professor an der Kunstakademie die Dresdner Bildhauerkunst dieser Zeit entscheidend prägte. 1922 schuf er den **Brunnen am Königsheimplatz** (III I4), dessen expressiv-realistische Bronzefigur der *Europa mit dem Stier* im Zweiten Weltkrieg eingeschmolzen wurde (heute Nachbildung).

Villen

Brücke/Most Villa (III K4, Reinhold-Becker-Str. 5): Die repräsentative Jugendstilvilla (Max Große, 1905) ist heute Sitz der deutsch-tschechischen Brücke/Most-Stiftung.

Villa Eg-Gü / Villa Barthel (III J4, Wägnerstr. 8): Ebenfalls zu den seltenen Jugendstilvillen in Blasewitz zählt die 1904–12 von Martin Pietzsch erbaute Villa Barthel, ab den 1930er Jahren im Eigentum des Schuhcremefabrikanten Egbert Günter.

Villa Ilgen / Tusculum (III J4, Loschwitzer Str. 37): Mit ihrer spätklassizistischen tempelartigen Aufmachung gehört Villa Ilgen zu den prachtvollsten Bauwerken in Blasewitz; das eingeschossige Eckhaus mit 7: 5 Fensterachsen ist in seiner Umgebung allerdings eher ungewöhnlich. Zur Loschwitzer Str. präsentiert sich Villa Ilgen mit einem korinthischen Portikus, der hinter einer ausladenden Freitreppe aufragt; zur Prellerstr. ist dieser zur Veranda zurückgebildet. In den Giebelfeldern findet sich üppiger allegorischer Schmuck. Die neobarocken Innenräume gruppieren sich um ein zentrales Atrium mit Oberlicht. Architekt des 1891 vollendeten Gebäudes ist Martin Pietzsch; der opulente Bau diente dem Apotheker, Rattengiftproduzenten und Sportmäzen Hermann Ilgen als Wohnsitz.

Villa Marie / Mon Bijou (III K4, Fährgässchen 1): Die 1860 erbaute Villa Marie zählt zu den Landhäusern im »toscanischen Stil«, die um die Mitte des 19. Jh.s in Dresden überaus beliebt waren. Zu DDR-Zeiten Künstlertreff und Ausstellungsort, 1986 vom Abriss bedroht, 2002 überflutet, beherbergt sie heute ein idyllisches, direkt am Elbufer gelegenes Restaurant.

Villa Muttersegen / Pernwaldhaus (III J3, Goetheallee 24): Dekor der deutschen Renaissance prägt die schlossartige Villa Muttersegen, die nach Entwürfen von Rudolf Schilling & Julius Gräbner 1891/92 für den Schriftsteller Franz von Schönthan errichtet wurde.

Villa der Prinzessin und des Prinzen zur Lippe (III I3, Käthe-Kollwitz-Ufer 88): Die repräsentative Villa ist im Stil des Dresdner Neobarock gehalten. Ihre großzügigen Parkanlagen wurden 1911 von J. P. Großmann und Georg Heinsius von Mayenburg gestaltet.

Villa Rothermund (III J4, Mendelssohnallee 34): Der dem Landesmusikgymnasium Carl-Maria-von-Weber dienende Bau wurde 1896/97 von Karl Emil Scherz für den Kaufmann Adolf Rothermund errichtet und 1909 durch denselben Architekten erweitert. Der Neorenaissancebau prunkt mit lebhaft gestaffelten Baukörpern und aufwendigem Sandsteindekor. Eine Freitreppe empfängt den Besucher und leitet ihn in die zweigeschossige Empfangshalle mit Prachttreppe und anschließenden Gesellschaftsräumen. Die historistische Innenausstattung von Scherz ist weitgehend erhalten, ebenso der parkähnliche Garten mit Brunnen. Die modernen Erweiterungsbauten schufen die Leipziger Architekten Benedikt und Ansgar Schulz.

Villa St. Petersburg (III I4, Loschwitzer Str. 21): Die Villa St. Petersburg war eine der ersten, die am Rande des Waldparks errichtet wurde (1872). Sie gehört zu den wenigen ihrer Art, die zu DDR-Zeiten gepflegt wurden. Der zweigeschossige Bau eines unbekannten Architekten aus dem Umkreis von Georg Hermann Nicolai besticht durch klare, symmetrische Gliederung; die Mitte der Hauptfassade betont der dreiachsige Risalit, den ein zusätzliches Halbgeschoss bekrönt. Auftraggeber des anspruchsvollen

Villa Weigang in Blasewitz, heute Standesamt
(M. G. Poscharsky), um 1895

Gebäudes war der Hofgärtner des russischen Zaren, Robert Henry Lüdicke, der in Blasewitz seinen Lebensabend verbrachte.

Villa Stock (III I3, Händelallee 14): Mehr als Landhaus denn als Villa verstand sich der rotbraune Klinkerbau der Villa Stock, die Franz Albert Stock für sich und seine Familie schuf. In den Fenstern und im lebhaften Kontrast zwischen Ziegelmauerwerk und Sandstein werden Erinnerungen an französische und niederländische Bauten wach.

Villa Weigang (III J3, Goetheallee 55): Die malerische Villa dient heute als Standesamt. Aufgrund ihrer Lage im Dreieck zwischen Goetheallee und Käthe-Kollwitz-Ufer besitzt sie drei Schaufronten, die im Stil der deutschen Renaissance reich mit Giebeln, Türmchen, Erkern und Loggien versehen sind. Sandsteindekor und florale Fassadenmalereien tragen gleichfalls zum heiteren Charakter des Baus bei. Villa Weigang ist ein bedeutendes Werk des Lipsius-Schülers Max Georg Poscharsky, der das Grundstück zur Spekulation erworben und samt der 1895 noch im Bau befindlichen Villa an den Druckereibesitzer Karl Ernst Otto Weigang veräußert hatte.

Ein interessantes Beispiel für die prägende Kraft der Blasewitzer Villen ist das **Mietshaus Wägnerstr. 18** (III J4). Der 1905 von Martin Pietzsch errichtete monumentale dreistöckige Bau nimmt den schmückenden Stil und die malerische Ausgestaltung der Privathäuser auf.

Striesen

Der sich südlich von Blasewitz erstreckende Stadtteil Striesen geht wie Blasewitz auf das 14. Jh. zurück: 1350 als »Ort eines Streza« (slawisch) erwähnt, lag sein Zentrum nördlich der heutigen Schandauer Str. Dieses Altstriesen, das die Wirren der folgenden Jahrhunderte nahezu unbeschadet überstand, brannte 1813 in der Schlacht um Dresden nieder. Schließlich fiel all das, was nach den französisch-russischen Kämpfen mühselig wieder aufgebaut wurde, 1945 den Feuersbrünsten des Zweiten Weltkriegs anheim.

1856 begann mit der Villa »Adams Ruh« »auf dem Sande« die Bebauung der Striesener Flur; ihr folgten weitere Villen und Wohnhäuser. 1860 wurde ein erster Bebauungsplan verabschiedet, bald darauf dehnte sich die Ortschaft bis zum Barbarossaplatz und zum Blasewitzer Tännicht aus und erreichte den Dresdner Stadtrand. Das rasterartige Straßensystem Neustriesens wurde nach amerikanischem Vorbild mit Buchstaben und Ziffern ausgewiesen.

Viele der neuen Bürger, die sich in Striesen niederließen, waren Gärtner, darunter auch der Enkel des einstigen Hofgärtners Johann Heinrich Seidel, Hermann Seidel. Ihm verdankt der Stadtteil den heute nach ihm benannten Park mit seiner winterharten Rhododendron-Kultur. 1880 erhielt Striesen auf Betreiben böhmischer Exilanten eine eigene Pfarre, die neugotische **Erlöserkirche** (Gotthilf Ludwig Möckel). 1945 zerbombt, wurde sie 1961 gegen den Willen der Bevölkerung abgetragen.

1892 wurde Striesen nach Dresden eingemeindet. Entlang der nach Lutherstätten und Dresdner Persönlichkeiten benannten Straßen entstanden prächtige Mietvillen; ihr üppiger Baudekor und prachtvolle Entrees suggerierten den Eintritt in ein familiäres Arkadien (z. B. Wittenberger Str. 62; Eisenacher Str. 25, »Löwenkopfpalais« Niederwaldstr. 37). Auf Grund ihrer quadratischen Grundrisse wurden sie als »Striesener Würfel« bezeichnet.

Vom schnellen Wachstum des Stadtteils zeugt die geschlossene Blockbebauung, etwa die **König-Friedrich-August-Häuser** des Kleinwohnungsbauvereins (1910/11) um Junghans-, Glashütter und Kipsdorfer Str. (III J5/6). Gleichzeitig profilierte sich Striesen als Industriestandort. Als Reaktion auf die Wohnungsnot nach dem Zweiten

Weltkrieg errichtete man 1957/58 die Großblocksiedlungen der **Borsbergstr.** (III H5; Masterplan Wolfgang Hänsch), für deren Konstruktion Ziegelschutt verarbeitet wurde. Sie sind die ersten Plattenbauten Dresdens. Gegenüber späteren Siedlungen weisen sie eine hohe gestalterische Qualität auf: Abwechslungsreiche Strukturen und (einstmals kräftigere) farbige Akzente unterbrechen die Uniformität der »Paneele«.

Sakralbauten

In den ersten Jahren des 20. Jh.s erhielt Striesen zwei hochrangige Kirchenbauten, die **katholische Herz-Jesu-Kirche** (III H5, Borsbergstr. 15–17) und die **evangelische Versöhnungskirche** (III J5, Schandauer Str. 35). **Herz-Jesu** wurde 1903–05 nach Entwürfen des Berliner Architekten August Mencken als neogotische Säulenbasilika errichtet. Ihr Langhaus ist mit Kreuzrippen gewölbt, der einjochige Chor endet mit einem 5/8-Schluss. Das Äußere des Sandsteinbaus dominiert ein quadratischer Turm mit hohem Kupferhelm; in ihm befindet sich die Taufkapelle. Portalrahmungen und Kapitelle tragen üppigen vegetabilen Schmuck, am Doppelportal des Haupteingangs steht eine Christusfigur. Die Kirche wurde im Krieg beschädigt und in den 1950er und 70er Jahren umgestaltet (neue Fenster mit Szenen des AT und NT durch Bruno Seener 1951/52, Veränderung des Turmhelms, Modernisierung des Innenraums durch Egon Körner 1963–76.

Aus den 33 Beiträgen zum Wettbewerb um die **Versöhnungskirche** (Weihe 1907) ging der Entwurf von Gustav Adolf Rumpel und Arthur Krutzsch als Sieger hervor. Er sah eine typologisch spannende Verbindung von Kirche und Gemeindebauten vor, die sich, nach dem Vorbild mittelalterlicher Klosterkomplexe, um einen (hier) dreiseitigen Kreuzgang und Ehrenhof gruppieren. Vorrangiger

Baustil ist die Neoromanik, in die sich Jugendstilelemente mischen. Das Gewölbe des Kirchenschiffs besteht aus Eisenbeton und bildet spätgotische Rippensterne aus. Otto Gußmann war für die dekorative Ausgestaltung der Kirche verantwortlich. 1956–58 wurde das Innere puristisch renoviert, 1983–86 erfolgte eine durchgreifende Rekonstruktion des ursprünglichen Zustandes. Dabei wurden die Wimperge im Altarraum in Stuck wiederhergestellt, die lebhafte Farbigkeit erneuert und die aufgearbeiteten Kronleuchter wieder installiert. Unter der weiteren Ausstattung ragen zwei Arbeiten von Georg Wrba hervor, die Bronzestatue des *Guten Hirten* und der Kruzifix am Altar. Das Denkmal im Ehrenhof erinnert an die Gefallenen des Ersten Weltkriegs (Selmar Werner 1928).

Profanbauten

Industrie: Schon seit dem späten 19. Jh. war Dresden ein Eldorado der Zigarettenproduktion. Zu den Protagonisten diese Metiers zählte der Grieche **Georg Jasmatzi**, der zunächst an der Blasewitzer, später an der Schandauer Str. eine florierende **Tabakfabrik** unterhielt. Bis zum Beginn des Zweiten Weltkriegs wuchs die Branche, dann wurden die meisten der vorwiegend jüdischen Eigentümer vertrieben. Nach Kriegsende feierten die Werke eine »volkseigene« Wiederauferstehung. Die Wende überdauert hat lediglich die unter der Ägide von Philip Morris stehende Marke f6, die bis heute in den sanierten Bauten an der Glashütter Str. (III I5) produziert wird.

Hermann Ernemann war der zweite Großindustrielle, der Striesen bekannt gemacht hat. Seine bis dato völlig neuartigen, ungemein präzisen optischen Geräte – Filmkameras, Zeitlupenkameras, Projektoren, darunter die berühmte Kinomaschine »Imperator« – leisteten einen entscheidenden Beitrag zur Durchsetzung des Spielfilms. Der betont schmucklose sechsgeschossige Eisenskelettbau an der **Junghansstr. 1** (III J5) wurde 1922/23 von Emil Högg und Richard Müller errichtet. Den Bau, ein Hauptwerk der Neuen Sachlichkeit, akzentuiert ein zwölfstöckiges Turmhaus mit Büros und (nicht vollendetem) Observatorium. 1926 fusionierte der Betrieb mit der Zeiss-Ikon-AG; sie sollte bald darauf als Rüstungsbetrieb eine unrühmliche Rolle übernehmen. Nach Kriegsende wurde Ernemann enteignet; 1964 begann unter dem Namen Pentacon eine grandiose, jedoch kurzfristige Renaissance der Kameraproduktion. 1990/91 wurde der Betrieb in Striesen stillgelegt. Den Werksbau nutzen heute die **Technischen Sammlungen Dresdens**, die u. a. Holzkameras und frühe Kinematographen präsentieren. Das gegenüberliegende Fabrikgebäude von 1913 ziert ein großes Jugendstilmosaik mit dem Signet der Firma Ernemann.

Unter den Schulen ist das **Martin-Andersen-Nexö-Gymnasium Dresden-Striesen / ehem. 24. Volksschule** (III H5, Haydnstr. 49) zu nennen: Mit dem zweiflügligen, rechtwinklig angelegten Komplex der Doppelschule für Mädchen und Jungen schuf Hans Erlwein 1907 einen beispielhaft modernen Zweckbau.

Der gewaltige Sandsteinkomplex der Kreuzschule (III J5, Eisenacher Str. 21 / Dornblüthstr. 6) diente ursprünglich als Internat der Dresdner Freimaurerloge. In Neorenaissanceformen 1897–99 durch Hermann Kickelhayn d. J. errichtet, beherbergt er seit 1947 das berühmte **Kreuzgymnasium**, das im Jahre 1300 erstmalig erwähnt wurde. Die Schule und ihr herausragender Knabenchor waren über Jahrhunderte in der Nähe der Kreuzkirche untergebracht, zuletzt in einem neogotischen Komplex am Georgplatz. Nach der Zerstörung 1945 erfolgte der Umzug nach Striesen. 2009 Generalsanierung mit Neugestaltung des Vestibüls und Bau einer Turnhalle.

Loschwitz, Wachwitz und Weißer Hirsch

Seit 1921 gehören die sich an den rechten Elbhang schmiegenden Ortschaften Loschwitz, Wachwitz und Weißer Hirsch zu Dresden – und haben doch ihren eigenen ländlich-idyllischen Charakter bewahrt. Loschwitz und Wachwitz sind, wie auch die kleineren Dörfer Niederpoyritz und Hosterwitz, seit dem 14. Jh. als slawische Siedlungen nachweisbar; ihre Bewohner lebten von Fischfang und Landwirtschaft, ab dem 17. Jh. vor allem vom Weinbau. Als August der Starke Pillnitz zum Sommerschloss ausgestalten ließ, gerieten die Dörfer am Elbufer ins Blickfeld des Hofes. So wurde etwa die Loschwitzer Pfarrkirche, die George Bähr ab 1705 errichtete, mit ihrer schmucken Fassade auf die Ansicht vom Fluss aus konzipiert; sie ist Teil eines Gesamtkonzepts, das den Elblauf zwischen Pillnitz und Übigau als eine Art sächsischen Canal Grande inszenieren sollte. Dem Beispiel des Hofes folgend, erwarben Adel und reiche Bürger rechtselbische Weinberge und ließen sich dort barocke Landsitze erbauen.

Um die Wende zum 19. Jh. entdeckten Dichter, Maler und Musiker die Schönheit und Inspirationskraft der Elblandschaft. Christian Gottfried Körner, der 1785 einen Weinberg am heutigen Körnerweg nahe des Blauen Wunders erwarb, lieferte gewissermaßen das Vorbild für Intellektuelle und Künstler. Friedrich Schiller folgte mehrfach der Einladung seines Freundes in das bis heute erhaltene malerische Weinberghaus, ohne jedoch in Dresden letztlich Fuß zu fassen. Anders die Zeichner und Maler, die in Loschwitz und entlang des Flusstals ein Eldorado romantischer Motive fanden. Neben Adrian Zigg, der als erster die Naturschönheiten des Elbhangs festhielt, waren es vor allem Caspar David Friedrich und sein Kreis, darunter Gerhard von Kügelgen, Johan Christian Clausen Dahl und Carl Gustav Carus, die die Sommermonate zwischen Loschwitz und Pillnitz verbrachten und ihre Eindrücke in tief empfundenen Bildvisionen wiedergaben. In der zweiten Hälfte des 19. Jh.s schilderte Ludwig Richter das beschauliche Leben am Elbhang in nunmehr biedermeierlicher Manier. Eduard Leonhardi, dem »Maler des deutschen Waldes«, ist es zu verdanken, dass im damals noch idyllischen Loschwitzgrund ein erstes Künstlerhaus (heute Leonhardi-Museum) entstand. 1897 folgte mit dem Künstlerhaus an der Pillnitzer Landstraße ein weiterer Versuch, das Leben und Arbeiten der Loschwitzer Maler und Bildhauer unter einem Dach zu vereinen.

Im ausgehenden 19. Jh. erfuhr der Loschwitzer Elbhang eine grundlegende Umstrukturierung, die auf die Reblaus zurückzuführen ist: Ab 1885 vernichtete der Plagegeist fast alle Reben, anstelle der Weinberge traten Obstkulturen oder – Villen. Erst 20 Jahre später begann man zögernd damit, neue, nunmehr resistente Rebstöcke zu pflanzen. Mittlerweile wandelten sich Loschwitz und der am oberen Elbhang gelegene Kurort Weißer Hirsch zum beliebten Villenvorort. Die Erschließung des Gebiets wie auch seine Anbindung an Dresden war jedoch unbefriedigend. So beschlossen die Königliche Wasserbaudirektion und das Königlich Sächsische Finanzministerium nach langwierigen Vorplanungen den Bau einer Elbbrücke zwischen Loschwitz und Blasewitz.

Die neue Elbquerung zog urbane Maßnahmen nach sich: So entstanden an den Brückenköpfen zwei korrespondierende Platzanlagen, auf der Blasewitzer Seite der Schillerplatz, auf Loschwitzer Seite der Körnerplatz, beide gesäumt von mehrstöckigen historisierenden Mietshäusern. Mit dem Bau der beiden Bergbahnen, der Standseilbahn auf den Weißen Hirschen (1895) und der Schwebebahn zur Loschwitzer Höhe »Zur Schönen Aussicht« (1898) konnte der Elbhang technisch innovative Verkehrsmittel in Betrieb nehmen; die Schwebebahn gilt als die älteste Seilbahn Europas für den Personentransport.

Seit Mitte des 19. Jh.s hatte sich die nach einem Wirtshaus benannte Ortschaft Weißer Hirsch zum Villenvorort und Kurort entwickelt. Bereits 1867 eröffnete das Fridabad, 1888 gründete der umtriebige Arzt und Naturheilkundler Johann Heinrich Lahmann sein »physiatrisches Sanatorium«, das bald Weltruhm erlangte. Dresden erhob sich, dank Lahmanns Initiative, zum Vorreiter der Hygienebewegung. Der Weiße Hirsch, Loschwitz und auch das benachbarte, am Rande der Dresdner Heide gelegene Bühlau schmückten sich mit mondänen Hotels, Kureinrichtungen und attraktiven Villen.

Bis heute ist der Zauber des Weißen Hirschen ungebrochen; Uwe Tellkamp setzte 2008 dem noblen Viertel und seinen Bewohnern mit dem Roman *Der Turm* ein literarisches Denkmal.

Von den verheerenden Zerstörungen der Weltkriege blieb indes auch der Elbhang nicht verschont, so traf eine Brandbombe die Loschwitzer Kirche; zahlreiche Bauten der Jahrhundertwende und der »Goldenen Zwanziger« verfielen, wurden, wie Lahmanns Sanatorium, als Lazarett genutzt, von der Roten Armee besetzt oder litten schließlich unter der Misswirtschaft des DDR-Regimes. Nach der Wende wurden zahlreiche Villen restauriert und Grundstücke in Hanglagen aufgerebt, so dass sich vielerorts der einstige Liebreiz der Ortschaft wieder eingestellt hat.

Die verheerende Flut im August 2002 stellte auch das Elbufer zwischen Loschwitz und Pillnitz vor existentielle Probleme. Die alten Dorfkerne standen meterhoch unter Wasser, elbnahe Wohnhäuser und Gaststätten, nach der Wende sorgsam restauriert, wurden von Schlamm und Unrat überspült. Dank finanzieller Hilfen konnten sie – in den meisten Fällen – saniert und wieder ihrer Bestimmung zugeführt werden.

Eine besonders gute Gelegenheit, Loschwitz und die rechtselbischen Dörfer kennenzulernen, ist das Elbhangfest, das alljährlich am letzten Juni-Wochenende stattfindet. Auf der über 7 km langen Strecke zwischen Blauem

Wunder und Schloss Pillnitz wird für Kultur und kulinarische Genüsse reichlich gesorgt; dabei öffnen viele Villen und Gebäude, die das Jahr über nicht zugänglich sind, bereitwillig ihre Pforten. Auftakt und Ausklang bildet ein bunter Festumzug mit lebenden Bildern aus der Geschichte des Elbhangs.

Sakralbauten in Loschwitz

Loschwitzer Kirche (III L4, Pillnitzer Landstr. 9): Eine eigene Pfarrkirche erhielten die Loschwitzer erst zu Beginn des 18. Jh.s; zuvor mussten sie den beschwerlichen Weg nach Dresden, bis zur Frauenkirche, antreten. Ab 1705 konnten der Ratsmaurermeister Johann Christian Fehre und der Ratszimmermeister George Bähr den queroblongen achteckigen Zentralbau mit seinem charakteristischen Mansarddach und dem Dachreiter mit welscher Haube errichten. Geschützt vor Überschwemmungen in einem ehemaligen Weinberg gelegen, wendet sich seine Fassade mit dem eleganten Barockportal und der Sonnenuhr dem Fluss zu. 1945 brannte die Kirche bis auf die Umfassungsmauern aus. 1991 begann ihr Wiederaufbau gemäß dem ursprünglichen barocken Zustand. Da der alte Kanzelaltar nicht rekonstruiert werden konnte, entschloss man sich, den aus der zerstörten Sophienkirche in der Altstadt geborgenen Marmoraltar des Bildhauers Giovanni Maria Nosseni (1606/7) im Kirchenraum aufzustellen.

Profanbauten in Loschwitz

Alt-Loschwitz (III K4): Zwar fiel der alte Dorfmittelpunkt unterhalb des slawischen Burgbergs der Anlage des Körnerplatzes zum Opfer, doch haben sich entlang der malerischen Friedrich-Wieck-Str. historisch bedeutende Bauten des 16.–19. Jh.s erhalten. Haus Nr. 19 nennt stolz das Erbauungsdatum 1582, von 1630 stammt das alte Fährhaus am Elbufer (Nr. 47), das ausgedehnte Fährgut, ein Fachwerkbau von 1697, beherbergt heute ein Restaurant (Nr. 47). Im Wohnhaus Nr. 10 lebte ab 1840 über 30 Jahre der Vater Clara Schumanns, Friedrich Wieck.

Gaststätten, in denen die Loschwitzer zechten, gab es reichlich. Die bekannteste unter ihnen war die seit 1835 betriebene Schankwirtschaft der Mutter Unger (Friedrich-Wieck-Str. 17), ihr liebevolles Interieur fiel der Flut 2002 zum Opfer. In dem um 1860 erbauten neoklassizistischen Haus der Friedrich-Wieck-Str. 20 residiert heute die Weinstube des Café Klara. Mondäner Treffpunkt war vom späten 19. Jh. bis in frühe DDR-Zeiten das turmbewährte Elbehotel Demnitz, das anstelle älterer Etablissements 1881 an der Dampferanlegestelle errichtet wurde; es wartet auf seine Wiedereröffnung. Einzig der Körnergarten konnte die wechselnden Zeiten, die Kriegs- und Flutkatastrophen überstehen und diente als Kulisse einer beliebten Krimiserie.

Eine Kuriosität stellt das im Volksmund »Senfbüchse« genannte Herrmann-Denkmal (Fidelio-F.-Finke-Str. / Friedrich-Wieck-Str.) dar: Der 1869 errichtete Rundtempel mit dem idealisierenden Relief in seinem Inneren erinnert an die heroische Tat des Elbschiffers Joseph Herrmann, des Vaters des gleichnamigen Bildhauers: 1799 hatte er bei schwerem Eisgang zwei Schiffer aus dem Strom gerettet.

Blaues Wunder mit Körnerplatz und Schillerplatz (III J/K3/4): Die Loschwitzer Elbbrücke, eine strompfeilerfreie Stahlfachwerkkonstruktion, wurde zwischen 1891 und 1893 durch Claus Köpke und Hans Manfred Krüger errichtet. Bei einer Spannweite von 141,5 m und einer Gesamtlänge von 260 m sind ihre Fahrbahnen zwischen zwei Paaren von Dreigelenkrahmen aufgehängt, die auf Pylonen fußen und über Ankerkammern am Brückenende bal-

Loschwitzer Elbbrücke »Blaues Wunder« –
eine Stahlfachwerkkonstruktion von 1991–93 – mit dem
Schillergarten auf dem linken Elbufer

lastiert sind. Die seitlichen Gehwege wurden 1935 angefügt. Seinen Namen erhielt das kühne Werk aufgrund eines Schutzanstrichs, der sich in kurzer Zeit von grün nach blau verfärbt haben soll. Im Mai 1945 wurde das Blaue Wunder von Bomben getroffen; seine Sprengung konnte durch die Geistesgegenwart Dresdner Bürger verhindert werden: Sie durchschnitten kurzerhand die Zündkabel der Sprengladung.

Als östlichste der Dresdner Brücken verbindet das Blaue Wunder Loschwitz mit Blasewitz. Bereits am Tag seiner Eröffnung, am 15. Juli 1893, rollte die erste elektrische Straßenbahn über die Brücke (1986 eingestellt). An den Brückenköpfen wurden ab 1892 zwei korrespondierende, einheitlich historistisch bebaute Plätze angelegt, der Körnerplatz auf Loschwitzer, der Schillerplatz auf Blasewitzer Seite (Planung Karl Emil Scherz). Ihre vierstöckigen Mietshäuser im Stil der deutschen Spätgotik und Renaissance verliehen den bis dahin dörflichen Quartieren urbanes Flair.

Körnerhaus/Schillerhäuschen (Körnerweg 6 / Schillerstr. 19, III K3): Das Landhaus der Familie Körner war im ausgehenden 18. Jh. Treffpunkt der Dichter und Schriftsteller. Christian Gottfried Körner verbrachte hier die Sommermonate, Friedrich Schiller war zwischen 1785 und 1801 mehrfach zu Gast und arbeitete hier u. a. an seinem *Don Carlos*. Ob er hingegen je das obere Gartenhaus betrat, das seinen Namen trägt, ist fraglich. Das Hauptgebäude des Körnerhauses präsentiert sich als typisches Loschwitzer Winzerhaus mit gelb verputztem Mauerwerk, Wein bewachsenen Pergolen und hohem Ziegelwalmdach; im Garten steht eine historische Weinpresse.

Leonhardimuseum »Rote Amsel« (III KL3, Grundstr. 26): Der spätromantische Landschaftsmaler Eduard Leonhardi, Schüler von Ludwig Richter und Sohn eines vermögenden Tintenfabrikanten, erwarb 1879 die unterste der stillgelegten Mühlen im Loschwitzgrund und ließ sie zu Wohn- und Atelierstätten bedürftiger Künstler ausbauen. Der zweigeschossige Fachwerkkomplex erhielt üppigen Schmuck durch historisierende Ecktürmchen, Erker und Fassadenmalerei; gereimte Lebensweisheiten (Charles Palmié) überziehen die Fassaden. Seinen Beinamen »Rote Amsel« verdankt das Haus dem Wein im Amselgrund, der Ritterfigur mit Vogelattribut oder vermutlich beidem. Das Museum zeigt heute sowohl Werke Leonhardis als auch Arbeiten junger, avantgardistischer Künstler.

Der Nachlass des Malers und Grafikers Josef Hegenbarth wird in seinem Wohnhaus in der Calberlastr. 2 gepflegt (**Josef-Hegenbarth-Archiv**, III L4); hier lebte der Künstler von 1921 bis zu seinem Tod 1962.

Standseilbahn und Schwebebahn (III KL3/4): Die eingleisige, 1894/95 errichtete Standseilbahn verbindet den Körnerplatz mit dem Aussichtsrestaurant Luisenhof im Ortsteil Weißer Hirsch. Ihre beiden Wagen wurden ursprünglich nur für den Güterverkehr genutzt; sie überwinden auf der mit zwei Tunneln und einem Viadukt angelegten 563 m langen Strecke 95 Höhenmeter.

»Zur schönen Aussicht« führt die Schwebebahn, deren an einer Tragschiene hängender Personenwagen von einem Seil gezogen wird (1898–1901; Niveauunterschied 84 m bei einer Länge von 274 m). Ihre durch Jugendstilelemente geprägten Berg- und Talstationen entwarf Richard Friedrich Reuter. Beide Bahnen wurden zunächst mit Dampf betrieben und 1909 elektrifiziert. Ein kleines Museum an der Bergstation der Schwebebahn illustriert Geschichte und Technik der für ihre Zeit revolutionären Verkehrsmittel.

Profanbauten in Wachwitz

Der Königliche Weinberg und Schloss Wachwitz (III M5): Prinz Friedrich August, der spätere König Friedrich August II., erwarb 1824 die ehemals dem Rittergut Wachwitz zugehörigen Weinberge und ließ deren Umgebung zu einem weiträumigen Höhenpark ausgestalten (Karl Adolf Terscheck). Von den Bauten des frühen 19. Jh.s sind das um 1800 errichtete Presshaus, das Alte Gärtnerhaus und die neugotische Weinbergkapelle erhalten; aus den 90er Jahren des 19. Jh.s stammt der Neorenaissancebau der Neuen Villa (Wilhelm Teichgräber). 1936 ließ Friedrich Christian Markgraf von Meißen das Neue Schloss Wachwitz in neubarockem Stil erbauen (Architekturbüro William Lossow & Max Hans Kühne). Bis 1945 gehörte der gesamte Weinberg den Wettinern, danach wurde er geteilt und verfiel. 1970/71 wurde auf einem Teil des Geländes der Wachwitzer Rhododendrongarten angelegt, der zu den reichhaltigsten seiner Art gehört.

Fernsehturm (Oberwachwitzer Weg): Der Fernsehturm in Wachwitz ist mit seinen 252 m Höhe das höchste Bauwerk Dresdens; er sollte zu DDR-Zeiten die Stadtkrone des modernen Dresdens bilden. Der von Kurt Nowotny, Hermann Rühle und Johannes Braune zwischen 1963 und 1969 errichtete Stahlbetonturm verbreitert sich auf etwa 150 m Höhe zu einem kelchförmig aufragenden Ring, der acht Geschosse – technische Anlagen, ein zweistöckiges Turmcafé und eine Aussichtsplattform – aufnimmt. Seit 1991 ist er der Öffentlichkeit nicht mehr zugänglich.

Profanbauten am Weißen Hirschen und in Bühlau

Lahmanns Sanatorium (III K/L2, Bautzner Landstr. 1): 1887 erwarb der junge von der Naturheilkunde faszinierte Arzt Johann Heinrich Lahmann das heruntergekommene Fridabad am Weißen Hirschen und gründete bald darauf ein Sanatorium; es sollte auf Jahrzehnte Kurgäste aus aller Welt anziehen und den Ruf Dresdens als Reformstadt untermauern. Zwischen 1888 und 1913 wurde der von 1866/67 stammende Kernbau immer wieder erweitert, bis die Anlage mit ihren mondänen Bädern, Kur- und Sporteinrichtungen, Bibliothek, Wandelhallen, Speise- und Ballsälen einer komplexen »Kurstadt« glich. Ihre zwischen Historismus und Reformstilen changierenden Gebäude spiegeln die Entwicklung der Dresdner Architektur um 1900 wider (Architekten u. a. Emil Scherz, F. Richard Schaeffer, Theodor Richter, Rudolf Schilling & Julius Gräbner). 1945–90 wurde die Anlage als Lazarett und sowjetisches Sanatorium genutzt und ist heute in beklagenswertem Zustand. Ein weiteres Sanatorium, das des Dr. Teuscher in der Roosstr., diente expressionistischen Künstlern wie Oskar Kokoschka und Walter Hasenclever als Zuflucht während des Ersten Weltkrieges.

Dresdner Heide: Nördlich von Dresden erstreckt sich die rund 50 km² große Dresdner Heide mit ihren Waldstücken, Quellen und Sanddünen. Bis ins 19. Jh. Jagdrevier der sächsischen Fürsten und Markgrafen, ist sie heute »die grüne Lunge Dresdens« und kann mit zahlreichen Naturdenkmälern und Gaststätten aufwarten. Ihr Wegesystem wurde 1832/33 durch Heinrich Cotta angelegt. Am Heiderand erhebt sich, frisch restauriert, ein pittoresker **Chinesischer Pavillon** (III L2, Rathauspark). Der Bau, eine original chinesische Villa, war im Auftrag der Regierung Chinas zur Hygieneausstellung 1911 in Dresden errichtet worden; 1912 versetzte man ihn als Lesecafé auf den Weißen Hirschen.

Villen am Elbhang

Seit der zweiten Hälfte des 19. Jh.s, besonders aber um die Wende zum 20. Jh. entwickelten sich Loschwitz, Wachwitz und der Weiße Hirsch zu bevorzugten Villenvororten. Auch am Elbhang lieferten die Villen der italienischen Renaissance zunächst die entscheidenden Anregungen, etwa für die Gestalt der **Villa Thorwald** (III K2), die im Auftrag des wohlhabenden Bildhauers Joseph Herrmann errichtet und nach dessen Lehrer, dem Klassizisten Bertel Thorvaldsen, benannt wurde (Schillerstr. 12, Theodor Lehnert und Heinrich Hermann Bothen, 1851/52; im inneren Abgüsse von Werken Thorvaldsens). Der deutlich jüngere Back- und Sandsteinbau der **Villa San Remo** (III L3) mit seinem hohen schlanken Turm und seinem Zwerchgiebel belegt dann freilich einen äußerst freien Umgang mit dem Motivschatz der Renaissance (Bergbahnstr. 12, F. Berghold, 1897/98). Türme und Belvedere wurden zum charakteristischen Bestandteil vieler Bauten am Elbhang.

Dem »Palazzo« machte jedoch bald das englische »Castle« Konkurrenz: romantische Burgen, die englischen

Landsitzen nachempfunden sind. Normannische Überfangbögen schmücken die blockhafte, zinnenbewehrte **Villa Orlando** (III K3, Schillerstr. 4; Hugo Erhard, 1848–53), der 1896 errichtete **Artushof** (III M4) zeugt von der Wagner-/Parzivalbegeisterung seines Bauherren, des Bruders des Architekten Reinhold Schreyer (Malerstr. 18). Im 1897 begonnenen **Künstlerhaus** an der Pillnitzer Landstr. 59 (III L5; Martin Pietzsch) mischt sich der burgähnliche Villentyp mit Elementen des Jugendstils. Eine zweckmäßige Raumaufteilung, hier die Anlage der Ateliers, sowie moderner Wohnkomfort traten immer mehr in den Vordergrund. Die **Villa von Ardenne** (III K3, Zeppelinstr. 7) wurde 1912 von William Lossow & Max Hans Kühne erbaut; der langjährige Wohnsitz des Wissenschaftlers Manfred von Ardenne besticht durch seine klare Gliederung und eine kraftvolle, »neubarocke« Formensprache. Das Ringen zwischen Traditionalismus und Moderne ist an zwei frühen, benachbarten Bauten von Wilhelm Kreis zu beobachten, der seit 1902 die Kunstgewerbeschule in Dresden leitete und später Professor der Kunstakademie wurde (**Villa Hottenroth**, Am Steinberg 13, 1902–04, und **Villa Wollner**, Am Steinberg 14, 1906–08; beide Wachwitz, III M6).

Die Moderne hält zögerlich Einzug am Elbhang: Obwohl zu DDR-Zeiten einige rationalistische Wohnbauten entstanden, wurde erst nach der Wende, und auch da im Kampf gegen viele Vorbehalte, avantgardistisch gebaut. Unter den Solitären qualitätvoller zeitgenössischer Architektur ragen die an Richard Neutra orientierten Villen von Siegbert Langner von Hatzfeld heraus, etwa sein eigenes Wohnhaus am Elbufer oder die Villa des Dresdner Künstlers Karl-Heinz Adler (Oeserstraße 3b, 2006).

Weitere Stadtteile und historische Ortskerne

Friedrichstadt und Ostragehege

Ursprung der Friedrichstadt war die 1568 unter Kurfürst August I. als Vorwerk zur Versorgung des Hofes gegründeten Vorstadt, in der sich jedoch vor allem Hofbeamte und Bürger niederließen und Manufakturen ansiedelten. Zu ihr gehörte das Ostragehege auf der Elbhalbinsel – ein ehemaliges Wildgehege, durch welches die Ostra-Allee auf das rechtselbisch gelegene Schloss Übigau, den westlichen Endpunkt der Augustäischen Elblandschaft, zuführte. Das Gebiet, bereits 1206 als Dorf »ostrov« (d. i. Insel) urkundlich erwähnt, hat seinen heutigen Namen 1734 nach Kurfürst Friedrich August II. erhalten. Dieser förderte den 1745 durch einen Fassadenplan geregelten Ausbau. Seit der Mitte des 19. Jh.s wurden die städtischen Areale westlich der Eisenbahntrasse als Industriestandorte (Binnenhafen, Hafenmühle, Berliner Bahnhof, Schlachthof) ausgewiesen und entwickelt. Heute befinden sich hier die Neue Messe sowie Sport- und Freizeiteinrichtungen. Die Friedrichstraße mit ihren teils auf das 18. Jh. zurückgehenden Wohnbauten (Friedrichstr. 29 – im Kern von 1670 –, 33, 44) und dem ehemaligen Marcolini-Palais vermittelt einen anschaulichen Eindruck von der Atmosphäre Dresdens im späten 18. Jh.

Sakralbauten

Die **Matthäuskirche** (V B3, Friedrichstr. 43) wurde 1728–32 wohl nach Plänen Matthäus Daniel Pöppelmanns errichtet, der in der Familiengruft 1736 seine letzte Ruhestätte fand. Der einfache, verputzte Bau auf rechteckigem Grundriss war mit einer Empore ausgestattet, besaß ein hohes Walmdach mit eingezogenem Westturm. 1945 wurde er stark beschädigt, 1974–78 im Außenbau in der originalen Gestalt und Farbigkeit wiederhergestellt, das Innere jedoch modern gestaltet. Der dazugehörige Matthäusfriedhof stammt von 1725 und besitzt zahlreiche schlichte Sandsteingrabsteine des 18. Jh.s.

Der **Alte Katholische Friedhof** (V C3, Friedrichstr. 54) wurde 1721 als erster katholischer Friedhof nach der Reformation für die Angehörigen des Hofes Maria-Josephas von Österreich, der Kaisertochter und katholischen Gattin Friedrich Augusts II., gegründet. Seit 1738 war er für alle Katholiken zugelassen und wurde daraufhin wegen der starken Belegung 1742, 1747 und 1842 erweitert. Im Zuge der letzteren Vergrößerung errichtete man die neugotische Friedhofskapelle, in deren 1914–17 erweiterter Apsis man die bedeutende, von Balthasar Permoser (gest. 1732) selbst geschaffene Kreuzigungsgruppe von seinem dortigen Grabe aufstellte. Die zahlreichen barocken und klassizistischen Grabmale bedeutender Persönlichkeiten machen den Friedhof zu einem der bedeutendsten in Dresden. Hier befinden sich auch das Grab des Johann Georg Chevalier de Saxe (gest. 1774), des ersten Direktors der Kunstakademie Johann Baptist Casanova (gest. 1795) und Grabmale der Familie des Hofbildhauers Franz Pettrich u. a.

Profanbauten

Der **Alberthafen** (V A–B3, Magdeburger Str. 58) wurde 1891–96 auf dem Gelände des Kammergutes Ostra zur Entwicklung der Frachtschifffahrt auf der Elbe angelegt. 1895 bis nach 1900, in den 1930er und zuletzt in den 1950er Jahren wurden die Verwaltungsbauten errichtet, von denen die ältesten, villenartigen Backsteingebäude heute unter Denkmalschutz stehen und saniert wurden. Das Speichergebäude der Elblagerhaus-AG wurde wohl um 1912 von Stadtbaurat Hans Erlwein errichtet.

Die ehem. **Bienertsche Hafenmühle** (V B3, Waltherstr. 2), einst das größte deutsche Mühlwerk, ließ der Dresdner Industrielle und Mäzen Theodor Bienert 1913 durch das Dresdner Architektenbüro Lossow & Kühne errichten. Der monumentale Komplex, bestehend aus dem sechsgeschossigen Mühlgebäude, dem 64 m hohen Turm sowie dem Silogebäude mit abgetrepptem Walmdach, wurde komplett als Stahlbetonkonstruktion ausgeführt.

Die **»Freiberger Arena«** (V C3, Magdeburger Straße 10) wurde 2005–07 durch das Architekturbüro Schmidt-Schicketanz im Auftrag der Stadt Dresden geplant und errichtet. Auf insgesamt 11 000 m^2 sind die Eisarena, eine Trainingseishalle, eine Ballspielhalle sowie eine 333 m lange Eisschnelllaufbahn untergebracht. Sie dient u. a. als Trainingsstätte des Eishockeyvereins ›Dresdner Eislöwen‹.

Die ehem. **Hauptmarkthalle** (V C4), mit 9500 m^2 überdachter Fläche die größte Dresdner Markthalle, wurde 1893–95 von Edmund Bräter und dem städtischen Hochbauamt errichtet. Die repräsentative, zweigeschossige Anlage mit eiserner Hallenkonstruktion aus einem Haupt- und drei Querschiffen erhielt 1896 eine damals hochmoderne Kühl- und Gefrieranlage. Nach der Zerstörung des Teils zur Schweriner Straße 1945 wurde die Anlage vereinfacht wiederaufgebaut.

Ehem. **Marcolini-Palais** (V B/C 3–4, Friedrichstr. 41; heute **Friedrichstädter Krankenhaus**): Das heutige Friedrichstädter Krankenhaus hat seinen Sitz auf dem Gelände eines bedeutenden Palais mit Parkanlage, das nach dem letzten Besitzer Graf Marcolini benannt ist. Der bis heute erhaltene, zentrale Eingangsbau an der Friedrichstraße geht im Kern auf ein kleines, vor 1728 von Johann Christoph Naumann errichtetes Palais zurück, das aus einem von Nebenräumen flankierten, oktogonalen Vestibül mit darüber liegendem Festsaal bestand. 1736 wurde es vom

Grafen Brühl als Landsitz erworben und von seinem Architekten Johann Christoph Knöffel umgestaltet, zunächst nur um kurze Seitenflügel erweitert und 1743–46 im Stil des Rokoko grundlegend modernisiert. Die zur Straße vorgezogenen Flügelbauten bildeten den Ehrenhof mit Delphinbrunnen (Gottfried Knöffler). 1763 folgte der Westflügel. Damals entstand die prachtvolle französische Parkanlage mit Orangerie (17 Achsen), die von dem als abschließender »Point de Vue« angelegten, 40 m breiten Neptunbrunnen (Entwurf: Zacharias Longuelune; Ausführung: Lorenzo Mattielli; bis heute erhalten) bekrönt wird. 1775 ging die Anlage in den Besitz des Grafen Marcolini über, der sie im Innern modernisieren ließ (Johann Gottfried Kuntsch und Johann Daniel Schade): Festsaal, Chinesisches und Pompejanisches Zimmer haben sich erhalten. Aus dieser Zeit stammen auch die Löwen (Johann Baptist Dorsch) vor dem Portal und die dortigen Hermen (Thaddäus Ignatius Wisgotschill). 1845–49 wurde die verfallene Anlage zum Städtischen Krankenhaus umgebaut und bis zum Ende des Jahrhunderts um zahlreiche z. T. neubarocke Gebäude erweitert. So sind Anlage und Park heute grundlegend verändert.

Mit dem ehem. **Städtischen Schlachthof** (V B2, Schlachthofring 6; heute **Neue Messe**) errichtete 1906–13 Stadtbaurat Hans Erlwein den damals modernsten deutschen Vieh- und Schlachthof als kleine abgeschlossene Stadt im Ostra-Gehege. Er umfasste etwa 50 Einzelbauten in moderner Stampf- und Eisenbetontechnik, u. a. einen Viehhof für 10 000 Tiere, Gastwirtschaftsgebäude, Hotel, Pförtnerhaus mit Stierbrunnen von Georg Wrba sowie Heizhaus, dessen kuppelartig umbauter Schornstein bis heute den westlichsten Akzent der Dresdner Elbsilhouette bildet. Der Schlachthof wurde 1990 stillgelegt und 2000–2001 nach Wettbewerb z. T. zur **Neuen Messe** durch Walter Kaplan, Christian Matzke und Klausjürgen Schöler umgestaltet. Die historische Bausubstanz wurde mit weni-

Ehemalige Tabakfabrik Yenidze (1907–12)
am Rande der Friedrichstadt

gen Neubauten und gelungener, begrünter Freiraumgestaltung ergänzt.

Die **Yenidze** (I/V C3, Weißeritzstr. 3) ist zweifelsohne Dresdens originellstes Bauwerk: In unmittelbarer Nähe der Altstadt ragen schlanke Minarette in den Himmel; weithin sichtbar leuchtet eine 62 m hohe, farbig verglaste orientalische Kuppel, »maurischer« Zierrat – Hufeisenbögen, Fliesendekor, Zinnen – schmückt die Fassaden. Martin Hammitzsch (1878–1945) schuf die einzigartige Anlage 1907–12; sie diente der 1886 durch Hugo Zietz gegründeten »orientalischen Tabak- und Zigarettenfabrik Yenidze« als Firmensitz und Produktionsstätte. Ihr Name leitet sich von einer einst osmanischen, heute nordgriechischen

Kleinstadt ab, in deren Region ein spezieller Tabak angebaut wurde. Das Vorbild für die Kuppel ist dagegen vermutlich in Kalifengrabmälern in Kairo zu suchen. Von ihrem exotischen Äußeren abgesehen, war die Yenidze ihrer Zeit voraus: Als eine der ersten größeren Fabrikanlagen in Deutschland wurde sie in Stahlbeton-Skelettbauweise errichtet und überdauerte so die Luftangriffe von 1945. Die »Minarette« dienten dabei als Schornstein und als Belüftungsschächte. Der gestalterische Wagemut des Architekten blieb unbelohnt: Hammitzsch wurde aus der Reichsarchitektenkammer ausgeschlossen und ging nach Chemnitz. Nach unrühmlicher Karriere im Dritten Reich beging er 1945 Selbstmord. 1996 restauriert (Hentrich, Petschnigg + Partner), sind in die Produktionsräume Büros eingezogen; der Kuppelbau beherbergt Bar und Restaurant, der oberste Teil bietet allerlei Veranstaltungen eine orientalische Kulisse.

Gartenstadt Hellerau

Etwa 6 Kilometer nördlich des Dresdner Stadtzentrums erstreckt sich eine der frühesten und bedeutendsten Gartenstädte Deutschlands. Das ursprünglich etwa 140 ha große Gelände liegt zwischen den heutigen Stadtteilen Klotzsche und Rähnitz, unmittelbar nördlich des Hellers, eines westlichen Ausläufers der Dresdner Heide, in einer Höhenlage 100 m über der des Zentrums.

Die Gründung und Errichtung der Gartenstadt geht auf die Initiative des Dresdner Möbelfabrikanten Karl Schmidt (1873–1948) zurück. Dieser war sowohl Gründungsmitglied des Deutschen Werkbunds (1907) als auch Mitbegründer der Deutschen Gartenstadtvereinigung (1902). Aufgrund des außerordentlichen Erfolgs seiner 1898 gegründeten Dresdner Werkstätten für Handwerkskunst war

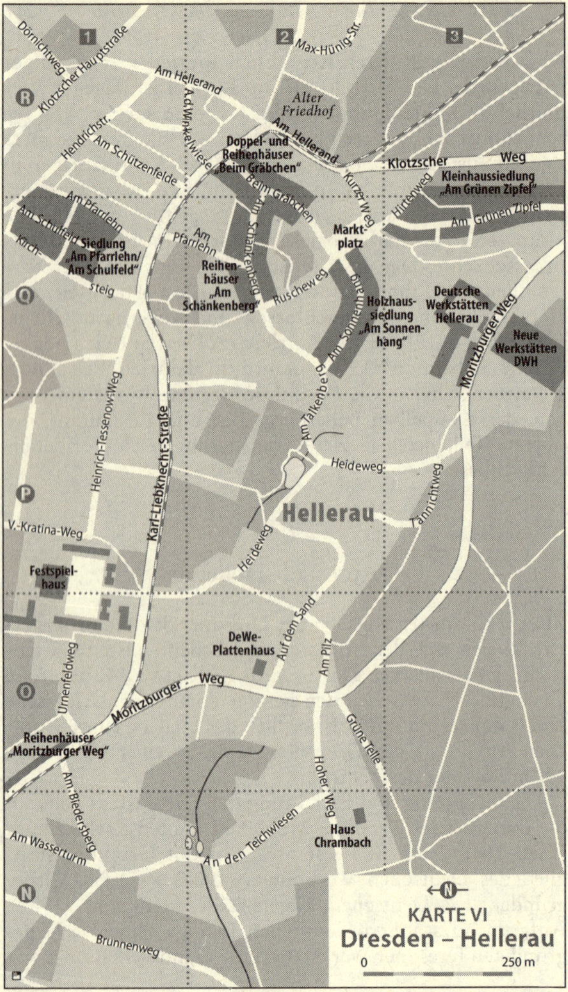
Dörnichtweg
Klotzscher Hauptstraße
Am Hellerand
A.d.Winkelwiese
Max-Hünig-Str.
Alter Friedhof
Hendrichstr.
Am Schützenfelde
Doppel- und Reihenhäuser „Beim Gräbchen"
Beim Gräbchen
Am Hellerand
Klotzscher Weg
Kurzer Weg
Hirtenweg
Kleinhaussiedlung „Am Grünen Zipfel"
Am Grünen Zipfel
Am Pfarrlehn
Am Schulfeld
Kirchsteig
Siedlung „Am Pfarrlehn/ Am Schulfeld"
Am Pfarrlehn
Am Schänkenberg
Reihenhäuser „Am Schänkenberg"
Marktplatz
Ruscheweg
Am Sonnenhang
Holzhaussiedlung „Am Sonnenhang"
Deutsche Werkstätten Hellerau
Moritzburger Weg
Neue Werkstätten DWH
Heinrich-Tessenow-Weg
Karl-Liebknecht-Straße
Am Talkenberg
Heideweg
Tännichtweg
Hellerau
V.-Kratina-Weg
Heideweg
Festspielhaus
Auf dem Sand
DeWe-Plattenhaus
Am Pilz
Urnenfeldweg
Moritzburger Weg
Reihenhäuser „Moritzburger Weg"
Grüne Telle
Hoher Weg
Am Biedersberg
Am Wasserturm
An den Teichwiesen
Haus Chrambach
Brunnenweg
KARTE VI
Dresden – Hellerau
0
250 m

die Anzahl der Beschäftigen von ursprünglich 18 auf über 500 im Jahre 1908 angewachsen. Eine neue Produktionsstätte sollte zusammen mit Wohnstätten für Arbeiter und Angestellte auf dem Lande angesiedelt werden; in frischer Luft, unter gesunden hygienischen und großzügigen Arbeits- und Lebensverhältnissen – nach dem Ideal des Engländers Ebenezer Howards (1850–1928), der die Gartenstadtidee als Reaktion auf die bedrückenden Lebensbedingungen der Arbeiter in den englischen Industriestädten entwickelt hatte.

Der Münchner Architekt Richard Riemerschmid übernahm die Gesamtplanung und orientierte sich – gemäß der städtebaulichen Prinzipien Camillo Sittes – eng an den landschaftlichen Gegebenheiten des nach Norden hin ansteigenden, leicht hügeligen Geländes. Die Straßen und Wege folgen organisch dem Gebietsverlauf, formen ansprechende Straßenbilder und Platzanlagen von ländlich-dörflichem Charakter. Riemerschmid unterteilte das Gelände in fünf Bauzonen: das Gelände für die Werkstätten, das Gebiet für die Gemeinschaftseinrichtungen, ein Kleinhausviertel mit Häusern für Tischler und Arbeiter, das Landhausviertel für Künstler und Mittelstand sowie eine unbeplante Zone südwestlich des Moritzburger Weges für spätere Erweiterungen. Riemerschmid entwarf etwa 30 Haustypen für das Klein- und Landhausviertel. Die erste Bauphase begann im April 1909 mit der Errichtung der Werkstätten (1909/10) und der Kleinhäuser »Am Grünen Zipfel« (1909/10). Die Anforderungen an die Wohnungen wurden durch eine Fragebogenaktion unter den Arbeitern Schmidts ermittelt. Neben Riemerschmid waren bis zum Ersten Weltkrieg Hermann Muthesius, Theodor Fischer, Heinrich Tessenow und Curt Frick mit der Errichtung von Einzelbauten, Doppel- oder Reihenhäusern beauftragt. Über die künstlerische Qualität und Einheitlichkeit der Gartenstadt wachte die sechsköpfige Bau- und Kunstkommission.

Mit der Gründung Helleraus war ein sozial- und lebensreformerisches Konzept verknüpft. Wolf Dohrn, ein enger Mitarbeiter Schmidts und erster Sekretär des Werkbundes, initiierte 1910 gemeinsam mit dem Genfer Musikpädagogen Emile Jaques-Dalcroze die Gründung einer »Bildungsanstalt für Musik und Rhythmus« (1911–15) und finanzierte den Bau des Festspielhauses durch Heinrich Tessenow zum großen Teil aus eigenen Mitteln. In den Jahren unmittelbar vor dem Ersten Weltkrieg entwickelte sich Hellerau zu einem kulturellen Zentrum der europäischen Avantgarde.

Der Ausbruch des Krieges beendete jäh die kulturelle Blüte und die Bautätigkeit in der Gartenstadt. Hinzu kamen interne Spannungen zwischen den konservativ und modern gesinnten Architekten. Nach dem Kriege war die allgemeine wirtschaftliche Rezession auch in Hellerau spürbar. In den 1920er Jahren musste der Großteil der Kleinhäuser privatisiert werden.

Die wichtigste Hellerauer Entwicklung in den 1930er Jahren waren die Typenhäuser in Holzbauweise der DWH. Ziel war die serielle Fertigung von preiswerten Ferien- und Einfamilienhäusern aus vorgefertigten Elementen, die sogenannten »Maschinenhäuser«. Am Sonnenhang (VI Q2) entstand eine Musterhaussiedlung mit Prototypen. Die Architekten waren Bruno Paul, Oswin Hempel, Wilhelm Kreis, Wilhelm Jost, Adalbert Niemeyer, Eugen Schwemmle und Erich Loebell. Zur Mustersiedlung gehört auch das eingeschossige Siedlerhaus (Heideweg 15) von Karl Bertsch, das als frühestes Beispiel 1921 unter Verwendung von Schwartenholz zur Verschalung errichtet wurde. Allmählich wurde auch das Gebiet westlich des Moritzburger Wegs und das Rähnitzer Erweiterungsgebiet u. a. durch Gustav Lüdecke bebaut. Nach dem Zweiten Weltkrieg wurden noch vereinzelt Bauprojekte z. B. am Heideweg umgesetzt.

Heute stellt sich Hellerau als ein einzigartiges Ensemble

von hoher städtebaulicher, architektonischer und kulturhistorischer Bedeutung dar. Seit 1955 steht es unter Denkmalschutz, seit 1990 als Sachgesamtheit. 1989 gründete sich aus dem spontanen Widerstand der Anwohner gegen einen »wilden« Garagenbau (Am Grünen Zipfel 101) eine Bürgerbewegung, auf deren Engagement hin Anfang der 1990er Jahre durch den Dresdner Stadtrat die Baukommission wieder für einige Zeit ins Leben gerufen wurde. In der Regel wird Hellerau beispielhaft von seiner Bewohnerschaft in Zusammenarbeit mit der örtlichen Denkmalpflege gepflegt und erhalten. 2006 wurde Hellerau in das Städtebauförderprogramm des Bundes aufgenommen und behutsam weiterentwickelt (→ Siedlung am Pfarrlehn).

DeWe-Plattenhaus (VI O2, Auf dem Sande 26): Bruno Paul (1874–1968) entwarf das typisierte Vierzimmer-Wohnhaus und präsentierte es 1925 auf der Dresdner Siedlungsausstellung. Innerhalb von neun Tagen konnte es aus rund 100 vorgefertigten Platten montiert werden. Es ist heute das einzige ausgeführte Exemplar dieses Typs.

Ehemalige Deutsche Werkstätten (VI Q3, Moritzburger Weg 67): Richard Riemerschmid konzipierte die Anlage 1909/10 nach den Vorstellungen Karl Schmidts. Im April 1909 war Grundsteinlegung, die Produktion wurde im folgenden Jahr aufgenommen. Die Architektur erinnert an einen Gutshof: Um einen großen zentralen, annähernd quadratischen Hof gruppieren sich drei unregelmäßige, längsrechteckige Gebäudeteile. Im östlichen Trakt befanden sich das Kontor und die Verwaltung, im nördlichen und westlichen die Werkstätten, an den letzteren schließt sich westlich die lange Montagehalle an. Allen Teilen gemeinsam ist eine geringe Tiefe und eine starke Durchfensterung, um alle Arbeitsplätze mit ausreichend Tageslicht zu versorgen. Im Südosten verbindet das große Eingangstor den Verwaltungstrakt mit dem alten Feuerwehrhaus. Die Ergänzungsbauten aus der DDR-Zeit wurden inzwischen abgerissen, so dass sich die Anlage heute (bis auf den Abriss des Spänebunkers) in ihrer historischen Gestalt präsentiert. Entlang der alten Werksmauer westlich wurde 2003 ein schmaler, moderner Trakt mit Büro- und Atelierräumen von Rudolf Morgenstern errichtet. 2010 begann nun auch die Sanierung der Waldschänke, dem zentralen Hellerauer Lokal, in dem die Baugenossenschaft 1908 gegründet wurde.

Neue Werkstätten DWH (VI Q3, Moritzburger Weg 68): Mit der Privatisierung 1992 und der Verlagerung der Produktion vom Möbelbau auf Spezialfertigungen für Innenausstattungen begannen die Planungen für einen Neubau der Werkstätten. Der neue Standort lag genau gegenüber dem Eingang zu den historischen Werkstätten südlich des Moritzburger Wegs. So wurde der enge historische Bezug der beiden Werksanlagen zueinander auch optisch gewahrt. Der Entwurf des Architekturbüros Thomas Herzog + Partner gewann den Wettbewerb und wurde mit leichten Modifizierungen (2004–06) errichtet. Dem flachen, langgestreckten Kubus liegt ein Grundraster von 1,8 × 1,8 m großen Quadraten zugrunde. Während die Nordseite mit dem Empfang völlig verglast ist, sind die Seiten und die Rückfront, abgesehen von den vertikalen Lichtbändern, völlig geschlossen.

Festspielhaus (VI O/P 1, Karl Liebknecht Straße): Das Gelände mit dem zentralen Festspielhaus war Sitz der von Wolf Dohrn und Emile Jaques-Dalcroze gegründeten »Bildungsanstalt für Musik und Rhythmische Erziehung«. Dorn hatte 1910 Heinrich Tessenow (1876–1950) mit Entwurf und Ausführung des Festspielhausgeländes beauftragt. Als Standort wurde nach langen Verhandlungen ein nördlich an das Gartenstadtgelände angrenzender Hügel gewählt. 1912 konnte man im gerade fertiggestellten Festspielhaus die ersten Hellerau-Festspiele veranstalten.

Tessenows axialsymmetrischer Komplex bestand aus drei Teilen: dem zentral gelegenen, die Anlage dominierenden Festspielhaus mit angrenzenden Übungsräumen sowie je einer großzügigen Platzanlage im Norden (heute verloren) und Süden. Dem monumentalen Längsbau, der das Foyer und den großen Festsaal (49 × 16 m; 12 m hoch) aufnimmt, ist an der Nord- und Südseite je ein antike Tempelfronten stilisierender Portikus vorgelagert. Über vier kolossalen, von breiteren Wandvorlagen flankierten Pfeilern erhebt sich ein monumentaler, glatt verputzter Dreiecksgiebel mit zentralem Yin-Yang-Zeichen. Die niedrigeren, mit flachen Walmdächern gedeckten Flügelbauten (zweigeschossig) nehmen die Seitenbühnen und Oberlichtsäle, Treppenanlagen, Arbeits- und Übungsräume auf.

Der südliche Hauptplatz (110 × 60 m) diente u. a. der Erschließung des Komplexes: Von Osten nach Westen wurde er von der Hauptstraße (heute: Heinrich-Tessenow-Weg) durchquert, im Süden läuft der Heideweg zentral auf das Festspielhaus zu. An der West- und Ostseite war er von je zwei langgestreckten, eingeschossigen Gebäuden, den Wohnheimen für die Schüler, und auf der Südseite von vier eingeschossigen, mit Pergolen verbundenen Pensionshäusern eingefasst. Die Ecken des Platzes betonten ursprünglich vier Springbrunnen.

Das Gelände im Norden war für gymnastische Freiluftübungen vorgesehen. Ein quadratischer, abgesenkter und über einige Stufen erreichbarer Platz war auf drei Seiten von überdachten Laubengängen/Pergolen umschlossen und mit dem Festspielhaus über eine Freitreppe verbunden.

Die repräsentative Anlage funktionierte in der ursprünglichen Gestalt nur wenige Jahre. 1936 wurde das Festspielgelände an den Staat verkauft, der dort eine Polizeikaserne (später von SS und SA übernommen) einrichtete. 1938/39 wurden die flankierenden Wohnheime durch zwei Kasernenflügel ersetzt, die Verbindungen zur Hauptstraße überbaut. Nach dem Zweiten Weltkrieg übernahm die sowjetische Armee den Komplex und nutzte ihn als Lazarett. Dabei diente der entkernte Festsaal zeitweilig als Turnhalle. 1979 wurde das Festspielhausgelände in die Denkmalliste der DDR eingetragen. 1994 begannen die Sanierungsarbeiten am Festspielhaus. Verloren sind die Grünanlagen im Norden. Die sehr schlecht erhaltenen Pensionshäuser konnten durch die Förderung der Wüstenrot-Stiftung (1994–96, 1999–2002) originalgetreu wiederhergestellt werden. Der westliche Kasernenflügel wurde 2001 fertiggestellt. Bei der Sanierung des östlichen Flügels wurde die ursprüngliche Wegeverbindung zum heutigen Heinrich-Tessenow-Weg wiederhergestellt. Zum 100-jährigen Jubiläum Helleraus 2009 war die Innensanierung des Festspielhauses abgeschlossen.

Haus Chrambach (VI N2, Hoher Weg 11): 1929 errichtete der Architekt Walter Reitz (1888–1955) das Haus als einen der ganz wenigen Bauten, die in Hellerau mit Flachdach im Stile der Moderne ausgeführt wurden. Es konnte auf Geheiß der Bau- und Kunstkommission nur »versteckt« und abseits errichtet werden. Der streng kubische Backsteinbau (heute nur im Sockel sichtbar, in den Obergeschossen verputzt) nutzt die Hanglage: drei Vollgeschosse im Norden (Hangseite) und ein auf der Südseite (Talseite) zum Vollgeschoss geöffnetes Kellergeschoss. In der weitgehend geschlossenen Nordfassade (Eingangsseite) markiert ein vertikales Fensterband das Treppenhaus. Im Südosten befindet sich ein Austritt, die Südseite ist mit großen Fensterbändern versehen, das Dachgeschoss ist dort zur Sonnenterrasse geöffnet.

Die **Kleinhäuser »Am Grünen Zipfel«** (VI Q3) markieren den Baubeginn in Hellerau. Richard Riemerschmid errichtete sie ab April 1909 für die Arbeiter und Handwerker der DWH mit geringem Einkommen. Sie waren als Genossenschaftler anteilsmäßig am Grundeigentum beteiligt. Die ursprüngliche Wohnfläche variiert zwischen 48 m^2 in den kleinen Reihenhäusern und 100 m^2 in den freistehenden, rückwärtigen Häusern. Für die etwa 110 Häuser entwarf Riemerschmid sieben Haustypen, die er in leichten Varianten abwechslungsreich und nuanciert gruppierte. Der dörflich anmutende Charakter ergibt sich aus den architektonischen Details der niedrigen, vorwiegend eingeschossigen Häuser sowie aus dem städtebaulichen Konzept, den Straßenverlauf angerartig aufzuweiten und durch kleine Platzanlagen aufzulockern. Jedes Haus verfügte über fließendes Wasser, ein Wasserklosett und eine Waschküche im Keller. Hinter den Häusern erstrecken sich die Nutzgärten, z. T. hintereinander gestaffelt und durch ein inoffizielles Wegenetz, die sogenannten »Mistwege«, mit den Werkstätten und dem Markt verbunden.

Der **Marktplatz** (VI Q2, Markt) mit den »Wohlfahrtseinrichtungen« in der Mitte Helleraus war von Anfang an ein zentrales Element der Gartenstadtidee. Ursprünglich waren nach den Planungen Richard Riemerschmids dort gemeinschaftliche Wasch- und Badehäuser, ein Ledigenwohnheim, Schule, Post sowie Geschäfte und ein Gasthaus geplant. Bis zum Ersten Weltkrieg konnte Riemerschmid jedoch nur die zweigeschossige Hauszeile mit vorspringenden Kopfbauten mit Krüppelwalmdach auf der Südwestseite ausführen (1907–10). Im Erdgeschoss sind Läden und darüber Wohnungen untergebracht. Erst 1929–1933 wurde die dreigeschossige Bebauung der nördlichen, östlichen und südlichen Seiten nach den zeitgemäßen Entwürfen von Rudolf Kolbe mit Wohnungen, einigen Geschäften und einem Café im Süden vollendet. Bei der zentralen Platzgestaltung und in den Sockelzonen taucht der regionale Bruchstein auf, den Riemerschmid als ein charakteristisches Baumaterial für Hellerau einsetzte. Die Häuser am Markt sind weiterhin in genossenschaftlichem Besitz und wurden 1996/97 sorgfältig saniert.

Siedlung »Am Pfarrlehn / Am Schulfeld« (VI Q1): Aus einem Wettbewerb ging die Errichtung der qualitätvollen, modernen Siedlung »Am Pfarrlehn« mit 71 Reihenhäusern und 10 Eigentumswohnungen hervor. 2001 wurde die hochverdichtete Siedlung durch die Architekturbüros Wolfram

Westseite des Hellerauer Marktes
(Richard Riemerschmid 1907–10)

Baltin & Partner, Gruppe 4+ und Höhne & Langbrunner ausgeführt. Hier sind Anklänge an die städtebaulichen Prinzipien Riemerschmids zu spüren, u. a. in der Anlage der leicht angerartig aufgeweiteten Binnenstraße.

Gruna

1370 als Grunow, »grüne Aue«, erstmals erwähnt, teilte das südlich von Blasewitz und Striesen gelegene Dorf das Schicksal seiner Nachbarn: In der Schlacht bei Dresden niedergebrannt, ließ der ländliche Charakter und die Nähe zum Großen Garten Gruna im späten 19. Jh. zum Ausflugsort werden. 1901 erfolgte die Eingemeindung. Der Stadtteil war bis zum Zweiten Weltkrieg ein exklusives Villenviertel des frühen 20. Jh.s, das in den Luftangriffen des Februars 1945 großflächig zerstört wurde. Nur noch vereinzelt finden sich solche Villen entlang der Karcher Allee südlich des Großen Gartens. Nach dem Zweiten Weltkrieg wurden auf dem geräumten Gebiet große Wohnkomplexe errichtet.

1912–14 erhielt der Stadtteil eine eigene **Schule in der Junghansstr. 15** (III J6). Den mächtigen fünfgeschossigen Bau mit ausladendem Querriegel und rechtwinklig anschließenden Flügeln errichtete Hans Erlwein; mit seiner modernen Ausstattung und der eleganten Lisenengliederung galt er als schönster Schulbau Dresdens.

In die 1920er Jahre datieren bemerkenswerte Gartenstädte, die **Gartenheimsiedlung** um die gleichnamige Allee (III I/J 6) und die benachbarte **Siedlung des Spar- und Bauvereins** (III J7), beides Projekte von Paul Beck und Max Oertel. Im Dekor der Fassaden und Fenster sind zuweilen expressionistische Anklänge spürbar. Beide Siedlungen wurden nach Kriegszerstörungen vereinfachend saniert.

Das **Kinder- und Jugendhaus »Schieferburg«** (III I7, Liebstädter Str. 29) in Gruna ist eine architektonische Einmaligkeit in Dresden. Als einziges Beispiel der organischen Architektur orientiert es sich an natürlichen Formen und Materialien. Das gelungene Ensemble wurde 1994–96 von dem Dresdner Architekturbüro Weise & Treuner als offenes Kinder- und Jugendhaus errichtet – umgeben von einem begrünten Erdwall und großzügigen Spielflächen. Die Anlage, die Architekturelemente des Künstlerdorfes Worpswede (insbesondere Bernhard Hoetgers Kaffee Worpswede und die auf Bruno Taut zurückgehende sogenannte »Käseglocke«) aufnimmt, besteht aus mehreren, sich durchdringenden Gebäudeteilen und Höfen, deren Grundrisse aus Kreissegmenten gebildet werden und von tief heruntergezogenen, schiefergedeckten Dächern überfangen sind. Im Innern dominieren lichte, offene überkuppelte Räume, deren Wandflächen mit Sandsteinquadern, Ziegel, Mosaik und erdfarbenen Putzflächen abwechslungsreich gestaltet sind.

Johannstadt

Die Johannstadt wurde im 3. Viertel des 19. Jh.s planmäßig zwischen Großem Garten, Pirnaischer Vorstadt und dem selbständigen Blasewitz angelegt. Das Gebiet war 1826–74 mit einem Bauverbot belegt. Im Zuge der Errichtung der Albertbrücke (1875–77) wurde zunächst der Sachsenplatz angelegt, es folgten öffentliche Gebäude und um 1900 der Güntzplatz. Südöstlich an der Grenze zu Blasewitz siedelte man das von Edmund Bräter errichtete Stadtkrankenhaus Johannstadt, das heutige Universitätsklinikum, an. 1876 als reines Wohnquartier ausgewiesen, entwickelte sich in dem nach König Johann benannten Stadtteil bis 1900 eine geschlossene, viergeschossige Wohnbebauung. In den 1920er und 30er Jahren wurde diese bis zur Nordseite des Käthe-Kollwitz-Ufers durch die Johannstädter Wohnungsbaugenossenschaft um die dortige fünfgeschossige Wohnsiedlung in geschlossener Bebauung ergänzt. Von dem ursprünglichen urbanen Charakter der Johannstadt hat kaum etwas die Luftangriffe von 1945 überstanden. Bemerkenswert sind vor allem die wiederaufgebauten Gebäude am Sachsen- und Güntzplatz. Nach der Enttrümmerung des Gebiets entstanden in den 1960er und 70er Jahren im Bereich des Terrassenufers, um den Sachsenplatz und die Blasewitzer Straße großflächige Wohnblöcke in Plattenbauweise.

Sakrale Bauten

Die **Trinitatiskirche** (IV G4, Fiedlerstr. 2) wurde 1891–94 von Karl Barth als erster protestantischer Kirchenbau Dresdens des Historismus nicht mehr nach mittelalterlichem Vorbild sondern im Stile der Neorenaissance errichtet. Nach ihrer Zerstörung durch die alliierten Luftangriffe im Februar 1945 zunächst zum Wiederaufbau vorgesehen, überdauerte sie als Ruine. Der erhaltene, hohe Turm der Westfassade folgt lokalen Bautraditionen der Kreuz- und Dreifaltigkeitskirche.

Der ursprünglich 1680 als Pestfriedhof gegründete **Eliasfriedhof** (IV F4, Ziegelstraße/Güntzplatz) ist der älteste erhaltene Dresdner Friedhof, er wurde bis zum frühen 18. Jh. als Armenfriedhof genutzt. In der Folgezeit avancierte er zur Grablege wichtiger Dresdner Persönlichkeiten (u. a. der Architekt Gottlob F. Thormeyer, der Zeitungsverleger und Mäzen Justus F. Güntz). Aufgrund der zahlreichen kunstvollen Grabmäler, von denen einige noch vom älteren Johannisfriedhof stammen, soll der zurzeit nur in Führungen zu besichtigende, denkmalgeschützte Friedhof zu einem Museum der Grabkunst umgestaltet werden.

Nach der Schließung des →alten Jüdischen Friedhofs wurde 1866/68 der **Neue Jüdische Friedhof** (IV H 4, Fiedler Str. 3) östlich des Trinitatisfriedhofs nach Entwurf von Ernst Giese angelegt. Die 1866 errichtete Parentations- bzw. Totenhalle wurde 1938 zerstört, nach 1945 wiederaufgebaut und diente als provisorische Synagoge der Dresdner jüdischen Gemeinde bis zur Weihe der →neuen Synagoge.

Der **Trinitatisfriedhof** (IV G–H 4, Fiedler Str. 2) wurde 1815 außerhalb der Stadt – zunächst als »Weiter Friedhof« bezeichnet – von Gottlob F. Thormeyer mit klassizistischen Torbauten angelegt. Auf dem Ende des 19. Jh.s zum Trinitatisfriedhof umbenannten Friedhof liegen die Grabstätten zahlreicher berühmter Dresdner Künstler des 19.

Jh.s, so das Wandgrab Gottfried Sempers, des Bildhauers Ernst Rietschel sowie des Arztes und Malers Carl Gustav Carus. Die Maler Ferdinand von Rayski und Caspar David Friedrich, der das Eingangstor des Friedhofs in seinem Gemälde *Friedhofseingang* verarbeitete, fanden hier ihre letzte Ruhestätte. Ein 10 m hoher Obelisk erinnert an die hier bestatteten 76 Opfer des Maiaufstandes von 1849.

Profanbauten

Das ehemalige **Amtsgericht** (IV F4, Lothringer Str. 1; heute **Landgericht**) wurde 1888–92 von Max Arwed Rossbach als Vierflügelanlage im Stile eines Florentiner Renaissancepalastes errichtet. Rustiziertes Quadermauerwerk überzieht alle drei, durch Gurtgesimse getrennte Hauptgeschosse des horizontal gewichteten Baus mit vorspringenden, hohen Eckrisaliten. Das Portal wird von zwei Skulpturen, Allegorien der Wahrheit und Gerechtigkeit, von Johannes Schilling, Bildhauer und Professor an der Akademie der Künste, flankiert.

Das ehemalige **Stadthaus** (IV F4, Güntzplatz 5) wurde 1910/11 als Sitz der Johannstädter Verwaltung von Stadtbaurat Hans Erlwein mit barockisierenden Dekorationselementen errichtet. Grundlegend saniert, dient es heute als Sitz der Sparkasse.

Das **ehemalige Kunstgewerbemuseum** (IV F4, Güntzstr. 34) mit der **Kunstgewerbeschule** (heute Abteilung für Angewandte Kunst der Hochschule für Bildende Künste, HfbK), wurde 1903–07 als aufwendig gestalteter Komplex aus Pavillons und langgestreckten Flügelbauten (ein- bis viergeschossig) um vier Höfe von Karl Schmidt und Hermann Viehweger errichtet. Das Dresdner Architekturbüro Lossow & Kühne nutzte für die ihnen obliegende Innengestaltung originale Ausstattungselemente und Bauschmuck aus historischen Bauten (Palais Brühl: Türen am

Eingang und im Vestibül am Güntzplatz, der heute nur in Resten erhaltene zweigeschossige Rokoko-Festsaal, schmiedeeisernes Treppengeländer und Fenstergitter; Schloss Nossen: Renaissancezimmer u. v. a.). Auch wenn in der Architektur starke neobarocke Anklänge zu finden sind, verdeutlicht das Ensemble den sich vom Historismus abkehrenden Dresdner Reformbaustil, der durch die um 1900 von Dresden maßgeblich mitgetragene Kunstgewerbebewegung beeinflusst war. Teile der Anlage brannten 1945 aus und wurden in vereinfachter Form wiederaufgebaut. Allerdings sind viele der translozierten Originalbauteile verloren. Bis 2006 waren hier neben der o. g. Abteilung der HfbK auch das Kupferstichkabinett sowie die Kunstbibliothek der SKD untergebracht.

Das **St. Benno-Gymnasium** (I/IV F5, Pillnitzer Str. 39) wurde 1995/96 von Günther und Stefan Behnisch auf einem schmalen, langgestreckten Grundstück entlang der Güntzstraße errichtet. Gleich einem schlanken Schiff erhebt sich der dreigeschossige, lichtdurchflutete und leichte Neubau in Stahlskelettbauweise unter Verwendung von Glas, Holz und farbigen Putzflächen. Das Dresdner Traditionsgymnasium besitzt ein funktional und ästhetisch gelungenes Schulgebäude.

Kleinzschachwitz

Kleinzschachwitz kann mit prächtigen Villen aufwarten, etwa der sogenannten **Doppelvilla** (Kleinzschachwitzer Ufer 70–70a), zweier verbundener Neorenaissancevillen der Jahre 1862 und 1870. Fremdländisches Flair vermitteln zwei Bauten, die der russische Fürst Nikolaus Abramowitsch Putjatin in seiner neuen Heimat errichten ließ. Sein malerisches Landhaus, das sogenannte Storchennest (Putjatinstr. 26, spätes 18. Jh.) ist stark verändert, während die von ihm gestiftete Schule, das heutige **Putjatinhaus** (Meußlitzer Str. 83, 1822/23), im Stil russischer Bauernhäuser gut erhalten ist. Es dient heute als Kulturzentrum.

Unmittelbar am Elbufer (Berthold-Haupt-Str. 130) liegt die ehem. **Pionier-Kaserne** der sächsischen Armee, heute idyllische Gaststätte. Sie wurde um 1870 im Stil englischer Herrensitze errichtet; die hier stationierten Pioniere betrieben die Fähre nach Pillnitz.

Lockwitz

Schloss und Schlosskirche (Alt Lockwitz): 1620 erwarb der Hofmarschall Hans-Georg von Osterhausen das Rittergut Lockwitz mit seiner spätgotischen Saalkirche. Nur wenig später ließ er das Renaissanceschloss in barocken Formen »neu aufführen« und das Gotteshaus zur Schlosskirche umgestalten. 1699 wurde sie erweitert, weitere Umbauten folgten. Das Schloss erfuhr im 19. und 20. Jh. tiefgreifende Veränderungen.

Mausoleum der Familie Kap-Herr (am Viertelacker): Der in wundervoller Aussichtslage gelegene klassizistische Tempel wurde 1871/72 nach Entwürfen von Bernhard Schreiber durch Otto Kreysig und Carl Kirsten errichtet.

Löbtau

Friedenskirche (Wernerstr. 32): Die 1889–91 von Friedrich Arnold errichtete spätgründerzeitliche Friedenskirche wurde bei den Luftangriffen im Februar 1945 bis auf die Grundmauern zerstört. Im Rahmen des unmittelbar danach für ganz Deutschland aufgelegten »Notkirchenprogramms« erhielt auch Dresden nach den standardisierten Entwürfen

Otto Bartnings (1883–1959) eine Notkirche. Bartning, der an der Gründung des Bauhaus beteiligt und bereits vor dem Zweiten Weltkrieg als Kirchenbaumeister tätig war, entwarf ein spezielles Konstruktionssystem, bei dem mit einem bestimmten Typ von Holzbindern meist auf den Umfassungsmauern der zerstörten Vorgänger ein neuer, von den jeweiligen örtlichen Gegebenheiten bestimmter Kirchenraum entstand. Bartning definierte 1946 in Heidelberg seine Baukunst als »die Erfüllung der praktischen Not mittels der besten Konstruktion zu einer Befreiung der Seele«. Insgesamt wurden in Deutschland 43 dieser »Notkirchen« errichtet (u. a. in Leipzig, München, Würzburg, Nürnberg, Stuttgart, Neubrandenburg, Rostock, Münster). Mit Hilfe von Spenden aus den USA und der Unterstützung der Landeskirche, mit Holz aus dem Schwarzwald, das die Gemeindemitglieder Tag und Nacht bewachten, wurde 1948 unter Einbezug des Turmes und der erhaltenen Ostwand (die übrigen Wände wurden aus Trümmersteinen aufgemauert) der Neubau vollendet. Der Raumeindruck des offenen Dachstuhls, der auf abgewinkelten Stützen ruht, ist von einer beeindruckenden, zeitlosen Ästhetik.

Pieschen

Ballhaus Watzke (V B1, Kötzschenbroder Str. 1): Das 1838 von Karl Josef Watzke eröffnete Wirtshaus florierte im dicht besiedelten Arbeitervorort Pieschen, so dass an seiner Stelle 1898 das heutige Ballhaus mit angeschlossener Hausbrauerei errichtet wurde. Im Zweiten Weltkrieg weitgehend unbeschädigt, blieb es bis 1950 ein privates Gasthaus mit Varietébetrieb. Danach wurde es bis zur Wende als Lagerhalle genutzt. 1993–96 aufwendig saniert, ist es heute eines der wenigen originalen Beispiele für die in Dresden um 1900 weit verbreiteten, mehr als hundert Ballhäuser.

Ehemaliges Städtisches Obdachlosenasyl (V B1, Altpieschen 5–15): Zur dauerhaften Unterbringung Obdachloser errichtete Stadtbaurat Hans Erlwein 1912 die eindrucksvolle Anlage mit Wohnungen für 59 Familien und 110 alleinstehende Männer. Die Wohnungen in den zwei- und dreigeschossigen Häusern mit ausgebauten Dächern besaßen je zwei Zimmer mit Herd, Wasseranschluss und Außentoilette. In den baumbepflanzten Innenhöfen standen ein Brausebad, ein Waschhaus sowie ein überdachter Spielpavillon für die Kinder. Die Anlage war damals eine der modernsten im Deutschen Reich. Bereits 1915 erfolgte eine Erweiterung. 2003–05 wurde die gesamte Anlage, die durchgängig bewohnt war, denkmalgerecht saniert und zu größeren Mieteinheiten zusammengefasst.

Sachsenbad (Wurzener Str. 18): Das moderne Hallenbad wurde 1926–28 als Teil einer geplanten Sportanlage im Stil des Neuen Bauens durch Stadtbaurat Paul Wolf errichtet. Neben der großen Schwimmhalle verfügte es über Wannenbäder, Massage- und Vortragsräume. Architektonisch nimmt es Bezug auf die kurz zuvor an der Wurzener Straße von Hans Richter errichtete Wohnsiedlung. Das im Zweiten Weltkrieg unversehrte Gebäude war bis 1994 in Betrieb und harrt heute der Sanierung, die wegen der hohen Kosten noch nicht in Sicht ist.

Strehlen

Bischof-Wienken-Haus (IV G7, Tiergartenstr. 74): Diese kleine, 1925/26 von Albin Müller bis in die Ausstattungsdetails entworfene und ausgeführte Villa ist eines der raren Beispiele des Neuen Bauens in Dresden. Der Entwurf für gutbürgerliche Auftraggeber enthielt eine kleine Hausmeisterwohnung im Souterrain und eine Sonnenterrasse im ersten Obergeschoss nach Süden hin. Im Innern des heute für ein kirchliches Jugendwohnprojekt genutzten Hauses haben sich nach behutsamer Sanierung 2004 noch zahlreiche originale Ausstattungsstücke erhalten.

Das **Blaue Haus** (ehem. Zentrales Forschungsinstitut für Arbeitsschutz und Arbeitsökonomie IV F6, Gerhart-Hauptmann-Str. 1) wurde 1958–60 durch die Architekten Alfred Gottfried und Georg Wolf errichtet und stellt ein herausragendes Beispiel der DDR-Moderne in Dresden dar. Der achtgeschossige, in Stahlbeton-Skelettbauweise errichtete Kubus besitzt eine mit blauen Keramikplatten aus Meißen verkleidete Rasterfassade. Er wird von einem Galeriegeschoss mit vorkragendem Flachdach bekrönt. Am flachen Nebengebäude von 1967 findet sich ein qualitätvolles Wandbild in Sgrafitto-Technik von Dietmar Gubsch. Der denkmalgeschützte Bau soll zu einem Seniorenwohnheim umgebaut werden. Auf dem ohnehin knappen Freigelände zur Gerhart-Hauptmann-Straße plante der Investor zudem eine Kopie des 1938 zerstörten Dresdner Kugelhauses; allerdings wurden die Pläne 2010 aus Kostengründen auf Eis gelegt.

Die **Christuskirche** (IV G8, An der Christuskirche) in Strehlen wurde 1903–05 von dem Dresdner Architekturbüro Rudolf Schilling und Julius Gräbner im Zeichen der Reformbaukunst errichtet. Der Bau gilt als erster moderner protestantischer Kirchenbau Sachsens, der die traditionelle Zweiteilung von Chor- und Gemeinderaum zugunsten eines einheitlichen Kirchenraumes ohne Seitenemporen aufgibt.

Die wuchtige Vierturmanlage steht weithin sichtbar auf einer Anhöhe mit ovaler Platzanlage und überragt den historischen Ortskern von Strehlen. Elemente der Neoromanik, des Neuklassizismus und des Jugendstils – letzterer insbesondere im Dekor (Kirchenfenster und Altarbild: Otto Gussmann; Skulptur: Paul Pöppelmann, Karl Gross, August Hudler) sind zu einem eindrucksvollen Gesamtkunstwerk verwoben. Der Dachstuhl wurde aus moder-

Die Christuskirche in Strehlen, Schilling & Gräbner 1903–05

nem Eisentragwerk konstruiert. Die Kirche überstand die Luftangriffe 1945 nur leicht beschädigt. Erst 1950 erfolgte eine notdürftige Ziegeldeckung, doch die Innenausstattung wurde durch eindringende Nässe weiterhin in Mitleidenschaft gezogen. Die Instandsetzung des Inneren erfolgte 1973–80 durch den Künstler Helmar Helas, in behutsamer Annäherung an den Originalzustand und in sparsamer, moderner Formensprache, so dass ein stimmiger Raumeindruck zwischen originalen und ergänzten Partien erzielt wurde.

Das **ehemalige Luftgaukommando** (Bundeswehrverwaltungsgebäude; IV F7, August-Bebel-Straße 19) wurde 1936–38 von Wilhem Kreis auf dem Gebiet des ehemaligen Königlichen Gartens in Strehlen errichtet. Es ist eine der bedeutendsten und größten der von den Nationalsozialisten gebauten Anlagen in Dresden mit streng symmetrischem und axialem Aufbau. Dem schmalen, sich über eine Breite von 163 m erstreckenden, dreigeschossigen Hauptbau mit wuchtigem, zentralem Pfeilerportikus ist eine tiefe Platzanlage vorgelagert. Dieser sind seitlich je drei, mit Laubengängen verbundene, parallel zum Hauptgebäude ausgerichtete, zweigeschossige Nebengebäude beigeordnet. Den Zugang zur Straße flankieren zwei kleine Wachhäuser. Der erhaltene Bauschmuck des Komplexes stammt von dem Dresdner Kunstprofessor Karl Albiker. Insbesondere der Figurenfries *Fliegender Genius* am Portikus verweist auf die ursprüngliche Funktion als viertes Luftgaukommando der Reichswehr. 1945 beschädigt, wurde es im selben Jahr als Sitz des Landtages (bis 1952) wiederhergestellt und diente anschließend als Militärakademie der DDR. Seit 1990 nutzt es u. a. die Bundeswehr als Verwaltungsgebäude.

Palucca Schule (Hochschule für Tanz, IV H7, Basteiplatz 4): Das nach Mary Wigmans berühmter Dresdner Schülerin und Mitbegründerin des modernen Ausdruckstanzes benannte Schulgebäude wurde 1953–55 als staatliche Fachschule für Tanz errichtet. Gret Palucca (1902–1993) wirkte hier bis 1991 als Tanzpädagogin. Der Mitteltrakt des in neoklassizistischen Formen gestalteten Komplexes (Herbert Schneider, F. Pietsch, Gerd Dettmer) nimmt in konkavem Schwung auf die davor liegende Platzanlage Bezug. Über dem etwas zurückgesetzten, turmartigen Haupteingang erhebt sich die Bronzefigur einer Tänzerin (Rudolf Löhner). 1982 wurde ein östlicher Erweiterungsbau mit Ballettsälen hinzugefügt, 2007 der moderne Erweiterungsbau (H. Storch, W. Ehlers & Partner) mit Unterrichtsräumen an der Wiener Straße eröffnet. Dazu gehört auch die anspruchsvolle Neugestaltung des Campusgeländes zur Tiergartenstraße.

Die **Villa Salzburg** (IV F6, Tiergartenstraße 8) wurde 1876 als eine der ersten herrschaftlichen Villen des sogenannten englischen Viertels errichtet. Dieser einzige hier erhaltene, in den 1990er Jahren vorbildlich restaurierte Bau ist zudem eines der letzten erhaltenen Beispiele für den von Gottfried Semper und seinen Schüler Georg Hermann Nicolai geprägten Dresdner Neorenaissance-Stil (Semper-Nicolai-Schule), der sich an der italienischen Frührenaissance orientierte.

Tolkewitz

Der am linken Elbufer gelegene Stadtteil Tolkewitz wird als Tolkenwicz 1350 erstmalig in den Urkunden erwähnt. Wegen seiner romantischen Lage geschätzt, entwickelte er sich im Laufe des 19. Jh.s zum Standort von Gärtnereien und Baumschulen. Vereinzelt entstanden Landhäuser und Villen, so die von dem Semperschüler Christian Friedrich Arnold im Stil der deutschen Renaissance errichtete **Villa Emmaus** (III L5) mitsamt ihrem Kutscherhaus (Tolkewitzer Str. 71–73, 1860). 1896–98 wurde auf den Elbwiesen das zweite städtische **Wasserwerk** (III L6) errichtet (Pläne Bernhard Salbach); die Maschinenhalle wie auch das betriebseigene Mietshaus sind im mittelalterlichen Stil gehalten.

Als im Laufe des 19. Jh.s die innerstädtischen Friedhöfe überlastet waren, entschied sich die Stadt zum Erwerb eines Areals in Tolkewitz. 1881 wurde der in einem Kiefernhain gelegene neue **Johannisfriedhof** (III K/L6, Wehlener Str.) geweiht, 1894 konnte man die pantheonartige Feier- und Parentationshalle von Paul Wallot (1841–1912) in Betrieb nehmen. Prunkvolle Grabdenkmäler vermitteln einen umfassenden Blick auf die Sepulkralkultur des Historismus, des Jugendstils und des Neoklassizismus. Ein Ehrenhain erinnert an die durch die Nazis hingerichteten Widerstandskämpfer und an die Opfer des 13./14. Februar 1945. 1998 wurde eine weitere Gedenkstätte für die Opfer des Stalinismus eingerichtet.

Als 1906 die Feuerbestattung gesetzlich erlaubt wurde, erwarb die Stadt Dresden ein weiteres, etwa 3 ha großes Waldstück zu Seiten des Johannisfriedhofs, um dort ein **Krematorium** und einen **Urnenhain** (III L6) anlegen zu lassen. Nach den Plänen von Fritz Schumacher entstanden so zwischen 1908 und 1911 ein einzigartiges Zeugnis moderner Sepulkralkultur und ein geschlossenes Ensemble des späten Jugendstils in Dresden. Das Krematorium, das den würdevollen Höhepunkt einer langen Achse mit Wasserbassin bildet, ist über ovalem Grundriss errichtet. Mit seinem wuchtigen Körper und der flachen Kuppel erinnert es an das Theoderichgrab in Ravenna. Nördlich des Krematoriums erstreckt sich die in der Art eines Kreuzgangs gestaltete Urnenhalle. Auch dieser vom Johannisfriedhof weitgehend getrennte Friedhof besitzt zahlreiche sehenswerte Grabmäler.

Übigau

Schloss (V A2, Rethelstr. 47): Das kleine, direkt an der Elbe gelegene Schlösschen ist in mehrfacher Hinsicht für die Dresdner und sächsische Kulturgeschichte von herausragender Bedeutung. 1724–26 von Eosander von Göthe für den Kabinettminister Graf Heinrich von Flemming errichtet, wechselte es direkt nach der Fertigstellung in den Besitz Augusts des Starken, der das Lustschlösschen als westlichen *Point de Vue* und Endpunkt seiner am Canale Grande orientierten Elblandschaft ausbaute: Er ließ eine barocke Parkanlage zur Elbe und die erhaltene prächtige Treppenanlage mit Anlegestelle und Gondelhafen hinzufügen. Im Ostra-Gehege auf der anderen Elbseite haben sich Reste der auf das Schloss zulaufenden Allee erhalten. Das Schlösschen selbst erhielt eine umlaufende Galerie auf zwei Geschossen, von der man einen hervorragenden Blick auf die Elblandschaft genießen konnte. Am Ende des 18. Jhs. kam es zur Ergänzung des dreiachsigen Dachhauses auf der Elbseite. 1831 gelangte das Anwesen in den Besitz Andreas Schuberts, der den Bau als Verwaltungssitz seiner in direkter Nachbarschaft angesiedelten Sächsischen Maschinenbauanstalt nutzte und hier die erste sächsische Dampflook und das erste Elbdampfschiff konstruierte. Vom Krieg verschont, diente das Schlösschen bis zur Wende dem benachbarten VEB-Dampfkesselbau-Übigau als Verwaltungssitz. Seit 1999 ist das Schloss nun in Privatbesitz, die Besitzer stellen allerdings nur widerstrebend Mittel zum Erhalt dieser letzten originalen und einzigartigen Inkunabel des Dresdner Spätbarock zur Verfügung. Im Inneren hat sich trotz der wechselhaften Nutzung in ganz erheblichem Ausmaß die originale Ausstattung (Wandfassungen, Türen, Fußböden) erhalten, die dringend der Sicherung und Konservierung bedarf. Eine Bürgerinitiative engagiert sich seit 2005 für Erhalt und Restaurierung des Schlosses.

Sehenswürdigkeiten in der Umgebung

Schloss Moritzburg

Nur wenige Kilometer vom Stadtrand Dresdens entfernt, in nordwestlicher Richtung, liegt Moritzburg, das wegen seines mächtigen Schlosses und seiner idyllischen, von Wäldern und Teichen geprägten Landschaft berühmt ist. Die Ortschaft, die sich um den Jagdsitz der Wettiner entwickelte, trug bis 1934 den Namen Eisenberg und erhielt erst danach den Namen seiner Hauptattraktion.

Eisenberg wurde um das Jahr 1300 erstmalig erwähnt; das Dorf und seine Umgebung boten ideale Bedingungen für Jagd und Karpfenzucht und zogen so die sächsischen Fürsten an. Zwischen 1542 und 1546 ist der Bau eines ersten Jagdhauses belegt, das Herzog Moritz von Sachsen auf einem Felssporn errichten ließ. Baumeister der regelmäßigen, mit vier massiven Rundtürmen und einer umlaufenden Mauer bewehrten Anlage waren Caspar Voigt von Wierandt und Hans Dehn-Rothfelser. Trotz zahlreicher Umbauten blieb ihre Grunddisposition bis heute erhalten; den Zustand am Ende des 16. Jh.s dokumentiert ein Holzmodell von Paul Buchner.

Einschneidende Veränderungen erfuhr das querrechteckige, sich von Nord nach Süd erstreckende »Fürstenhaus« im Inneren des Gevierts. So ließ Kurfürst Johann Georg II. von Sachsen 1661–72 nach Entwürfen des Festungsarchitekten und Diplomaten Wolf Caspar von Klengel die Schlosskapelle errichten, die sich weit über den Westflügel der Umfassungsmauern hinausschiebt. Als Klengel 1691 starb, führte Ezechiel Eckhardt die Arbeiten weiter. Italienische Stuckateure besorgten die Innenausstattung der Kapelle; sie ist heute in der Fassung von 1728 zu erleben, als das gesamte Schloss unter August dem

Starken umgestaltet wurde. Aus dem Jahre 1670 stammt die Stuckdecke (Giovanni Materno, Domenico Galli und Antonio Trenello) mit Johann Finks Gemälde der *Himmelfahrt Christi*; das ursprüngliche Altarbild musste 1697, als August zum katholischen Glauben übertrat, einer Himmelfahrt Mariens weichen. In das Jahr 1725 datiert die Figur des Christus an der Geißelsäule von Balthasar Permoser.

Unter Georg IV. erhielt Schloss Moritzburg ab 1691 eine neue Silhouette: Johann Georg Starcke ließ die alten Renaissancegiebel abtragen, einen neuen Treppenturm errichten und das Fürstenhaus um ein viertes Geschoss erhöhen. Der endgültige Umbau zum repräsentativen barocken Jagdschloss erfolgte unter August dem Starken. Der König selbst fertigte 1703 erste Entwürfe an, die u. a. eine überhöhte Mittelkuppel zeigen; Vorschläge für eine Erweiterung der Anlage um Ehrenhof und Terrasse lieferte Markus Conrad Dietze. Um 1718 griff Matthäus Daniel Pöppelmann in die Planung ein, 1723 erhielt er den Auftrag zur grundlegenden Umgestaltung des Baus, deren Ausführung er weitgehend seinem Mitarbeiter Zacharias Longuelune anvertraute. Durch die Einrichtung eines nördlichen und eines südlichen Ehrenhofs nahm die Anlage nunmehr eine H-förmige Struktur an; die Südfassade wurde als Hauptfront ausgebildet und stellt den triumphalen Endpunkt der Allee zur Dresdner Residenz dar. Veränderungen an der Höhe und der Lage der Ecktürme zielten auf Symmetrie und Vereinheitlichung des Vierflügelbaus; aus dem gleichen Grund wurde der westlichen Schlosskapelle im Osten der Trakt des Speisesaals gegenübergestellt. Die illusionistische Fassadengestaltung erfolgte 1727/28 nach Entwürfen Pöppelmanns, zugleich übernahmen Raymond Leplat und seine Mitarbeiter die Ausgestaltung der Innenräume. Um 1730 entstanden die 90 × 95 m messende Schlossterrasse, die das Gebäude optisch auf einen Sockel hebt, sowie der große Schlossteich –

beide Elemente griffen die frühen Planungen von 1703 wieder auf.

Die Innenräume: Abgesehen von der Schlosskapelle aus dem 17. Jh. stammen die zahlreichen Räume und vier Prunksäle aus dem zweiten Viertel des 18. Jh.s Ihre spätbarocke Ausstattung ist gänzlich dem Thema der Jagd gewidmet, Geweihe und Trophäen schmücken die Wände. Über die beiden Haupttreppen von Jean de Bodt gelangt man zunächst in den weiten Steinsaal, in dem neben kostbaren historischen Geweihen das Reiterbild Augusts des Starken von Louis de Silvestre prangt. Der angrenzende Monströsensaal erhielt seinen Namen nach den hier ausgestellten abnormen Geweihen, etwa dem sogenannten Moritzburger 66-Ender, den August der Starke von dem preußischen König Friedrich Wilhelm I. geschenkt bekommen hatte. Wie auch der gegenüberliegende Billardsaal kann der Monströsensaal mit prachtvollen Ledertapeten aufwarten, die mit Jagd- und Festszenen bemalt sind. Zeitgenössisches Mobiliar, Gemälde und Porzellan ergänzen die Ausstattung.

Ein einzigartiges Zeugnis barocker Kunstfertigkeit stellt das **Federzimmer** Augusts des Starken dar, das im Erdgeschoss des Schlosses ausgestellt ist. Von Schwamm befallen und teilweise zerstört, ist allein seine geglückte Restaurierung eine Sensation – sie wurde 2004 mit einem europäischen Kulturpreis gewürdigt. So lassen sich heute die zu Wandteppichen umgearbeiteten Federgewebe fast in ihrer ursprünglichen Schönheit bewundern. Allein der Baldachinhimmel enthält knapp 35000 Federn von Pfauen, Perlhühnern, Eichelhähern, Enten und Fasanen. August der Starke hatte die Federstoffe 1723 von einem Monsieur Le Normand erworben, der eine besondere Technik des Webens von Federschnüren erfunden hatte. Ursprünglich dienten die Raritäten zur Ausstattung des Japanischen Palais; erst 1830 kamen sie nach Moritzburg.

Park und Umgebung: Schloss Moritzburg verdankt seine grandiose Wirkung vor allem der Einbindung in die barocke Teich- und Waldlandschaft. Seit dem Umbau um 1730 erhebt es sich, weithin sichtbar, auf einer Insel inmitten des Schlossteichs, der bis heute der Karpfenzucht dient. Ein ausgeklügeltes Kanalsystem verbindet ihn mit den benachbarten Teichen und erlaubt das traditionelle herbstliche Abfischen durch einfaches Ablassen des Wassers. Regelmäßige Gartenanlagen und acht Kavaliershäuschen umgeben den befestigten Komplex, der sich malerisch in den Fluten spiegelt. Den Zugang zur Schlossinsel bildet ein baumbestandener Damm, der von zwei kursächsischen Postsäulen flankiert wird. Die zahlreichen Skulpturen und Vasen, die das Terrain schmücken, stammen von Johann Christian Kirchner und Johann Benjamin Thomae.

Über einen zweiten Damm schließt sich nördlich des Schlossteichs der nach Plänen von Pöppelmann gestaltete Barockgarten an; er geht unmittelbar in den Friedewald über, das seit Jahrhunderten beliebte Jagdgebiet der sächsischen Fürsten. Einige hundert Meter westlich erreicht man den gegen Ende des 17. Jh.s angelegten Jagdstern, der 1720 modifiziert und um ein östliches Pendant ergänzt wurde.

Das jüngst restaurierte Fasanenschlösschen im Osten des Parks wurde zwischen 1769 und 1782 im Zuge der Einrichtung einer Fasanerie errichtet. Der schmucke, über quadratischem Grundriss sich erhebende Bau (Johann Daniel Schade und Johann Gottlieb Hartmann) präsentiert sich im Stil des Rokoko, mit dem sich, vor allem im Inneren, chinoise Elemente mischen. Die kleinen, aber überaus einfallsreich ausgestatteten Räume spiegeln den exquisiten, zum Exotischen neigenden Geschmack des 18. Jh.s wider. Das Dach bekrönt ein aus Holz geschnitztes Figurenpaar, das einen chinesischen Mandarin mit seinem Diener zeigt (Kopie). Das zierliche Schlösschen war Ausgangspunkt einer imaginierten Reise durch die Dardanellen nach Konstantinopel – für das Mittelmeer musste der Bärsdorfer See mit seinen stattlichen Staffagebauten herhalten.

Pillnitz

Ortschaft und Geschichte: Knapp 12 Flusskilometer vom Zentrum Dresdens elbaufwärts liegt die Ortschaft Pillnitz. Ihr pittoreskes Lustschloss, die idyllischen Parkanlagen und die schmucke Weinbergkirche ließen das rechtselbische Dorf (heute Stadtteil Dresdens) zu einem bevorzugten Ausflugsziel werden. Doch schon lange bevor die sächsischen Könige Pillnitz im 18. Jh. prunkvoll ausgestalteten und zur Sommerresidenz erkoren, lässt sich der Ort nachweisen: 1335 ist ein Fischerdorf namens Belenewitz am Ausgang des Meixgrundes beurkundet; im 15. und frühen 16. Jh. gehörte es verschiedenen Grundherren und besaß eine Mühle und einen Gasthof mit Erbgerichtsbarkeit. 1569 erwarb Christoph von Loss das Rittergut; bis 1640 blieb es Eigentum der Familie und bildete mit seinem Schloss den Grundstock für die spätere Sommerresidenz der Wettiner. Ab dem frühen 18. Jh. waren die Geschicke des Ortes mit denen des sächsischen Hofes eng verbunden.

1791 gingen Ortschaft und Schloss in die Annalen der Weltgeschichte ein: Am 27. August dieses Jahres trafen sich Kaiser Leopold II., der preußische König Friedrich Wilhelm II. und der Graf von Artois, der Bruder Ludwigs XVI. und spätere französische König Karl X., in Pillnitz, um eine Allianz gegen das revolutionäre Frankreich vorzubereiten. 1792 wurde das Bündnis, dem bald auch Sachsen beitrat, förmlich geschlossen, was zum 1. Koalitionskrieg gegen Frankreich führte.

Im 19. Jh. avancierte Pillnitz zum Treffpunkt der Romantiker; so tagte ab 1822 im Chinesischen Pavillon des Schlossparks das Dante-Komitee des gelehrten Königs Johann von Sachsen, dem u. a. der Dichter Ludwig Tieck und der Arzt und Maler Carl Gustav Carus angehörten. Carus erwarb ein Landhaus am Rande der Ortschaft. Seinem Beispiel folgte einige Jahrzehnte später die Verlegerfamilie Brockhaus. In den 1920er Jahren entdeckten die Dresdner Bürger Pillnitz als Sommerfrische – zahlreiche Cafés öffneten, bereits ab 1913 verband die (1985 stillgelegte) Straßenbahn die Stadt mit dem Elbdorf. 1945 diente das Schloss als Zwischenlager der von der Roten Armee requirierten Kunstschätze, bevor diese nach Moskau abtransportiert wurden. 1950 wurde Pillnitz Dresden eingemeindet. Heute glänzt Pillnitz nicht nur als Ausflugsort, sondern auch als renommiertes Obst- und Weinanbaugebiet.

Schloss Pillnitz: Schloss Pillnitz ging aus dem Rittergut hervor, das unter der Herrschaft der Familie von Loss im späten 16. und 17. Jh. zu einer stattlichen Vierflügelanlage erweitert wurde. Wie alte Stiche zeigen, besaß der repräsentative Renaissancebau mit Giebeln geschmückte Risalite und einen hohen Treppenturm. Die evangelische Schlosskirche »Zum Heiligen Geist« wurde 1723 abgerissen, da der zum Katholizismus konvertierte, nunmehr polnische König August der Starke an ihrer Stelle einen Fest- und Speisesaal, den »Venustempel«, aufstellen ließ. Für die Seelsorge der Protestanten wurde am Hang die Weinbergkirche errichtet. Ausgedehnte Wirtschafts- und Nebengebäude umgaben dieses »alte Schloss«, das sich bis 1818 an Stelle des heutigen Neuen Palais erhob. Von den Anlagen des 16. und 17. Jh.s hat sich lediglich die sogenannte Löwenkopfbastei am Elbufer erhalten, die als Stützmauer mehrerer Lusthäuser diente.

1640 ging der Besitz in die Hände der Familie Bünau über. 1694 erwarb Kurfürst Johann Georg IV. Pillnitz für die Wettiner, schenkte das Schloss aber umgehend seiner Mätresse Magdalene Sibylle von Neitschütz; da beide jedoch noch im selben Jahr an den Blattern starben, fiel der

Besitz Johann Georgs Bruder, dem späteren August dem Starken, zu. Dieser verkaufte das Anwesen 1706 offiziell an Anna Constantia von Cosel, seine Mätresse. Die Gräfin ließ zunächst die **»Charmillen«** (frz. *charme* für ›Weißbuche‹), einen Heckengarten für die im Barockzeitalter beliebten Schäferspiele, anlegen; wenig später entstand am Elbufer ein »indianisches Lustgebäude«, das – ähnlich wie die gleichzeitige Porzellankunst – mit exotischen Motiven spielte.

1718 übernahm der König selbst die »Herrschaft Pillnitz«, die Cosel war in Ungnade gefallen und August erwog nun den Bau eines größeren Schlosses. Die Planungen stagnierten jedoch, erst 1720 legten der Gouverneur von Dresden, Christoph August Graf von Wackerbarth, und der Architekt Matthäus Daniel Pöppelmann einen Idealplan vor, der allerdings kaum zur Ausführung geeignet war. Er orientierte sich mit dem zentralen, überkuppelten (Jagd-)Schloss, dem Kranz von Pavillons und den weitläufigen Garten- und Parkanlagen an französischen Vorbildern, etwa an Chambord, dem gewaltigen Jagdsitz des französischen Königs Franz I. Die sächsischen Pläne mussten aus Kostengründen deutlich reduziert werden. 1721 legte man lediglich den Grundstein für das Wasserpalais, in das offenbar Reste älterer Lustgebäude integriert wurden.

Anders als heute präsentierte sich der Bau ursprünglich als Pavillongruppe, die durch niedrige Gänge verbunden war. Die zweiläufige Freitreppe und die elegante, sich wie ein Amphitheater öffnende **Wassertreppe** schufen Pöppelmann und sein Mitarbeiter Zacharias Longuelune zwischen 1723 und 1725. Flankiert von zwei mächtigen Sphingen führt sie zum »Gondelhafen« am Elbufer: August der Starke hegte den Wunsch, die Flusslandschaft zwischen Pillnitz und Übigau als sächsischen Canale Grande zu gestalten und mit »Lust«-Gebäuden zu säumen.

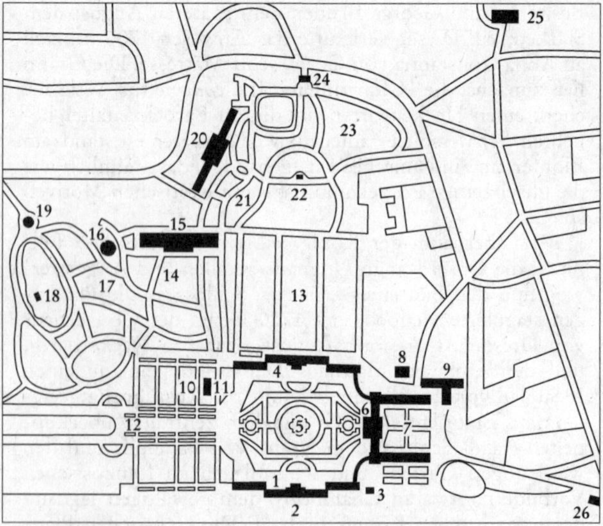

1 Wasserpalais
2 Wassertreppe
3 Löwenkopfbastei
4 Bergpalais
5 Lustgarten
6 Neues Palais
7 Fliederhof
8 Wachgebäude
9 Restaurant
10 Heckenquartiere, „Charmillen"
11 Tritonengondel
12 Maillebahn
13 Großer Schlossgarten
14 Nadelgehölzgarten
15 Orangerie
16 Kamelienhaus
17 Englischer Garten
18 Teich mit Junokopf
19 Englischer Pavillon
20 Palmenhaus
21 Holländischer Garten
22 Flora
23 Chinesischer Garten
24 Chinesischer Pavillon
25 Weinbergkirche
26 Anlegestelle

Der Mode der Zeit entsprechend bestimmten fernöstliche Motive (vgl. Japanisches Palais) den Dekor des **Wasserpalais**: Das doppelt geschwungene Walmdach schafft chinesisches Flair, die gewaltige Hohlkehle ist mit Chinoiserien bemalt, die das vermeintlich lustvolle Leben der Asiaten schildern (weitgehend erneuert); illustrierte Reiseberichte lieferten Anregungen für die idyllischen Szenerien. Der Phantasie entsprungen sind auch die zierlichen Schornsteine, die den Bau bekrönen: Der Palast, der nur im Sommer genutzt wurde, besaß keine Öfen. Zum Lustgarten hin ändert sich die Atmosphäre: Bei der Gestaltung der Fassade standen palladianische Villen des Veneto oder vielleicht auch das Trianon de Porcelaine im Garten von Versailles Pate.

Als Pendant zum Wasserpalais errichtete Pöppelmann 1723–25 das **Bergpalais**, das die Nordostseite des barocken Lustgartens schloss. Die Fassade dominiert, wie bei der Gartenfront seines Gegenübers, ein vortretender Portikus mit vier üppig gezierten Säulen. Ihre phantasievoll gestalteten spätbarocken Kapitelle zeigen die Initialen Augusts des Starken, das A und das gespiegelte doppelte R, für Augustus Rex, König August. Die Malereien der Wandflächen ahmen blauen Porzellandekor nach, auch hier überwiegen chinesische Szenerien. Der Lustgarten erfuhr in dieser Bauphase eine neue Ausrichtung, da seine Hauptachse um 90° gedreht und über eine Kastanienallee mit Dresden verbunden werden sollte. Im Südosten erhob sich noch immer die unregelmäßige Vierflügelanlage des Renaissanceschlosses.

Kurfürst Friedrich August III., der spätere König Friedrich August I., bestimmte Pillnitz zur Sommerresidenz und ließ Garten- und Schlossanlagen erweitern. Aus dem einstigen »Spielschloss« erwuchs nun, zumindest in der warmen Jahreszeit, der Regierungssitz des Monarchen, der entsprechende Verwaltungs- und Serviceräume erforderte. So entstanden zwischen 1788 und 1791 die

Schloss Pillnitz, begonnen 1721 unter der Leitung von Matthäus Daniel Pöppelmann

doppelgeschossigen, weißgrau getünchten **Flügelbauten** zu Seiten von Wasser- und Bergpalais; sie ersetzten hölzerne Galerien, die bis dahin als Orangerie und Spielstätten gedient hatten. Die von Christian Traugott Weinlig und Johann Daniel Schade entworfenen und von Christian Friedrich Exner ausgeführten Flügel künden – trotz der Anpassung an die älteren Bauteile – bereits vom Vordringen des Klassizismus. Die Gartenfassaden dominieren feierliche Kolonnaden. Das Wasserpalais erhielt seine heutige geschlossene Fassade, indem die Verbindungsbauten, wie zuvor am Bergpalais, zwischen den Pavillons aufgestockt wurden.

1818 vernichtete ein Brand das Renaissanceschloss und den Venustempel, die hölzerne Festarchitektur, die u. a. als Speisesaal genutzt wurde. So bot sich die nicht unwillkommene Gelegenheit zum Bau des **Neuen Palais**. Die

Verantwortung übernahm Christian Friedrich Schuricht, der zuvor den Englischen wie den Chinesischen Pavillon im Park von Schloss Pillnitz errichtet hatte. Schuricht, ein bedeutender Vertreter des Dresdner Klassizismus, passte den Neubau äußerlich den bestehenden Strukturen an, ohne jedoch Details, wie etwa die mit Chinoiserien bemalte Hohlkehle, zu übernehmen. Stattdessen akzentuierte er die Fassade durch ein kräftiges Gebälk, über dem, etwas unvermittelt, ein Uhrturm aufragt. Er ist als Reminiszenz an den Turm des Renaissanceschlosses zu verstehen. Die Rückseite des Baus ist als Dreiflügelanlage um den Fliederhof konzipiert; zum Berg hin erstreckt sich der Kapellen-, zum Fluss hin der Küchenflügel.

Dank der Behutsamkeit der Auftraggeber und Architekten präsentieren sich die Schlossanlagen von Pillnitz, trotz langer Bauzeit und späterer Eingriffe, als einheitliches Ensemble. Leitmotiv der Planung blieb der exotische »Touch« des Wasserpalais, der – vor allem in Form der Dachlandschaft – selbst die klassizistischen Partien überlagerte und Pillnitz seine unverwechselbare Silhouette verlieh.

Innenräume: Von der Innenausstattung des frühen 18. Jh.s ist kaum etwas erhalten. Die ältesten Räume mit originaler Ausschmückung sind die »Weinlig-Zimmer« im Westflügel des Bergpalais (1788–91). Nach ihrem Schöpfer Christian Traugott Weinlig benannt, sind sie mit pompejanischen und ägyptischen Motiven frühklassizistisch dekoriert, zarte Pastelltöne bestimmen hier die Atmosphäre. Das Appartement beherbergte 1791 Kaiser Leopold II., Friedrich Wilhelm III. von Preußen und andere hochrangige Fürsten, die sich zur Unterzeichnung der Pillnitzer Deklaration zusammenfanden, die sich u.a. hinter die französische Monarchie stellte. Seitdem trägt es auch den Namen »Kaiserflügel«. In anderen Räumen des Wasser- und des Bergpalais dominiert die qualitätvolle Ausmalung des späten 19. und frühen 20. Jh.s: So schuf Emil Schäfer

1882 die Schäferszenen des Watteausaals im Bergpalais. Japanisch gibt sich der große Saal, der um 1890 mit hauchzart gemalten Szenen dekoriert wurde. Das Gelbe Teezimmer im Wasserpalais nimmt um 1902 die Chinamode des 18. Jh.s wieder auf. Beide Bauten beherbergen seit 1963 das → Kunstgewerbemuseum.

Höhepunkt des Neuen Palais ist der von frei stehenden korinthischen Säulen flankierte **Kuppelsaal**, Hauptwerk des Dresdner Spätklassizismus. Seine Ausmalung mit Allegorien der Künste und mit Künstlerporträts in Medaillons besorgte 1824 Carl Christian Vogel von Vogelstein. Seine nazarenische Stilprägung ist auch in der einschiffigen, von Pilastern gegliederten katholischen Schlosskapelle zu bewundern, für die er einen Marienzyklus und 1830 das Altarbild der *Sacra Conversazione* schuf.

Der Pillnitzer Park und seine Einrichtungen: Der Schlosspark von Pillnitz zählt wegen seiner historischen Gartenanlagen, wegen seiner idyllischen Lage zwischen Elbe und Weinbergen, vor allem aber wegen seines Einklangs von Architektur und Natur zu den schönsten Europas. Noch heute lässt sich der Reiz intimer Schäferspiele, das Staunen über den Exotismus seiner Bauten, das venezianische Flair seiner Flusslandschaft lustvoll nachempfinden. Doch spiegeln die Gärten auch die profunden botanischen Interessen des sächsischen Hofes wider: Kurfürst Friedrich August III., der Gerechte, als sächsischer König Friedrich August I., war ein begeisterter Botaniker, der Pflanzen aus aller Welt nach Pillnitz holte, so Platanen, Trompeten- und Gingkobäume. Ihm ist auch die legendäre Kamelie zu verdanken, die seit über 200 Jahren mit ihrer karminroten Pracht von über 35 000 Blüten bezaubert. Sie ist eine von vier Pflanzen, die der Gelehrte Peter Thunberg 1775/76 aus Japan mitgebracht haben soll und die einzige, die die Zeiten überdauert hat. Seit 1801 wurzelt sie im Englischen Garten. Ursprünglich mit hölzernen Gewächshäusern vor starkem Frost geschützt, erhielt sie 1992 ein gläsernes High-Tech-Schutzhaus, das im Winter auf Gleisen über sie geschoben wird.

Ältester Teil des Parks sind jedoch die sogenannten **Charmillen** der Gräfin Cosel. Die labyrinthischen, streng verschnittenen Weißbuchenhecken bilden versteckte »Kammern«, die Spielen und Belustigungen aller Art dienten. Seit 1957 ist hier die letzte im Original erhaltene Pillnitzer Tritonengondel (Christian Friedrich Schuricht, um 1790) aufgestellt, in der sich die sächsischen Kurfürsten und Könige zwischen der Dresdner Residenz und Pillnitz hin- und herrudern ließen. Der Charmillengarten mündet in die Kastanienallee nach Hosterwitz, die, nach den Plänen Pöppelmanns, ursprünglich bis Dresden ausgedehnt werden sollte. Nach dem golfähnlichen Ballspiel, das man auf ihr ausführte, erhielt sie im späteren 18. Jh. den Namen Maillebahn.

Der **Lustgarten** zwischen Wasser- und Bergpalais war im französischen Stil mit Broderien und Wasserbecken gestaltet; die heutige Anlage mit der zentralen Fontäne entspricht dem Zustand des späteren 19. Jh.s. Der original erhaltene **Große Schlossgarten** erstreckt sich hinter dem Bergpalais und wurde 1732 mit unterschiedlich breiten Rasenflächen, »Spiegeln«, und Baumreihen eingerichtet; er diente als Spiel- und Reitbahn. 1778 begannen die Arbeiten am Englischen Garten nordwestlich der Charmillen, der 1785 und 1790 um den Holländischen und den Chinesischen Garten erweitert wurde.

Der Reiz des **Englischen Gartens** liegt in seiner scheinbar »natürlichen« Gestaltung, der Einbindung in die Weite der Landschaft und der Überraschung nach jeder Wegesbiegung; Staffagearchitekturen beleben Wald und Wiesenflächen. In Pillnitz errichteten 1786 Christian Traugott Weinlig und Johann Daniel Schade den **Englischen Pavillon**, der sich Bramantes Tempietto in Rom zum Vorbild nahm. 1804 folgte der pagodenartige **Chinesische Pavillon**, den Schuricht der nördlichen Parkmauer anfügte.

Sein Inneres schmücken chinesische Landschaften, die vermutlich Johann Ludwig Giesel malte. Die Statue der Flora an der Allee zum Bergpalais schuf Wolf von Hoyer 1870, auf der Insel im Teich fand ein Bronzekopf der Juno Ludovisi malerische Aufstellung. Von 1859 stammt die Stahl-Glas-Konstruktion des **Palmenhauses**, die zu den frühesten und größten ihrer Art außerhalb Englands gehört. 1874–80 erfolgte die Umgestaltung des barocken Ringrenngebäudes zur **Orangerie**.

Der **Fliederhof** an der Rückseite des Neuen Palais datiert im Jahr 1860. Einzigartig war seine geometrische Bepflanzung mit 104 drehwüchsigen Fliederbäumchen, von denen sich einige Stämmchen erhalten haben. Der Flut von 2002 fiel ein Großteil der Pflanzen zum Opfer; die Nachzucht erweist sich als schwierig.

Die Sammlung des Kunstgewerbemuseums: Im Gegensatz zum Grünen Gewölbe, der Porzellansammlung und der Rüstkammer – Institutionen, die in erster Linie Objekte der Hofkunst präsentieren – zeigt das Kunstgewerbemuseum künstlerisch gestaltete Gebrauchsgegenstände, die für Handwerk und Industrie vorbildlich waren bzw. sind. Die zeitliche Spanne der Exponate reicht vom Mittelalter bis in die Gegenwart, ihre Gattungen vom Möbelstück bis zur Stickerei. Da die Räume des Wasser- wie des Bergpalais nicht beheizbar sind, bleibt das Museum im Winter geschlossen.

Grundstock des heutigen Museums bildete eine Sammlung kunstgewerblicher Gegenstände, die 1875 im Kurländer Palais ausgestellt und danach der Dresdner Kunstgewerbeschule zur Verfügung gestellt worden war. Hieraus erwuchs das Museum der Königlich Sächsischen Kunstgewerbeschule, das zu Beginn des 20. Jh.s bereits knapp 30 000 Exponate besaß und 1907 in einen eigens für Schule und Sammlung errichteten Bau an der Güntzstraße einziehen konnte. 1914 wurde das Museum selbstständig. Während der Kriegsjahre 1944/45 lagerte man den Sammlungsbestand aus, musste aber dennoch einen Verlust von etwa der Hälfte der Objekte hinnehmen. 1947 wurde das Kunstgewerbemuseum den Staatlichen Kunstsammlungen angeschlossen; ab 1951 trug es den Titel Museum für Kunsthandwerk, bis es 1991 seinen alten Namen zurück erhielt.

Seit 1963 nutzt das Kunstgewerbemuseum die Säle des Wasserpalais, die nun europäische und sächsische Möbel, Musikinstrumente und Glasgefäße beherbergen. 1968 wurden die Räume des Bergpalais miteinbezogen, im Erdgeschoss sind hier vor allem Fayencen, Steinzeug, Plastiken, Schnitzarbeiten und Textilien ausgestellt; das Obergeschoss ist der Produktion des 19. und 20. Jh.s gewidmet, darunter den Erzeugnissen der Deutschen Werkstätten Hellerau.

Die Weinbergkirche: Malerisch an die Hänge des Pillnitzer Weinbergs geschmiegt, liegt der schmucke Bau der Kirche »Zum Heiligen Geist«, der Weinbergkirche. Die Geschichte des zierlichen Gotteshauses ist aufs Engste mit der Neuplanung des Schlosses Pillnitz verbunden, ersetzte sie doch die alte evangelische Schlosskirche, die sich seit 1594 nahe des Elbufers erhob. 1723 befahl der zum Katholizismus konvertierte August der Starke den Abriss des spätgotischen Bauwerks und verfügte, dass Teile seiner Ausstattung und Baumaterialien für den Neubau im Weinberg verwandt werden sollten. Der Schriftverkehr zwischen dem Oberkonsistorium der evangelischen Kirche und dem sächsischen Hof belegt, dass diese Maßnahmen nicht ohne erheblichen Druck seitens der Kirche erfolgten, welche die lutherische Stiftung erhalten und die Seelsorge für die protestantischen Christen gesichert wissen wollte. Schließlich übernahm das königliche Bauamt die sich auf »2000 Thaler [belaufenden] Baukosten«.

Am 24. Juni 1723 erfolgte die Grundsteinlegung im Beisein des Grafen von Wackerbarth und des Oberlandbaumeisters Matthäus Daniel Pöppelmann, der für die Pläne verantwortlich zeichnete. Schon am Reformationstag desselben Jahres konnten in Anwesenheit Augusts des Starken Turmkugel und Wetterfahne auf das im Rohbau fertige Kirchlein gesetzt werden, am 11. November 1725 feierte man die Weihe der neuen Schlosskirche.

Der rechteckige Kirchenbau wirkt vor allem durch seine Einbindung in die Landschaft: Die Südseite ist als adrette Schaufront inszeniert, die mit farbigem Putz illusionistisch in fünf Achsen mit vier schmalen Fenstern gegliedert wird. Plastisch ausgeführt ist lediglich die Bekrönung des Portals, zu dem eine zweiläufige Treppe emporführt. Blickfang ist das steile Walmdach mit dem zierlichen Dachreiter und der hoch aufragenden Wetterfahne. Das Innere des 20 × 10 m messenden Saals ist von doppelgeschossigen Emporen flankiert. Der figurenreiche Sandsteinaltar und der barocke Taufstein, beides Werke von Johann Georg Kretzschmar, stammen aus der alten Schlosskirche. Ebenso wurden Grabsteine und Epitaphe der Familien Loss und Bünau übernommen.

Die Weinbergkirche, Kleinod der Elblandschaft, wurde mehrfach restauriert und umgestaltet. Eine kritische Zeit erlebte sie nach 1977, als die Kirchengemeinde und die evangelische Landeskirche sich nicht mehr in der Lage sahen, das Bauwerk zu unterhalten und es daher an den Staat der DDR zurückgaben. Die Folge waren Plünderungen in dem schlecht gesicherten Kirchenraum – u. a. wurde die Orgel fast komplett entwendet – und der Verfall der Bausubstanz. Erst im April 1990 wendete sich das Blatt, als das Bürgerkomitee Pillnitz in Zusammenarbeit mit Persönlichkeiten des Dresdner Kulturlebens ein Benefizkonzert organisierten, dessen Aufführung vom Ausschank von Wein und vom Verkauf von Kuchen und Fettbemmchen begleitet wurde. Dies war die Geburtsstunde des Elbhangfestes, das sich in den folgenden Jahren zu einem der schönsten Kulturfeste Sachsens entwickelte. 1992 konnten die Arbeiten am Außenbau und am

Dach beginnen, im Sommer 1993 wurde die illusionistische Fassadenmalerei des 18. Jh.s rekonstruiert; die Innenausstattung wurde 1994/95 umfassend restauriert, so dass die Weinbergkirche heute wieder in barockem Glanz erstrahlt.

Ortsrand und nähere Umgebung von Pillnitz: Im Friedrichsgrund, der sich nördlich des Schlosses bis hin zum Borsberg erstreckt, wurde im späten 18. Jh. ein romantischer Wanderpfad angelegt, der zur **»gothischen Ruine«** von Christian Friedrich Schuricht und Johann Daniel Schade führt.

Im benachbarten Hosterwitz hat sich mit der malerisch am Elbufer gelegenen Pfarrkirche **Maria am Wasser** (Kirchgasse) ein architektonisches Kleinod erhalten. Der zierliche spätgotische Bau, Wallfahrtsziel der Elbschiffer, wurde zu Beginn des 18. Jh.s barockisiert. Immer wieder, zuletzt 2002, hatte er den Fluten des Flusses zu trotzen. Im einstigen Winzerhaus an der Dresdner Straße 44 verbrachte **Carl Maria von Weber** die Sommermonate; ein Museum erinnert an den Komponisten des *Freischütz*.

Museen

Albertinum → Galerie Neue Meister
→ Gerhard Richter Archiv
→ Skulpturensammlung

Buchmuseum der Sächsischen Landes-, Staats- und Universitätsbibliothek (SLUB; IV E8, Zellescher Weg 18): Das Buchmuseum der SLUB geht auf die Bibliothek der sächsischen Kurfürsten zurück, die im 16. Jh. vermehrt nicht mehr nur zur Erziehung der Prinzen sondern aus antiquarischem Interesse kostbare Handschriften zu sammeln begannen. Durch den Ankauf ganzer Bibliotheken z. B. der Grafen Bünau und Brühl erweiterte sich der Bestand zu einer der umfangreichsten und besten Bibliotheken Europas. Die kostbarsten Stücke wurden zunächst im Schloss, ab 1728 in drei Pavillons des Zwingers, später im »Zimelienzimmer« im Japanischen Palais ausgestellt; 1835 wurde schließlich ein spezielles Buchmuseum gegründet. Mit dem Neubau der SLUB erhielt das Buchmuseum mit einem Ausstellungsraum und der »Schatzkammer« (Bronzetür: Wolff-Ulrich Weder) eine in jeder Hinsicht den konservatorischen und ästhetischen Anforderungen genügende Unterbringung. → Sächsische Landes- und Universitätsbibliothek

Erich Kästner Museum / Villa Augustin (II E2/3, Antonstr. 1): Das 2001 eröffnete Museum erinnert an das Leben und Wirken des Dresdner Schriftstellers und Kinderbuchautors Erich Kästner. Es finanziert sich aus freien Spenden und Zuschüssen. Sitz ist die Villa Augustin am Albertplatz, die Kästners Onkel, dem Pferdehändler Franz Augustin, gehörte. Kästner wuchs in der Königsbrücker Straße 48 in der Neustadt auf und in diesem Hause und Garten verbrachte Kästner viel Zeit in seiner Kindheit. Der Innenausbau wurde von den Deutschen Werkstätten Hellerau übernommen. Das innovative Konzept eines virtuellen »Micromuseums«, in dem sich der Besucher die mit dem Leben und Werk Kästners verbundenen Ausstellungstücke selbst erschließen muss, wurde speziell entwickelt und macht den traditionell eher passiven Museumsbesucher zu einem aktiven Forscher.

Fürstengalerie → Residenzschloss

Galerie Neue Meister (Albertinum; I E4, Brühlsche Terrasse): Wiedereröffnung der Ausstellung im Juni 2010; Die Galerie gehört zu den Staatlichen Kunstsammlungen Dresden und zählt mit etwa 2500 Bildern des 19. Jh.s bis zur Gegenwart zu den wichtigsten deutschen Gemäldesammlungen moderner Kunst. 1931 wurde sie aus der »Modernen Abteilung« der Dresdner Gemäldegalerie ausgekoppelt, seit 1965 im → Albertinum untergebracht; in den Sammlungen finden sich Hauptwerke von Caspar David Friedrich, Carl Gustav Carus, Ludwig Richter, Lovis Corinth, Max Slevogt, Max Liebermann, Otto Dix, der Brücke-Künstler u. v. a.

Gemäldegalerie Alte Meister (Zwinger; I D4, Sophienstr.): Die Dresdner Gemäldegalerie zählt zu den besten Sammlungen der Welt; sie präsentiert 750 Hauptwerke europäischer Malerei vom 14. bis ins späte 18. Jh. Schwerpunkte liegen in der italienischen Renaissance, u. a. mit Raffaels *Sixtinischer Madonna*, der *Schlummernden Venus* Giorgiones, Madonnen Correggios und Bildnissen Tizians; die altdeutsche Malerei ist mit Werken von Dürer, Cranach und Holbein vertreten. Die flämische und holländische Barockmalerei glänzt in zahlreichen Gemälden von Rubens, Van Dyck, Rembrandt und Vermeer, die französische Malerei des 18. Jh.s gipfelt, neben den Arbeiten Poussins und Lorrains, im *Schokoladenmädchen* von Jean-Étienne Liotard. Velázquez und Murillo bieten Einblick in das spanische 17. Jh., schließlich vermitteln die Veduten Bellottos das pittoreske Antlitz Dresdens im 18. Jh. Die einzigartige Sammlung entwickelte sich aus der Kunstkammer der sächsischen Kurfürsten, welche 1722/28 mit der Gründung der Gemäldegalerie durch August den Starken und seiner Generalinventur eine erste Institutionalisierung erfuhr. Dem nunmehr polnischen König und seinem Sohn gelang der Ankauf bedeutender internationaler Sammlungen, die den Bestand von 342 Gemälden im Jahre 1700 bald auf über 4000 Werke wachsen ließ. Höhepunkt der emsigen Erwerbstätigkeit kurfürstlicher Händler und Diplomaten war der Ankauf der *Sixtinischen Madonna*, die 1754 für 20 000 Dukaten ihren Besitzer wechselte. →Zwinger

Gerhard Richter Archiv (Albertinum; I E4, Brühlsche Terrasse): Das 2005 in Dresden als Institut der Staatlichen Kunstsammlungen Dresden an der Galerie Neue Meister gegründete Gerhard Richter Archiv erfolgte mit Unterstützung des Künstlers: 2004 überließ der 1932 in Dresden geborene Künstler seiner Heimatstadt bereits ein umfangreiches Konvolut seiner Werke als Dauerleihgabe. Derzeit verfügt das Archiv mit mehr als 40 Gemälden Gerhard Richters über einen der umfangreichsten öffentlichen Werkkomplexe.

Grünes Gewölbe →Residenzschloss

Hygiene-Museum →s. unter Großer Garten

Kraszewski-Museum (II F2, Nordstraße 28): Das Museum erinnert an den polnischen Dichter Józef Ignacy Kraszewski (1812–1887), der von 1863 bis 1885 in Dresden lebte und arbeitete, sowie an die polnisch-sächsische Geschichte und Kultur des 19. Jh.s Der in Warschau gebürtige Mediziner, Historiker und Philosoph Kraszewski hatte seine polnische Heimat, die mit der dritten Teilung 1795 die politische Autonomie verloren hatte, nach seiner Teilnahme am Warschauer Januaraufstand von 1763 verlassen, um der Verbannung nach Sibirien zu entgehen. Auf seinem Weg nach Paris machte er in Dresden halt, wo damals eine große Zahl polnischer Exilanten lebte, und blieb. Kraszewski, der insgesamt etwa 240 Romane und Erzählungen verfasste, entwarf in sechs seiner Werke ein umfassendes Bild der Zeit der sächsisch-polnischen Union (1694–1763). 1869 erhielt er die sächsische Staatbürgerschaft. 1873 erwarb er dieses kleine Anwesen, in dem er bis 1879 wohnte. 1883 wurde er wegen angeblicher Tätigkeit für den französischen Geheimdienst zu Festungshaft verurteilt. Er kam jedoch 1885 aufgrund seines schlechten Gesundheitszustands frei. Daraufhin veräußerte er seinen Dresdner Grundbesitz und reiste nach Italien und die Schweiz weiter.

Das Museum wurde 1960 in enger Kooperation mit dem Literaturmuseum »Adam Mickiewicz« in Warschau als einziges binationales Museum in Deutschland gegründet. Der bescheidene, eineinhalbgeschossige Bau mit seinem hölzernen Ziergiebel ist ein typisches und authentisch erhaltenes Beispiel für die Dresdner Sommerhäuser der Mitte des 19. Jh.s und daher auch architektonisch von Interesse. Die kleinen Räume mit schlichten Öfen sowie fehlender Komfort geben einen anschaulichen Eindruck von den einfachen Lebensverhältnissen der Zeit.

Kunstgewerbemuseum (Museum für Kunsthandwerk) → s. unter Johannstadt, Pillnitz

Kunsthaus Dresden (II E3, Rähnitzgasse 8): Die Städtische Galerie für Gegenwartskunst zeigt vornehmlich Wechselausstellungen, veranstaltet Kunstfeste und Performances.

Kunstkammer → Residenzschloss

Kupferstichkabinett → Residenzschloss

Leonhardimuseum → s. unter Loschwitz

Mathematisch-Physikalischer Salon → Zwinger

Militärhistorisches Museum → Arsenal in der → Albertstadt

Münzkabinett → Residenzschloss

Museum zur Dresdner Frühromantik (Kügelgenhaus; II E3, Hauptstr. 13): Das 1981 eröffnete Museum gehört zum Dresdner Stadtmuseum. In dem um 1700 errichteten barocken Bau wohnte 1808–20 der Maler Gerhard Kügelgen, der hier zahlreiche Persönlichkeiten der Dresdner Romantik empfing. In den historisch ausgestatteten Räumen, in denen man u. a. das Atelier des Malers nach einem Gemälde Georg Friedrich Kerstings nachgestellte, werden die wichtigsten Dresdner Vertreter dieser Epoche und ihre Wirkungskreise vorgestellt: Gerhard Kügelgen, Christian Gottfried Körner und Caspar David Friedrich. →Kügelgenhaus

Museum der Grabkunst →Eliasfriedhof

Museum für Sächsische Volkskunst (II D3, Köpckestr. 1): Das Museum im ehem. →Jägerhof besitzt eine reiche Sammlung zur sächsischen Alltagskultur und Volkskunst des 16.–19. Jh.s, insbesondere Möbel, Hausrat, Trachten und eine herausragende Puppentheatersammlung.

Porzellansammlungen →Zwinger

Rüstkammer →Residenzschloss

Senckenberg Naturhistorische Sammlungen Dresden (Japanisches Palais; II D3, Palaisplatz 11): 2009 mit dem Senckenbergmuseum Frankfurt a. M. fusioniert; umfasst die Bestände des Museums für Mineralogie und Geologie Dresden und des Museums für Tierkunde Dresden. Beide Sammlungen gehen zurück auf die kurfürstliche Naturalienkammer des 16. Jh.s. Das Museum für Mineralogie gehört zu den bedeutendsten geowissenschaftlichen Forschungsmuseen Deutschlands. Seine Sammlung umfasst rund 400 000 Mineralien, Fossilien und Gesteine. Das Museum für Tierkunde Dresden gehört zu den bedeutenden deutschen Forschungsmuseen. In seinen Sammlungen werden mehr als 6 Mio. Tierpräparate aus der ganzen Welt aufbewahrt – allein die Wirbeltiere (Säugetiere, Vögel, Amphibien, Reptilien, Fische) umfassen mehr als 231 000 Objekte. →Japanisches Palais

Skulpturensammlung (Albertinum; I E4, Brühlsche Terrasse): Wiedereröffnung des Ausstellungsbetriebs im Juni 2010. Die Sammlung gehört zu den Staatlichen Kunstsammlungen Dresden und geht auf die Antikensammlung Augusts des Starken zurück, der erstmals systematisch antike und moderne Skulpturen erwarb: in Berlin beim preußischen König Wilhelm I., in Rom die Sammlungen Chigi und Albani. Ab 1729 war die Sammlung im Palais im Großen Garten untergebracht, 1786 wurde sie ins Japanische Palais gebracht, wo Gottfried Semper die zehn Ausstellungssäle im Erdgeschoss 1835 neu gestaltete. 1894 siedelte die stark angewachsene Sammlung ins neue Albertinum über. Zur Skulpturensammlung gehören auch die seit 2002 im Ostflügel der Sempergalerie untergebrachten **Gipsabgüssse** antiker und nachantiker Skulpturen (um die 4700 Stücke), deren erste 833 Stücke Kurfürst Friedrich August III. 1783 aus dem Nachlass Anton Raphael Mengs' erwarb. Ab 1794 waren sie in direktem Bezug zur Gemäldegalerie im Erdgeschoss des Stallgebäudes (Johanneum) aus- und ab 1856 im Ostteil der Sempergalerie aufgestellt. Nach dem Zweiten Weltkrieg bis 2002 waren sie im Schaudepot in den Kellergewölben des Albertinums zu besichtigen.

Staatliche Ethnographische Sammlungen Sachsen / Museum für Völkerkunde Dresden (Japanisches Palais; II D3, Palaisplatz 11): Das Museum für Völkerkunde gehört zu den ältesten und bedeutendsten Sammlungen Europas. Es geht zurück auf die im 16. Jh. gegründete Kunstkammer der sächsischen Kurfürsten. Die Dauer- und Wechselausstellungen sind im Japanischen Palais untergebracht. Die Sammlungen umfassen mehr als 90000 Sachzeugen aus allen Regionen der Welt.

Staatliche Kunstsammlungen / Museums- und Forschungsstätte → Residenzschloss

Stadtmuseum (Altes Landhaus; I E5, Wilsdruffer Str. 2): birgt eine interessante, mit vielen Originalzeugnissen bereicherte und multimedial gestaltete Ausstellung zu 800 Jahren Stadtgeschichte bis hin zum begehbaren Luftbild Dresdens von 2002, dem Jahr der Jahrhundertflut. → Landhaus

Städtische Galerie (Altes Landhaus; I E5, Wilsdruffer Str. 2): Seit 2005 im Alten Landhaus untergebracht, zeigt die Galerie in ihrer ständigen Ausstellung einen Überblick über die Dresdner Malerei des 20. Jh.s, u. a. Werke von Conrad Felixmüller, Otto Dix, Elfriede Lohse-Wächtler und Curt Querner. → Landhaus

Türckische Cammer → Residenzschloss

Verkehrsmuseum → Johanneum

Anhang

Trachau
Großsiedlung Trachau
KARTE VI – Hellerau (s. S. 218)
Großenhainer Str.
Radeburger Str.
Maxim-Gorki-Str.
Industriestr.
Hubertusstr.
Heller-siedlung
Königsbrücker Str.
Stauffenbergallee
Hansastr.
Mickten
Leipziger Str.
Rehefelder Str.
Pieschen
Lommatzscher Str.
Heeres-bäckerei
Arsenal (Militärhistor. Museum)
KARTE V
Bürgerstr.
Fritz-Reuter-Str.
Äußere Neustadt
Übigau
Elbe
Großes Ostragehege
Görlitzer Str.
Bautzner Str.
Alberthafen
Magdeburger Str.
Marienbrücke
Innere Neustadt
Bremer Str.
Friedrichstadt
Hamburger Str.
Schäferstr.
Könneritzstr.
Carolabrücke
Albertbrücke
Terrassenufer
Emerich-Ambros-Ufer
Fröbelstr.
Altstadt
Pillnitzer Str.
Wilsdruffer Str.
Löbtauer Str.
Freiberger Str.
Güntzstr.
St.-Petersburger-Str.
Rudolf-Renner-Str.
Löbtau
Ammonstr.
Budapester Str.
Lennéstr.
Parkstr.
Kesselsdorfer Str.
KARTE I
Nossener Brücke
Wiener Str.
Strehlener Str.
Tiergartenstr.
Fritz-Löffler-Str.
Nürnberger Str.
Südvorstadt-Ost
Tharandter Str.
Weißeritz
Naußnitz
Chemnitzer Str.
Südvorstadt-West
Ackermannstr.
Teplitzer Str.
Münchner Str.
Bergstr.
Zellescher Weg
Altplauen
Nöthnitzer Str.
Hohendölzschener Str.

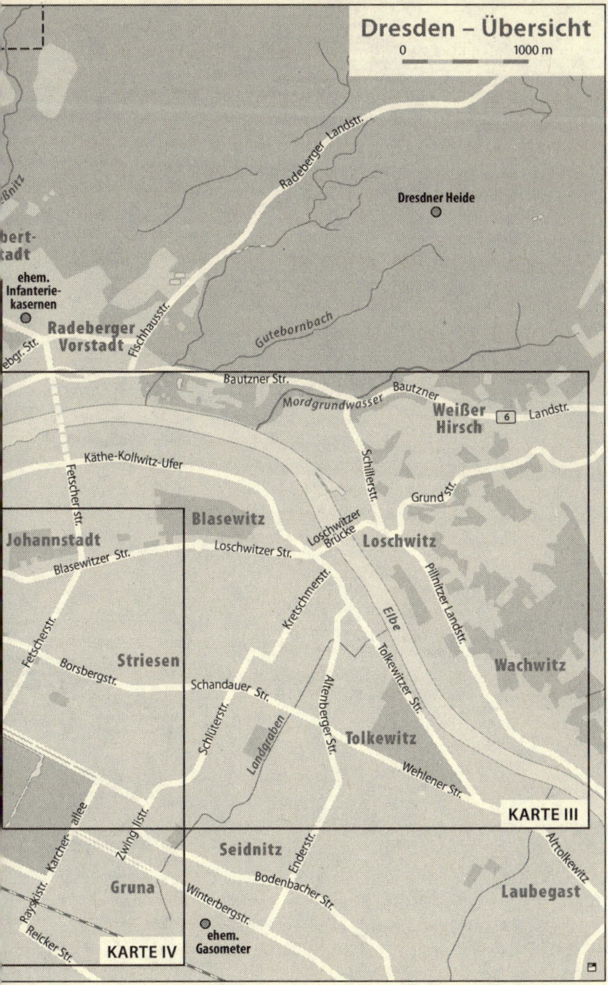

Dresden – Übersicht
0
1000 m
Radeberger Landstr.
Dresdner Heide
ehem. Infanteriekasernen
Radeberger Vorstadt
Fischhausstr.
Gutebornbach
Bautzner Str.
Mordgrundwasser
Bautzner
Weißer Hirsch
6
Landstr.
Käthe-Kollwitz-Ufer
Fetscher Str.
Schillerstr.
Grundstr.
Blasewitz
Johannstadt
Blasewitzer Str.
Loschwitzer Str.
Loschwitzer Brücke
Loschwitz
Pillnitzer Landstr.
Kretschmerstr.
Elbe
Fetscherstr.
Striesen
Borsbergstr.
Schandauer Str.
Tolkewitzer Str.
Wachwitz
Schlüterstr.
Landgraben
Altenberger Str.
Tolkewitz
Wehlener Str.
KARTE III
Karcherallee
Zwinglistr.
Seidnitz
Enderstr.
Altolkewitz
Gruna
Bodenbacher Str.
Winterbergstr.
Laubegast
Rayskistr.
Reicker Str.
ehem. Gasometer
KARTE IV

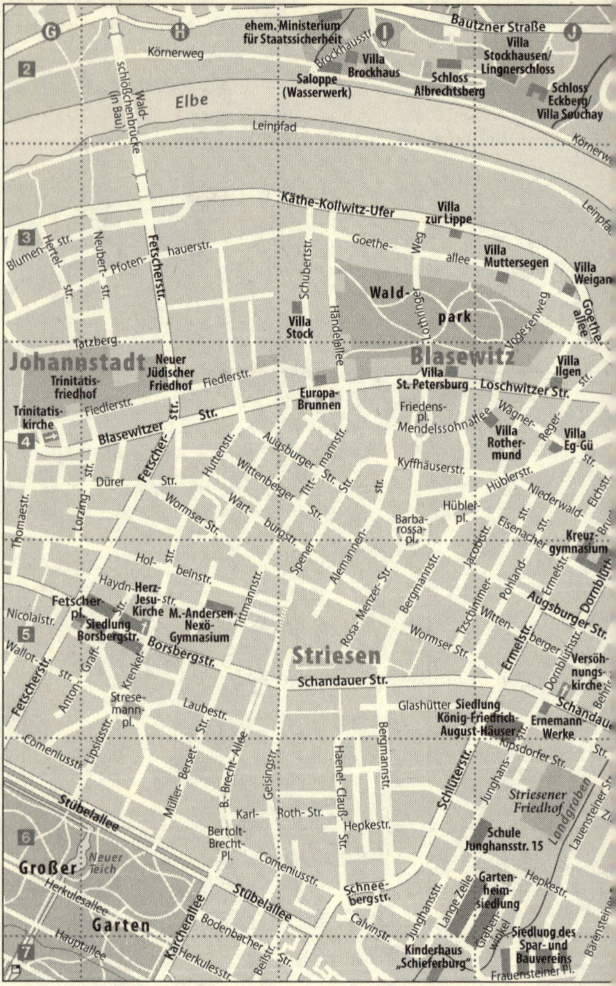
G
H
I
J
2
3
4
5
6
7
Körnerweg
ehem. Ministerium für Staatssicherheit
Bautzner Straße
Brockhausstr.
Villa Brockhaus
Villa Stockhausen/ Lingnerschloss
Saloppe (Wasserwerk)
Schloss Albrechtsberg
Schloss Eckberg/ Villa Souchay
Waldschlößchenbrücke (in Bau)
Elbe
Leinpfad
Körnerweg
Käthe-Kollwitz-Ufer
Villa zur Lippe
Leinpfad
Blumenstr.
Hertelstr.
Neubertstr.
Pfotenhauerstr.
Fetscherstr.
Schubertstr.
Goetheallee
Weg
Villa Muttersegen
Villa Weigang
Waldpark
Lothringer
Vogesenweg
Goetheallee
Villa Stock
Händelallee
Tatzberg
Johannstadt
Neuer Jüdischer Friedhof
Trinitatisfriedhof
Fiedlerstr.
Blasewitz
Villa St. Petersburg
Villa Ilgen
Loschwitzer Str.
Str.
Trinitatiskirche
Fiedlerstr.
Blasewitzer Str.
Europa-Brunnen
Friedenspl.
Mendelssohnallee
Wägnerstr.
Regerstr.
Villa Rothermund
Villa Eg-Gü
Dürer Str.
Fetscherstr.
Lorzingstr.
Thomaestr.
Huttenstr.
Augsburger Str.
Tittmannstr.
Wittenberger Str.
Kyffhäuserstr.
Hüblerstr.
Niederwaldstr.
Eichstr.
Wormser Str.
Wartburgstr.
Hüblerpl.
Barbarossapl.
Eisenacher Str.
Kreuzgymnasium
Holbeinstr.
Spenerstr.
Alemannenstr.
Jacobistr.
Pohlandstr.
Ermelstr.
Haydnstr.
Herz-Jesu-Kirche
Fetscherpl.
Nicolaistr.
Siedlung Borsbergstr.
M.-Andersen-Nexö-Gymnasium
Tittmannstr.
Rosa-Menzer-Str.
Bergmannstr.
Tzschimmerstr.
Wittenberger Str.
Augsburger Str.
Dornblüthstr.
Borsbergstr.
Striesen
Wormser Str.
Ermelstr.
Versöhnungskirche
Wallotstr.
Fetscherstr.
Anton-Graff-Str.
Krenkelstr.
Stresemannpl.
Schandauer Str.
Laubestr.
Glashütter Str.
Siedlung König-Friedrich-August-Häuser
Schandauer Str.
Ernemann-Werke
Kipsdorfer Str.
Comeniusstr.
Lipsiusstr.
Müller-Berset-Str.
B.-Brecht-Allee
Gelsingstr.
Haenel-Clauß-Str.
Bergmannstr.
Schlüterstr.
Junghansstr.
Striesener Friedhof
Landgraben
Lauensteiner Str.
Stübelallee
Karl-Roth-Str.
Hepkestr.
Bertolt-Brecht-Pl.
Schule Junghansstr. 15
Neuer Teich
Großer Garten
Herkulesallee
Comeniusstr.
Schneebergstr.
Hepkestr.
Garten-heim-siedlung
Lange Zeile
Junghansstr.
Stübelallee
Karcherallee
Bodenbacher Str.
Calvinstr.
Grabenwinkel
Siedlung des Spar- und Bauvereins
Hauptallee
Herkulesstr.
Beilstr.
Kinderhaus „Schieferburg“
Frauensteiner Pl.
Bärensteiner Str.

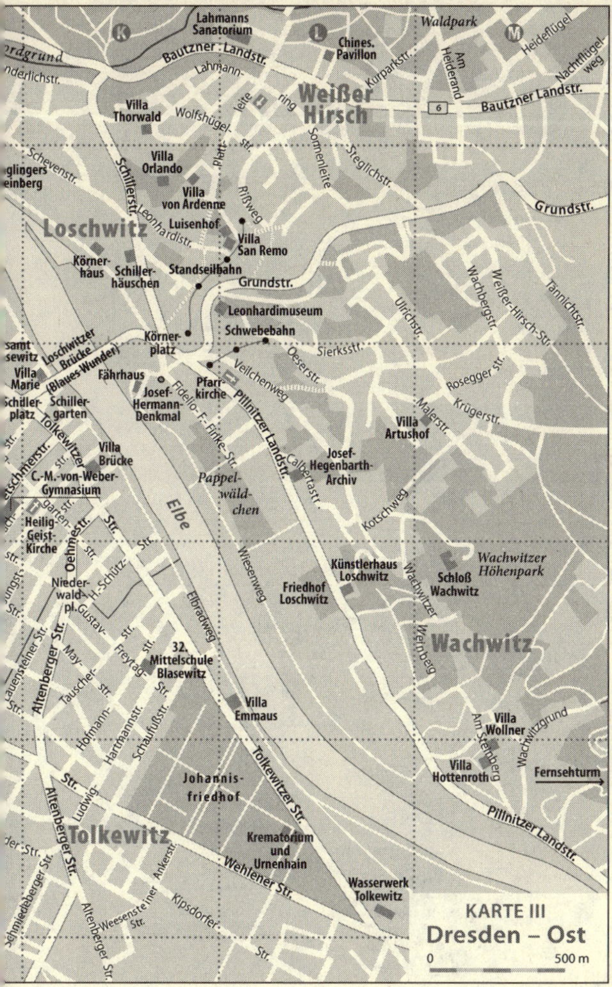

Lahmanns Sanatorium
Chines. Pavillon
Waldpark
Heideflügel
Nachtflügelweg
Am Heiderand
Bautzner Landstr.
Kurparkstr.
Lahmann-ring
Weißer Hirsch
Villa Thorwald
Wolfshügelstr.
Plattleite
Sonnenleite
Steglichstr.
Schevenstr.
Villa Orlando
Villa von Ardenne
Schillerstr.
Rißweg
Grundstr.
Loschwitz
Luisenhof
Leonhardistr.
Villa San Remo
Standseilbahn
Körnerhaus
Schillerhäuschen
Leonhardimuseum
Schwebebahn
Wachbergstr.
Weißer-Hirsch-Str.
Tännichtstr.
Ulrichstr.
Körnerplatz
Loschwitzer Brücke (Blaues Wunder)
Sierksstr.
Oeserstr.
Veilchenweg
Fährhaus
Villa Marie
Schillerplatz
Schillergarten
Josef-Hermann-Denkmal
Pfarrkirche
Fidelio-F.-Finke-Str.
Pillnitzer Landstr.
Rosegger Str.
Krügerstr.
Malerstr.
Villa Artushof
Tolkewitzer Str.
Villa Brücke
C.-M.-von-Weber-Gymnasium
Pappelwäldchen
Calbertastr.
Josef-Hegenbarth-Archiv
Kotschweg
Elbe
Heilig-Geist-Kirche
Oehmestr.
Wiesenweg
Künstlerhaus Loschwitz
Friedhof Loschwitz
Wachwitzer Weinberg
Schloß Wachwitz
Wachwitzer Höhenpark
Niederwaldpl.
H.-Schütz-Str.
Gustav-Freytag-Str.
Elbradweg
Wachwitz
Altenberger Str.
May-Str.
32. Mittelschule Blasewitz
Tauscherstr.
Villa Emmaus
Hofmannstr.
Hartmannstr.
Schaufußstr.
Villa Wollner
Am Steinberg
Wachwitzgrund
Villa Hottenroth
Fernsehturm
Johannisfriedhof
Ludwig-Str.
Tolkewitz
Krematorium und Urnenhain
Wehlener Str.
Ankerstr.
Wasserwerk Tolkewitz
Schmiedeberger Str.
Weesensteiner Str.
Kipsdorfer Str.
KARTE III
Dresden – Ost
0
500 m

Yenidze
Kongress-zentrum
Bellevue-garten
Goldener Reiter
Köpckestr.
Wigardstr.
Devrientstr.
Sächsischer Landtag
Elbe
Carola-platz
Carolabrücke
Augustusbrücke
Terrassenufer
Ostra-allee
Weißeritz-str.
DRESDEN-MITTE
ehem. Haupt-markthalle
Hochschule f. Musik
Semperoper
Landgericht ehem. Amtsgericht
Schweriner Str.
Zwinger
Residenzschloss
Frauenkirche
Steinstr.
Könneritz-str.
ehem. Kraftwerk Mitte
Lindner-Str.
Johanneum
Post-platz
Pillnitzer
Wilsdruffer Str.
Pirnaische Vorstadt
173
Freiberger Str.
Marienstr.
Altstadt
siehe KARTE I
Neues Rathaus
St.-Petersburger-Str.
Grunaer Str.
World-Trade-Center
Waisenhausstr.
Robotron-Gelände
Sternpl.
Ammonstr.
Budapester Str.
Prager Straße
Deutsches Hygiene-Museum
Bürgerwiese
Reitbahnstr.
Arnold-bad
Lennéstr.
Rudolf-Harbig-Stadion
Bayrische Str.
Dresden-Hauptbahnhof
Sidonienstr.
G.-Palucca-Str.
Parkstr.
Schweizer Str.
Kaitzer Str.
Leubnitzer Str.
Wiener Str.
Gellert-str.
Lenné-pl.
Tiergarten
Bergstr.
Winckelmannstr.
E55
170
Hochschule für Technik und Wirtschaft
Strehlener Str.
Blaues Haus
Hohe Str.
Altenzeller Str.
Bernhard-Str.
G.-Haupt-mann-Str.
Villa Lingner
Eisenstuck-Str.
Nürnberger Str.
Liebigstr.
Fritz-Löffler-Str.
Schulstr.
Andreas-Schubert-Str.
Reihenhaussiedlung Schubert-Str.
Schnorrstr.
Franklinstr.
Strehlener Pl.
Russische Kirche
Südvorstadt-West
Ruge-str.
Fritz-Löffler-Pl.
Reichenbachstr.
Semperstr.
Bayreuther Str.
Hübner-str.
Nürnberger Pl.
Berg-str.
Hoch-str.
Lukaskirche
Uhland-str.
Teplitzer
Südvorstadt-Ost
Am Beutlerpark
Ackermann-str.
Bernhardtstr.
Münchner Str.
Fr.-Foerster-Pl.
Leonh.-Frank-Str.
George-Bähr-Str.
Beyer-Bau
Zellescher Weg
Georg-Schumann-Bau
Hülse-Bau
Technische Universität
Landes- und Universitätsbibliothek
Fritz-Foerster-Bau
Alte Mensa
Rektorat
3
4
5
6
7
8
C
D
E

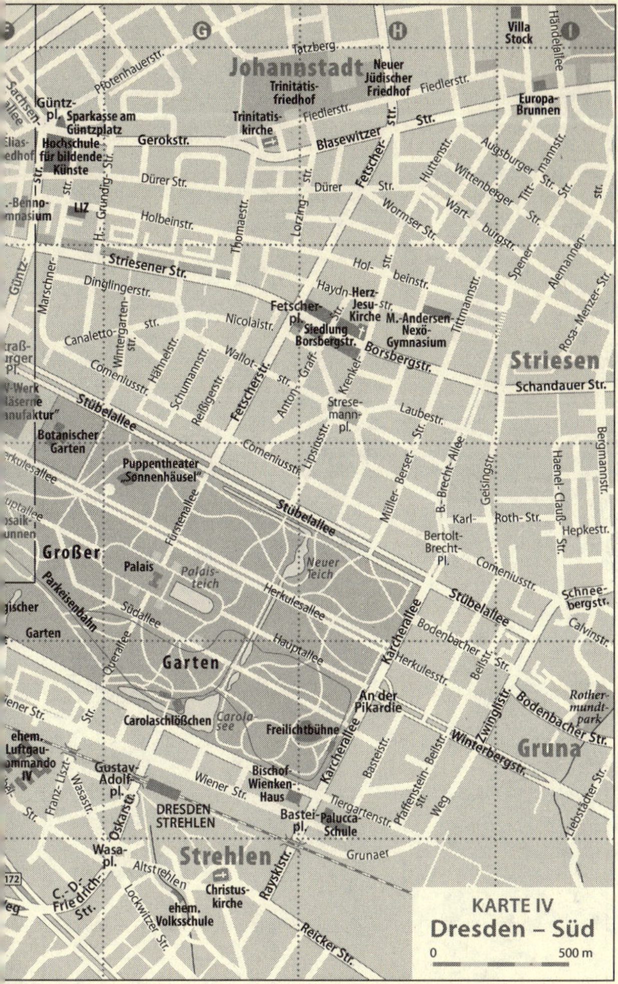

KARTE IV
Dresden – Süd

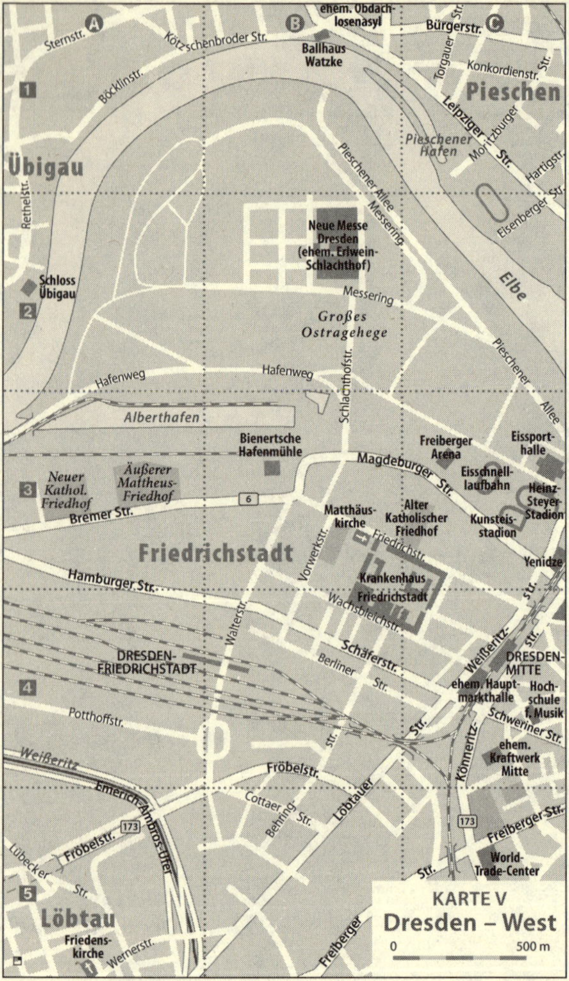
A
B
C
ehem. Obdachlosenasyl
Bürgerstr.
Sternstr.
Kötzschenbroder Str.
Ballhaus Watzke
Torgauer Str.
Konkordienstr.
1
Böcklinstr.
Pieschen
Leipziger Str.
Moritzburger Str.
Pieschener Hafen
Hartigstr.
Übigau
Pieschener Allee
Rethelstr.
Messering
Eisenberger Str.
Neue Messe Dresden (ehem. Erlwein-Schlachthof)
Elbe
Schloss Übigau
Messering
2
Großes Ostragehege
Pieschener Allee
Hafenweg
Hafenweg
Schlachthofstr.
Alberthafen
Bienertsche Hafenmühle
Freiberger Arena
Eissporthalle
Magdeburger Str.
Eisschnelllaufbahn
Neuer Kathol. Friedhof
Äußerer Mattheus-Friedhof
3
6
Heinz-Steyer-Stadion
Bremer Str.
Matthäuskirche
Alter Katholischer Friedhof
Kunsteisstadion
Friedrichstadt
Friedrichstr.
Vorwerkstr.
Yenidze
Hamburger Str.
Krankenhaus Friedrichstadt
Wachsbleichstr.
Walterstr.
Weißeritzstr.
Schäferstr.
DRESDEN-FRIEDRICHSTADT
DRESDEN-MITTE
Berliner Str.
4
ehem. Hauptmarkthalle
Hochschule f. Musik
Potthoffstr.
Schweriner Str.
Str.
Könneritzstr.
ehem. Kraftwerk Mitte
Weißeritz
Fröbelstr.
Emerich-Ambros-Ufer
Cottaer Str.
Behringstr.
Löbtauer Str.
173
173
Fröbelstr.
Freiberger Str.
Lübecker Str.
World-Trade-Center
5
Löbtau
Friedenskirche
Wernerstr.
Freiberger Str.
KARTE V
Dresden – West
0
500 m

Nachweis der Karten und Abbildungen

David Brandt: S. 63, 76 – Roland Geyer Grafik Design / www.roland-geyer.de: S. 248 – Markus Hilbich: S. 46, 50, 56, 79, 85, 92, 120, 133, 136, 143, 171, 187, 195, 206, 216, 236 – Imago / Hans Blossey: S. 250 – Susanne Jaeger: S. 226 – Klaus Kühner, Hüttenwerke: Karten in den Umschlagklappen, S. 218, 268–274 – LH Dresden, Stadtplanungsamt, 3D-Stadtmodell: S. 74 – Sylvia Tietze: S. 74

Der Verlag Philipp Reclam jun. dankt den Rechteinhabern für die Reproduktionsgenehmigung. Nicht nachgewiesene Abbildungen entstammen dem Archiv des Verlags.

Weiterführende Informationen

Literatur

Beger, Claudia: Gartenstadt Hellerau. Architekturführer. München 2008.

Dehio, Georg: Handbuch der Deutschen Kunstdenkmäler. Sachsen 1: Regierungsbezirk Dresden. Bearb. von Barbara Bechter, Wiebke Fastenrath [u. a.]. München 1996.

Die Dresdner Frauenkirche. Geschichte ihres Wiederaufbaus. Dresden 2002. (Dresdner Hefte. Beiträge zur Kulturgeschichte 71.)

Dresden in der Gründerzeit. Dresden 2009. (Dresdner Hefte. Beiträge zur Kulturgeschichte 99.)

Dresdner Kunstsammlungen in fünf Jahrhunderten. Dresden 2004. (Dresdner Hefte. Beiträge zur Kulturgeschichte Sonderausgabe.)

Dresdner Elbbrücken in acht Jahrhunderten. Dresden 2008. (Dresdner Hefte. Beiträge zur Kulturgeschichte 94.)

Ellrich, Hartmut: Dresden 1933–1945. Der historische Reiseführer. Berlin 2008.

Fasshauer, Michael: Das Phänomen Hellerau. Die Geschichte der Gartenstadt. Dresden 1997.

Gross, Rainer / Uwe John (Hrsg.): Die Geschichte der Stadt Dresden. 3 Bde. Stuttgart 2006.

Helas, Volker: Architektur in Dresden. 1800–1900. Dresden 1991.
– Sempers Dresden. Die Bauten und die Schüler. Dresden 2003.

Hübner, Ulrich / Ulrike Grötzsch / Gernot Klatte / Bernhard Sterra: Symbol und Wahrhaftigkeit. Reformbaukunst in Dresden. Dresden 2005.

Lerm, Matthias: Abschied vom alten Dresden: Verlust historischer Bausubstanz nach 1945. Leipzig 1993.

Lippert, Hans-Georg / Chloë Voisin: Die Wirklichkeit der Bilder. Visionen für Dresden nach 1990. In: Joachim Fischer / Heike Delitz (Hrsg.): Stadtvisionen für Dresden. Vom Barock bis zur Gegenwart. Dresden 2007. S. 78–95. (Dresdner Hefte. Beiträge zur Kulturgeschichte 92.)

Löffler, Fritz: Das Alte Dresden. Leipzig 2002.

Lupfer, Gibert / Bernhard Sterra / Nartin Wörner (Hrsg.): Architekturführer Dresden. Berlin 1997.

Meier, Hans-Rudolf: Paradigma oder Büchse der Pandora? Die Frauenkirche – oder wie Dresden zum Zentrum der gegenwärtigen Rekonstruktionswelle wurde. In: Die alte Stadt 1 (2009) S. 59–76.

Pampel, Werner: Die städtebauliche Entwicklung Dresdens von 1830 bis zur Ortsbauordnung 1905. Ein Beitrag zur Geschichte der Stadtgestaltung des 19. Jahrhunderts in Deutschland. Diss. TU Dresden 1965.

Rehberg, Karl-Siegbert: Dresden als Raum des Imaginären. »Eigengeschichte« und Mythenbildung als Quelle städtischer Identitätskonstruktionen. In: Mythos Dresden. Faszination und Verklärung einer Stadt. Dresden 2005. S. 88–99. (Dresdner Hefte. Beiträge zur Kulturgeschichte 84.)

Will, Thomas: Aus der Not eine Tugend. Die Dresdner Kreuzkirche und ihr »provisorischer« Wiederaufbau nach dem Krieg. Eine Denkschrift aus aktuellem Anlaß. Dresden 1998.

Zwanzig Jahre neues Dresden. Dresden 2010. (Dresdner Hefte. Beiträge zur Kulturgeschichte 100.)

Internetseiten

Links zur Stadt- und Baugeschichte sowie zu Museen, Ausstellungen:

www.besuchen-sie-dresden.de/index.php
www.das-neue-dresden.de/ – (besonders empfehlenswert für Architektur ab 1918)
www.dresden.de
www.dresden-lexikon.de
www.dresden-und-sachsen.de/index.htm
www.dresdner-stadtteile.de
www.schloesser-dresden.de
www.schloss-moritzburg.de
www.skd-dresden.de/de/index.html

Links zu Veranstaltungen und Ereignissen:
veranstaltungen.meinestadt.de/dresden
www. albertstadt.sachsen.de
www.brn-dresden.de
www.dresden-nightlife.de

www.offene-gartenpforte-dresden.de
www.pillnitzer-schlossnacht.de
www.schaubudensommer.de
www.semperoper-dresden.de
www.staedte-info.net/dresden/termine

Objektregister

Personenregister

Zu den Autorinnen

Barbara Borngässer studierte in Berlin, Florenz und Salamanca die Fächer Kunstgeschichte, Archäologie und Romanistik. Promotion 1985 an der FU Berlin mit einer Arbeit zur Malerei der Renaissance in Spanien. 1989 (Mit-)Begründung der *Carl Justi-Vereinigung zur Förderung der kunstwissenschaftlichen Zusammenarbeit mit Spanien, Portugal und Iberoamerika.* Lehrtätigkeit in Göttingen und Berlin, seit 1992 freie Autorin und Herausgeberin. Schwerpunkt ihrer zahlreichen Publikationen sind die Architektur der Neuzeit, die Kunst der Iberischen Halbinsel und die zeitgenössische Architektur Brasiliens. Sie ist mit Bruno Klein verheiratet und lebt nach langen Auslandsaufenthalten seit 2000 in Dresden-Loschwitz.

Susanne Jaeger studierte Kunstgeschichte, Denkmalpflege und Slawistik in Münster, Bamberg, Krakau und Berlin. Nach Forschungsaufenthalten in Polen und der Russischen Föderation 2003 Promotion an der TU Berlin. Koordination des Aufbaustudiengangs Denkmalpflege und Lehre an der TU Berlin in den Bereichen Kunstgeschichte und Denkmalpflege; seit 2003 Organisation und Lehre im Masterstudiengang Denkmalpflege und Stadtentwicklung an der TU Dresden – zuletzt als Vertretungsprofessorin. Seit 2008 wissenschaftliche Mitarbeiterin am Geisteswissenschaftlichen Zentrum für Geschichte und Kultur Ostmitteleuropas. Seit 1997 lebt sie mit ihrer Familie in Dresden.